职业教育"十二五"规划教材
旅游服务类专业系列教材

实 用 礼 仪

（第二版）

盛 霞 章 洁 主编

科 学 出 版 社

北 京

内 容 简 介

本书主要由四大篇组成：一是基础篇，介绍社交礼仪、公共场所礼仪与家庭礼仪；二是专业篇，介绍旅游服务礼仪及商贸销售、会展、物流、信息服务等专业礼仪；三是求职篇，介绍求职面试礼仪；四是自学篇，介绍职业学校学生校园礼仪规范。

本书既可作为旅游管理类、商务营销类、烹饪工艺类、信息技术类、商务外语类、国际合作等专业学生的学习用书，还可作为相关行业的工作人员岗位礼仪的培训教材。

图书在版编目（CIP）数据

实用礼仪（第二版）/盛霞，章洁主编. —北京：科学出版社，2015

（职业教育"十二五"规划教材·旅游服务类专业系列教材）

ISBN 978-7-03-042949-0

Ⅰ.①实… Ⅱ.①盛… ②章… Ⅲ.①礼仪—高等职业教育—教材

Ⅳ.①K891.26

中国版本图书馆 CIP 数据核字（2015）第 002500 号

责任编辑：丁波 涂晟 / 责任校对：刘玉靖
责任印制：吕春珉 / 封面设计：东方人华

科学出版社 出版

北京东黄城根北街 16 号
邮政编码：100717
http://www.sciencep.com

三河市骏杰印刷有限公司印刷

科学出版社发行　各地新华书店经销
*

2007 年 9 月第　一　版　　开本：787×1092　1/16
2015 年 1 月第　二　版　　印张：13 1/2
2015 年 1 月第一次印刷　　字数：267 000

定价：29.00 元

（如有印装质量问题，我社负责调换〈骏杰〉）

销售部电话 010-62134988　编辑部电话 010-62135741（VF02）

　　作为职业学校的学生，直接面临着社会对他们的选择，在学好文化课、专业课的基础之上，掌握一定的礼仪知识，在社会公众面前较好地展示与众不同的职业礼仪修养与良好的气质风度尤显重要。根据新形势的需要，编者编写了本书。

　　以教与学两者的实际需要为出发点，编写一本更为实用、适用、管用、够用、教者愿用、学者愿学且能受益终身的礼仪教材是编者的指导思想。

　　本书具有以下特色：

　　一是实用性强。礼仪知识涉及面广，内容丰富。本书打破了以往所用礼仪教材蜻蜓点水、面面俱到的框架结构，不求全求广，充分体现少而精的特色，坚持以实用、适用、管用、够用为原则编写教学内容。配套的礼仪小故事、案例思考、实训练习、知识链接、综合练习为执教者与学习者开拓了视野，提供了方便。

　　二是针对性强。针对职业学校学生的特点，坚持一切以学生为本的原则，选取与职业学校学生密切相关的案例，让每一位学习者在掌握有关礼仪的基本知识与相关常识的前提下，通过对公共场所、家庭等礼仪的强化学习，提高学生的文明程度与礼仪修养。尤其是结合职业学校学生职业生涯的需求，详细阐述了面试礼仪知识，有助于学生较好地掌握推销自己的求职本领。

　　三是专业性强。根据主编及参编多年来一线教育教学工作和对社会各相关行业培训经验的积累，结合各专业所涉及的行业特点，分别介绍了现代饭店服务，旅行社（导游）服务，航空乘务服务，现代商场（超市）服务，现代推销、商务谈判，会展、物流、信息服务等行业礼仪。

　　通过对本书的学习，学生应理解和掌握礼仪的基本概念、常识及方法技巧，从而为今后从事各相关专业服务工作塑造良好形象、提高服务艺术，奠定坚实的基础。

　　本书可用 33～50 学时进行教学（可根据各校实际情况，弹性安排每周 1～2 课时）。

　　学时分配（参考）见下表：

篇　目	项　目	内　容	学　时
基础篇	项目一	社交礼仪	6～9
	项目二	公共场所礼仪与家庭礼仪	6～9
专业篇	项目三	旅游服务礼仪	6～9
	项目四	商贸销售、会展、物流、信息服务礼仪	6～9
求职篇	项目五	求职面试礼仪	6～9
自学篇	项目六	职业学校学生校园礼仪规范	1～2
复习与考查			2～3

　　本书由科学出版社组织，由无锡市旅游商贸高级职业学校、武汉交通学校教师编写。张红梅编写项目三中的任务三，陈婵凤编写项目四，其余内容均由盛霞、章洁编写并统稿。

　　编者在编写本书过程中参考了许多论著，借鉴了一些有启发性的观点和有价值的资料。限于篇幅，在此向各位作者表示衷心的感谢。

　　由于礼仪教育的内容较为宽泛，对内容的取舍和阐述若有欠妥之处，恳望从事礼仪教育的工作者批评指正。

编　者

2015 年 1 月

目　录

基　础　篇

专 业 篇

基础篇

项目一 社 交 礼 仪

【学习目标】

1. 掌握仪容、仪表、仪态的概念及其重要性。
2. 掌握交谈的礼节。
3. 掌握见面的礼节。
4. 熟悉拜访与待客的礼节。
5. 熟悉馈赠礼仪、商务请柬礼仪、名片礼仪和我国主要节日礼仪。

【礼仪小故事】

有这样一个故事。古时候，有一位年轻人，跟他的师傅学做木工活。当他们给一家人做完家具之后，主人设宴感谢。这位小伙子从来没有出席过这样的场面，他师傅怕他失礼，就对他说："你在席上不要乱吃乱喝。这样吧，你看我吃什么，怎么吃，你就跟着学。"徒弟答应了。在宴席上，果然是师傅吃什么，徒弟吃什么；师傅怎么吃，徒弟也学师傅怎么吃。由于他亦步亦趋，学得太拘谨了，师傅看了他那样子，不禁失声一笑。不巧，师傅正吃着一口粉条，这一笑，把一根粉条从鼻孔里喷了出来，在嘴唇上面晃悠。徒弟一下傻眼了，说："师傅，您这一手我实在学不来啊！"

这是一个笑话，但带给我们一定的启示：具体的礼仪只是一种形式，我们遵循它，是为了达到一定目的，并不是为了严格遵守而遵守。由于社会的不断进步和科技的飞速发展，社会上新鲜事物不断出现，给现代人们带来了众多的挑战，这就要求我们在学习礼仪的时候，必须跟上时代发展的步伐。

任务一 仪容、仪表、仪态礼仪

【任务目标】

认识：1. 了解仪容、仪表、仪态的重要性。
　　　2. 掌握仪容、仪表、仪态的概念。
　　　3. 熟悉仪容、仪表、仪态所包含的内容。
　　　4. 掌握仪容、仪表、仪态的具体要求。

训练: 1. 设置场景训练站姿、坐姿。要求: 端正、稳重、亲切和自然。
2. 训练步姿、蹲姿。要求: 轻盈、稳健。
3. 训练常用手势。要求: 规范、自然、适度。
4. 训练微笑与眼神。要求: 真诚与甜美，亲切与自然。

曹操曾经这样说过:"君子整其衣冠，尊其瞻视，何必蓬头垢面然后为贤？"这句话的意思是，即使是谦谦君子，也要使其衣冠整齐，使与瞻视有关的内容看上去令他人感到受尊敬。这是由于礼仪的主要表现形式就是谦逊的态度、文明礼貌的语言、优雅得体的举止等。因此，仪表非常重要，它体现一个人的礼貌、教养和品位格调。

一、仪容、仪表礼仪

仪容和仪表是实施个人礼仪的第一步。

仪容在某种程度上也是仪表所包括的内容，泛指人的外观、外貌。

仪表，是指人的外表，它包括容貌、姿态、风度及个人卫生等方面。

仪表对人们的形象起到自我标识、修饰弥补和包装外表的作用。这是由于人的形象是内在气质和外在形象的结合。具有完美形象的人不仅应该有美好的内心，也应该有美好的外表。如果说，我们把一个人的思想感情、性格品质、心理状态、道德情操、文化修养看作一个人的内在美，那么包括仪容、表情、姿态等因素在内的仪表则是一个人的外在美。显然仪表美是物质躯体的外壳，它也从一个侧面反映人的思想修养、精神气质，甚至反映社会文明发展的水平。

心灵美与仪表美不是对立的，而是不可分割的，只有它们互为表里、相得益彰，才是完善的美。诚然，人对自己的长相虽然无法选择，但是可以通过努力给它以弥补，仪表美所强调的就是这种必要的"弥补"，即人们可以通过对仪容的适度修饰，对表情和姿态的合理选择，从而使自己的仪表给人以审美上的愉悦。

仪表美对人们参与社交的作用是不可轻视的，它在很大程度上影响着一个人的社交活动的效果。心理学研究表明，人们与不相识的人第一次见面一般 30 秒内形成第一印象，在给人的印象中各种刺激所占的百分比分别是: 视觉印象占 75%，谈吐印象占 16%，味觉印象占 3%，嗅觉印象占 3%，触觉印象占 3%。由此可看出人们比较重视与不相识的人第一次见面后所形成的视觉印象，而这种视觉效果的优劣直接影响交往能否继续进行。因此，端庄、整洁、美好的仪表，可以使人产生好感，留下深刻而美好的首次印象，从而为交际活动打下基础。

概括地说，仪表与仪容的礼仪关键就是要做到符合"美"的要求，就是要做到美观、清洁、卫生、得体等。下面我们就来介绍一下现代人在仪表、仪容上的具体要求。

1. 仪容要求

（1）头发的修饰

1）梳洗要勤。一切从头开始，头发应该干干净净、整整齐齐，不可有头皮屑，这是基本的要求。还应注意：

① 根据自己干性、中性或油性的头发特点，选用合适的洗发液，养成周期性洗头发的习惯。

② 及时修剪头发，修剪时间应根据个人情形而定。

③ 梳理头发，保持整齐的发型。梳理头发动作要轻柔，不要太猛太用力，否则容易损伤头发。

2）长短适中。除了长短适中之外，还要关注以下几个因素。

① 性别因素。在非社交场合中，男士头发可以稍长，但不能披肩。有些男士认为只有留上一头披肩发，才算得上有些懂艺术的味道，如果不是一位画家或音乐家，那么留一头长发，只能败坏他人的胃口和自我形象。女士可以留短发，但最好不理板寸头，在头发的长度上可以中性一点，但不应超过极限。

② 身高因素。头发的长度，在一定程度上与个人的身高有较大的关系。以女士为例，头发的长度可以与身高成正比，一般来说，个子高大的女士适合留长发，但个子矮小的女士留长发，会给人以更矮的感觉。

③ 年龄因素。长发往往是少女的"专利"，飘逸的长发能增添少女的青春活力，但年龄太大的女士留长发，就有点不合时宜了。

④ 职业因素。职业对头发长度的影响最大。职业女士或男士，头发都有较明确的限制。男士的头发不宜留长，两边的头发不超过两耳，后面的不触及衣领，前面的不超过额头，不能留大鬓角、小胡子，当然也不能剃光头，如图1-1所示；女士头发的长短不太严格，但一般也不能垂过肩部，刘海不能太低，必要时可盘发、束发，如图1-2所示。

　　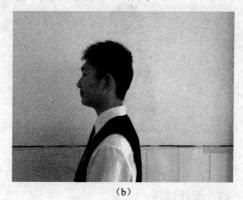

（a）　　　　　　　　　　　　　　　（b）

图1-1　男士发型

 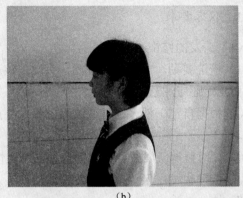

（a）　　　　　　　　　　　（b）

图 1-2　短发女士发型

3）发型得体。什么样的发型最为合适，并没有严格的标准，但选择发型有两个因素值得考虑。

① 脸型因素。发型应与脸型相配。一般而言，瓜子脸配任何发型都好看；而长方形脸者，适合留刘海，这样一来，可以弥补脸长的缺陷；圆脸不适宜选用削发或童花式，这样会使脸显得更圆；额头较窄的脸型，适合将额前头发全梳上去，尽量露出额头，使脸部开阔一点；方脸型的女士，棱角比较分明，应尽量避免整齐的直发，而略有波浪的长发可以掩饰突出的下额角。

② 气质因素。不同气质的人，在发型上也应有不同的表现。平时选择发型时，应根据自己的气质、年龄、身材进行有目的的选择。女士中留长发者，给人的感觉是温顺、开朗；留短发者则看起来爽快、利索，略显英气；而留中长发并梳理整齐有序的人往往显得恬静、端庄，如图 1-3 所示。

（a）　　　　　　　　　　　（b）

图 1-3　长发女士发型

（2）面部修饰

俗话说："人要脸，树要皮。"脸部是人际交往中他人注意的重点。英国有句谚语："当你同别人打交道时，他注意你的面部很正常，可他要是打量你身体的其他部位就不正常了。"可见，脸是人的一张名片。

1）面部的清洁与保养。修饰面容首先要做到洁面，即要勤于洗脸。正确的顺序是：首先从多油垢的"T"地带洗起，接着洗鼻子与下巴，然后洗面颊及眼部四周，最后洗耳部、颈部、发际和眉间。尤其注意洗净耳部、颈部，这是卫生死角。

封闭的空调写字间、干燥多尘的空气和强烈的紫外线，常年暴露在外的脸部肌肤最易受伤害。所以现代人也应该注意面部的护理，具体事项如下：

第一，保持乐观情绪。俗话说："笑一笑，十年少。"肌肉舒展，促进新陈代谢，加快血液循环，有助于增强皮肤弹性。

第二，养成良好的睡眠习惯，除非是因为工作关系，睡眠时间一定是晚上，而非白天，一般晚上十点前就应该休息。

第三，养成多喝水的习惯，白开水是最好的美容品。保证 2000 毫升/天，特别注意早晨起床后空腹饮一杯水，晚上入睡前半小时饮一杯水。

第四，注意合理的饮食，此外还要注意防晒。要多摄入富含维生素的食物，如胡萝卜、番茄、柑橘、橙子、动物肝脏富含维生素 A，具有润滑皮肤、防止皮肤粗糙干燥的作用。牛奶、鸡蛋、瘦肉、豆类、谷物、菠菜、贝类富含 B 族维生素，具有消除色素斑、展平皱纹、保持皮肤营养的功能。绿色蔬菜、柠檬、苹果、草莓富含维生素 C，具有令肤色红润并可以消除皮肤上的斑点、使肤色洁白的功能。鱼类、蛋黄、花生、鱼肝油富含维生素 D，能增强皮肤抵抗力。黄豆、木耳、芝麻、花生、蜂王浆、甲鱼、萝卜、卷心菜富含维生素 E，可促进人体激素分泌，增强肌肉细胞活力。

2）鼻子的清洁。在接待客人前，最好检查一下自己的鼻毛是否过长，因为过长的鼻毛从鼻孔中"探头探脑"地伸出来，非常有碍观瞻，应用小剪刀剪短，不要去拔，尤其是当着客人的面。如鼻子有疾患引起鼻臭，应及时接受治疗，常用卫生生理盐水清洗鼻腔。注意不要用手挖鼻孔，特别是当着客人的面。

3）牙齿的保洁。牙齿在仪容美中特别引人注目。很多人在五官外貌上精雕细琢，当开口讲话之时，却露出一口有缺损的黄（黑）牙，美的气息便被破坏无遗了，所以牙齿的保洁至关重要。正确的刷牙方法是顺着牙缝的方向上下刷，各部位都应刷到。常规保洁应做到"三个三"，即三顿饭后要刷牙，每次刷牙的时间不少于三分钟，每次刷牙应在饭后三分钟内。如果中午没条件刷牙，至少也要漱口。平日多吃蔬菜、水果和粗糙的谷类，以清洁牙齿，不吸烟，不喝浓茶，以免牙齿发黄、变黑。饭后要留心牙齿缝中是否有食物残渣，最好以刷牙、漱口的方式除掉它，若一定要剔，应用手掌或餐巾掩住嘴角，在不引人注意的情况下进行。

4）男士胡须的清洁。若不是老人或职业上的特殊需要，都不要蓄胡须，要剃净。特别要指出，不可以当众剃须或拔须。

5）女士妆容的掌握。作为现代女性掌握一点化妆的学问是必要的。特别是化工作妆与生活妆，这是自尊与尊重别人的需要，也是职业与时代进步的需要。化工作妆的要领以宁淡勿浓、妆而不露、似有若无为最佳。

（3）手的修饰

人们在日常生活、工作中都离不开双手，有人说手是人的第二张脸孔。通过观察他人的手，可以大致判断出此人的修养与卫生习惯，甚至对生活的态度。手要清洗干净，尤其是指甲缝里的污垢。指甲要经常修剪和洗刷，指甲长度要适当，不可留长指甲，也不可涂有色的指甲油。同时还要注意在任何公众场合修剪指甲是不文明、不雅观的举止。

2. 着装要求

（1）着装的基本原则

1）配色原则。

① 同类配色。同类色组合以某种颜色为中心，全部搭配这一色系，以其色彩的深浅变化即不同的明度进行组合。例如，白色与白色、黑色与黑色、浅蓝与深蓝等西服套装、套裙就是典型的同色组合，这种组合能够产生和谐统一的整体美感。

② 相近组合。利用色环上相近的色彩进行搭配，如黄色与绿色、绿色与蓝色、蓝色与紫色等。这种配色方法既丰富多彩，又柔和协调，需要注意的是色彩之间的深浅、明暗要有差别，否则会杂乱而刺眼。

③ 对比配色。用两种特性相反的色彩进行搭配，如用柔和的青绿色配红色，用鲜艳的黄色配紫色，用黑色配白色。这种色彩搭配方法，醒目清新，能够表现鲜明的个性，给人留下深刻的印象。

无论运用何种色彩组合方法，颜色都不要过多，尤其是正式场合的服饰搭配。一个人全身服装的颜色，最好不要超过三种。

2）协调原则。

① 与周围的环境相协调。无论穿戴多么靓丽，如果不考虑场合，也会被人耻笑。如果大家都穿便装，你却穿礼服就欠妥当。在正式的场合及参加公司仪式时，要顾及传统和习惯，顺应各国一般的风俗。去教堂或寺庙等场所，不能穿过露或过短的服装，而听音乐会或看芭蕾舞，则应按当地习俗着正装。

② 与自己的职业、身份、性别、年龄相协调。在社交场合，如果忽略自己的社会角色而着装不当，很容易造成别人对你的错误判断，甚至会引来误解。例如，艺术家和作家即使在正式场合着装也可以尽显自己的独特风格，在选择衬衫和领带的色彩上可以不拘一格，而官方人员代表国家出席某些正规场合，就应该穿得传统或保守些，以示庄重。再如，少女穿超短裙显得活泼有朝气，老人穿超短裙则不免显得不合时宜。

③ 与自己的身材、体形相协调。得体的修饰可以充分展示自己的长处，也可以掩饰自己的弱点，所以要根据自己的体形特点做到扬长避短。

对于较矮的人而言，裤子不能太短太大。服装颜色宜稍淡，以明快为好，上下一致的颜色可以造成修长的感觉。服装款式宜简洁，忌穿横条纹服装，"V"形领外套比圆领更能营造出修长之感。

对于高大的人而言，上衣可适当加长以缩小体形过高的感觉，切忌穿太短的上装。服装款式不能太复杂，适宜穿横条纹或格子上衣。服装颜色宜选择深色，以单色为好，太亮太浅太花都不适宜，有种夸张感。

对于较胖的人而言，穿衣服要尽量使自己显得瘦，故不要穿得太紧身，以宽松为好，不然就像"裹肉棕"似的。衣服领以低矮的"V"形领为最佳，在颜色上以冷色调为好，过于强烈的色彩会显得更胖。切忌穿横条纹、大格子或太花的衣服。

对于偏瘦的人而言，要尽量穿得丰满点，不要穿太紧身的衣服，服装色彩尽量明亮柔和，太深太暗的色彩会使人显得更瘦小。可选择一些横条纹、方格子衣服。

④ 与节气相协调。一年四季的变化是大自然的规律，人们在着装时也应遵循这一规律。明朝文人讲四季穿衣之道：春服宜倩，夏服宜爽，秋服宜素，冬服宜艳。这一观点对于今日之人一样受用。

3）TPO原则。20世纪60年代，日本人提出了着装的TPO原则，其基本含义就是穿衣打扮要有章法，了解清楚穿衣的时间（time）、地点（place）及目的（occasion），直到今天它仍是各国人士在着装时所遵循的基本规则。

遵守不同时段着装的规则对女士尤其重要。男士出席各类活动有一套质地上乘的深色西装或中山装足矣，女士的着装则要随一天时间的变化而变换。出席白天活动时，女士一般可着职业正装；出席17:00～19:00的鸡尾酒会就须多加一些修饰，如换一双高跟鞋，戴上有光泽的佩饰，围一条漂亮的丝巾；出席19:00以后的正式晚宴等，则应穿中国的传统旗袍或西方的晚礼服——长裙。

总之，穿衣打扮是一门综合学问，该穿什么，怎么穿，除了要有一定审美观之外，还要考虑诸多因素，光考虑一件衣服是否适合自己是不够的。

（2）男士穿着的要求

男士着装不求华丽、鲜艳，衣着的色彩以和谐为宜，应遵循不超过三种颜色的原则。西装是西方国家的传统服装，也是世界公认的正规服装，它使人感到庄重、严肃、大方，很适合在工作场合和一些正规的场合穿着。

西装起源于欧洲，有独特的着装标准。

1）讲究规格。男士西装有两件套和三件套之分，穿着时必须整洁、笔挺。正式场合应穿统一面料、统一颜色的套装，内穿单色衬衫，系好领带，戴领夹，穿深色皮鞋。三件套西装，在正式场合不可脱下外衣。按照国际惯例，西装里面不加毛背心或毛衣，在我国最多只能加一件"V"形领的毛衣，以保持西装的线条美。

2）穿好衬衫。每套西装一般需有两三件衬衫搭配，衬衫的领子不可过紧或过松，要挺括，不可有污垢、油渍；衬衫下摆要塞在裤腰里，系好领扣和袖扣；袖口的长度应该正好到手腕，衬衫领口和袖口要长于西服上装领口和袖口1～2厘米，以显示穿着的层次；衬衫里面的内衣领口和袖口不能外露。一般系领带时穿的衬衫要贴身，不系领带时穿的衬衫可宽松一点。

3）系好领带。领带是男士打扮的焦点，通过它能展现穿戴者的个性。不同的领带配同一件衬衫，能产生不同的视觉效果。领带的颜色应根据衬衫来挑选，通常最易搭配的是红色、蓝色或以黄色为主的花色领带。在非正式场合，穿西装可以不系领带，但衬衫的第一个扣子一定要解开。系领带时领结要饱满，与衬衫领口吻合要紧；领带的长度以系好后稍长于裤子的腰带即可。西装穿着系纽扣时，领带夹夹在衬衫的第二粒和第三粒纽扣间为宜；西装敞开穿着时，领带夹夹在衬衫的第四粒和第五粒纽扣间为好。注意领带夹过去是西装的重要饰品，现在国外已很少使用，如要固定领带，可将其第二层放入领带后面的标牌内。

4）系好扣子。西装扣的扣法很有讲究。穿双排扣西装，扣子要全部扣上；单排两粒扣西装，只扣第一粒，也可以全不扣；单排三粒扣西装，只能扣中间一粒或全不扣；单排一粒扣西装，扣与不扣均可；如果穿三件套西装，则应扣好马甲上所有的扣子，外套的扣子不扣。

5）用好衣袋。西装衣袋的整理十分重要，上衣两侧的两个大衣袋不可装东西，只用来装饰，不然会使西装上衣变形；西装左胸外侧的口袋，有人专门当作"笔筒"使用，更有甚者，把手机也插在那里，其实这个口袋只能装折叠好的装饰手帕；西装左右胸内侧口袋，可以装名片夹、票夹、笔、打火机等；裤兜与上衣口袋一样，不能装物，以求裤形美观；裤子后兜可以装折叠好的手帕、零用钱等。

6）注意鞋袜。鞋子最好为黑色，面料为牛皮或羊皮，穿着时应注意鞋子的保洁和完好。袜子应选择深色的，切忌黑皮鞋配白袜子。

（3）女士着装的要求

1）内衣。女士内衣不能外露，更不能外穿。例如，穿裤子和裙子时，不要明显地透出内裤的轮廓，文胸的肩带不能露在衣服外面。将睡衣穿到公共场所也是不雅和失礼的。

2）丝袜。穿裙服时着丝袜，不仅是礼仪的需要，还能掩饰腿部的缺陷，增加腿部的美感。袜子的颜色原则上与裙子的颜色相协调，腿较粗的人适合穿深色的袜子，腿较细的人适合穿浅色的袜子。一般不要选择鲜艳、带有网格或有明显花纹的丝袜。穿丝袜时，袜子口不能露在裙子外面。

3）鞋子。要根据穿着舒适、方便、协调而又不失优雅的原则选择不同款式的鞋子。一般个矮者可选择鞋跟高一些的鞋子，个高者可选择鞋跟低一些的鞋子。年纪稍大的女士，选择的鞋跟不可过高。

4）短裙。年轻女士的短裙可短至膝盖上 3～6 厘米，但不能短至只有大腿根部到膝盖处的 1/2 长；中老年女士的短裙一定要长及膝下 3 厘米左右处。

3. 饰物佩戴要求

着一身精心搭配的服装，还应巧妙地佩戴饰物，这是构成整体和谐的点睛之笔，能达到相互烘托、相映生辉的效果。但若佩戴不当，则成了画蛇添足，会破坏整体的和谐。

（1）首饰的佩戴

首饰的特点是体积小，装饰效果明显，选用饰品的原则是有利于表现整体形象，而不是过分炫耀，刻意堆砌。佩戴时应遵循以下原则。

1）饰物的佩戴要顾及人体本身的因素，与体形、发型、脸型、肤色及服装协调。例如，脖子粗短者不宜戴多串式项链，而应戴长项链，以显得脖子长些。又如，圆脸或戴眼镜的女士，要少戴大耳环和圆形耳环。年轻女士应选择颜色好、款式新潮的时装首饰，更显可爱；年龄较大的女士应戴一些较贵重的比较精致的首饰，以衬托自己的庄重、高雅。

2）饰物的佩戴要考虑所处的场合和活动的内容。例如，上班、旅游时要少佩戴珍贵的饰物；出席宴会、舞会时应佩戴漂亮、醒目的饰物；吊唁时只能戴结婚戒指、珍珠项链及素色饰物。

3）饰物的佩戴男女有别。女士的饰物种类繁多，选择范围较广，而男士的装饰品不多，却很能体现个人风格和品味。西方男士的饰品主要是手表和结婚戒指。所以男士佩饰应少而精，以显阳刚之气。

4）饰物的佩戴要注意整体协调。佩戴饰物还要考虑人、环境、心情、服饰风格等诸多因素间的关系，力求整体搭配协调。遵守以少为佳、同质同色、符合身份和传统习俗的原则。一般穿考究的服装时，才佩戴昂贵的首饰，服装轻盈飘逸，首饰也应玲珑精致，穿运动装、工作服时不宜佩戴首饰。传统的中国女性注重的首饰是项链和戒指，而西方女性对耳环格外青睐，因为她们认为耳环最能显示人的面孔，还能把一件普通的衣服衬托起来。在社交场合尝试着戴一副简洁的耳环，一定会给人以深刻的印象。

（2）饰物的搭配

帽子、围巾、腰带、提包、眼镜等物品，本来是为其具有实用性而使用的，随着人们对衣着审美品位的提高，这些物品的装饰作用越来越被重视。

1）围巾和帽子对服装的整体美影响很大，围巾、帽子与服装的风格一致，可增加整体的形象美。在冬季，人们的服装色彩较暗，可以用颜色鲜艳的围巾和帽子点缀，使整个形象生动活泼起来。同样，假如服装色彩很艳丽，可以用颜色素雅的帽子、围巾来求得一种色彩的平衡。帽子还可以用来修饰脸型，长脸型的人应戴鸭舌帽，脸宽的人则应戴小檐高顶帽。

2）手提包一般要求与服装颜色协调。上班族的皮包颜色应沉稳，款式简单大方，适于搭配各种服装。休闲式样的大挎包、双肩包或手拎包，适合休闲时逛街、游玩携带。高级时装可以搭配高档的牛皮包、柔软的羊皮手袋或闪亮的金属包，显得华贵富丽，气质高雅。若一身合体的羊毛套裙，可以配古典秀丽的小坤包。

3）眼镜现在已不只是医疗保健用品，它不仅能保护眼睛，而且是一种饰品。一副精美的金边眼镜，会给人增添几分斯文，而大框架的眼镜会显示出一种豪迈气派。

4）手帕也是一种饰物。西装左上边口袋里，露出折成三角形、三山形、二山形、花瓣形等形状的手帕，令人平添几分风度。

二、仪态礼仪

仪态是指人在行为中的姿势、表情和风度，是一个人精神面貌的外观体现，是人的体与形、静与动的有机结合。英国哲学家培根说："相貌的美高于色泽的美，而秀雅得体的动作美，又高于相貌的美，这是美的精华。"每个人总是以一定的仪态出现在别人面前，一个人的仪态包括他的所有行为举止：一举一动、一颦一笑、站立的姿势、走路的步态、说话的音调、面部的表情等。而这些外部的表现又是他内在的品质、知识、能力等的真实流露。优雅得体的仪态来自落落大方的举止、合乎规范的动作和真诚甜美的微笑，这些是个人礼仪方面最基本的要求。

1. 站立

站立是人们在交际场所最基本的姿势，是其他姿势的基础。站立是一种静态美，是培养优美典雅仪态的起点。

（1）站立的一般要求

头正、颈挺直、两眼平视前方、嘴唇微闭、面带微笑，人体有向上的感觉；收腹、立腰、提臀；两腿挺直，膝盖相碰，脚跟并拢，小腿向后发力，脚尖分开成 45° 或 60° 夹角，人体的重心在前脚掌；虎口向前，手指并拢自然微曲，中指压裤缝。这是基本站姿，在此基础上，还可以有所调整。男士通常可采取双手相握、叠放于腹前的前腹式站姿；或将双手背于身后，两手相握的后背式站姿，双脚可稍许叉开，与肩部同宽为限。女士的主要站姿为前腹式，但双腿要基本并拢，脚位应与服装相适应，穿紧身短裙时，脚跟靠近，脚掌分开呈"V"形或"Y"形；穿礼服或旗袍时，可双脚微分。

站立时，竖看要有直立感，即以鼻子为中线的人体应大体成直线；横看要有开阔感，即肢体及身段应给人以舒展的感觉；侧看要有垂直感，即从身与领相接处至脚踝骨前侧亦应大体成直线。这样就可以表现出饱满的精神状态，给人以良好的形象。男女的站姿应形成不同侧重的形象，男子应站得刚毅潇洒，挺拔向上，精力充沛，如图 1-4 所示；女子应站得端庄大方，亲切有礼，秀雅优美，如图 1-5 所示。

图 1-4　男士站姿

图 1-5　女士站姿

（2）不良站立姿势及纠正

交际场合双手不可叉在腰间，也不可抱在胸前；不可驼背、弓腰，不可眼睛不断左右斜视；不可一肩高一肩低，不可双臂胡乱摆动，不可双腿不停地抖动。在站立时不宜将手插在裤袋里，更不要下意识地出现搓、刮动作，也不要随意摆动打火机、香烟盒，玩弄皮带、发辫等。这样不但显得拘谨、有失庄重，还会给人以缺乏自信和没有经验的感觉。

2. 就座

就座是指人们从其他姿势转到入座及应保持的坐相。坐姿的原则是给人以端正、大方、自然、稳重之感。

（1）就座的要求

入座时要轻稳，走到座位前，转身后，右脚后撤半步，轻稳地坐下。女士就座时，应用手将裙稍稍拢一下，男士则将西服扣打开。坐在椅子上时，上体保持站姿的基本姿势，头正目平，嘴微闭，面带微笑，双膝并拢，两脚平行，鞋尖方向一致，做到两腿自然弯曲，小腿与地面基本垂直。双脚可正放或侧放，并拢或交叠，如图1-6所示。女士的双膝必须并拢，双手自然弯曲放在膝盖或大腿上。例如，坐在有扶手的沙发上时，男士可将双手分别搭在扶手上，而女士最好只搭一边，倚在扶手上，以显示高雅；坐在椅子上时，一般只坐满椅子的2/3，不要靠背，仅在休息时才可轻轻靠背；起立时，右腿向里收半步，用小腿的力量将身体支起，并保持上身的直立状态。当然，坐姿还可以上体与腿同时转向一侧，面向对方，形成优美的"S"形坐姿，还可两腿膝部交叉，脚内收与前腿膝下交叉，两脚一前一后着地，双手稍微交叉于腿上，如图1-7所示。无论采取哪种坐的姿势，关键要做到自然、美观、大方，切不可表现出僵硬。

（a）

（b）

图1-6 男士坐姿

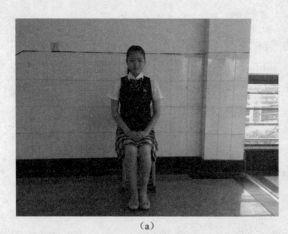 

图 1-7　女士坐姿

（2）不良坐姿及纠正

与人交谈时，双腿不停地抖动，甚至鞋跟离开脚跟晃动；坐姿与环境要求不符，入座后跷起二郎腿，或前俯后仰；不能将双腿搭在椅子、沙发和桌子上；女士叠腿要慎重、规范，不可呈"4"字形，男士也不能出现这种不雅的坐姿；坐下后不可双腿拉开成"八"字形，也不可将脚伸得很远。不规范的坐姿是不礼貌的，是缺乏教养的表现。对不雅的坐姿应在平时加以纠正，养成良好的就座姿态。

3. 行走

正确的行走要从容、轻盈、稳重。行走是一种动态美，凡是协调稳健、轻松敏捷的走姿，都会给人以美感。女士走姿要展现身体的曲线美，男士走姿要体现阳刚之气。

（1）行走的要求

以站姿为基础，面带微笑，眼睛平视；双肩平稳，双臂前后摆动自然且有节奏，摆幅以30°～35°为宜；双肩、双臂都不应过于僵硬；重心稍前倾；行走时左右脚重心反复地向前后交替，使身体向前移动；行走时，两只脚的内侧行走的线迹为一条直线，脚印应是正对前方；步幅要适当，行走中两脚落地的距离大约为一只脚长，但也可因性别和身高有一定的差异。着装不同，步幅也不同。例如，女士穿裙装（特别是旗袍、西服裙或礼服）和穿高跟鞋时步幅应小些；跨出的步子应是脚跟先着地，膝盖不能弯曲，脚腕和膝盖要灵活，富于弹性；走路时应有一定的节奏感，走出步韵。

（2）不良走姿及纠正

行走最忌内八字、外八字；不可弯腰驼背、摇头晃肩、扭腰摆臀；不可膝盖弯曲，或重心交替不协调，使得头先去而腰、臀后跟上来；不可走路时吸烟、双手插在裤兜；不可左顾右盼；不可无精打采、身体松垮；不可摆手过快、幅度过大或过小。

4. 蹲姿

蹲姿也应当是优美典雅的。很难想象，一位衣冠楚楚的先生或优雅的女士，在众目睽睽之下猫腰翘臀去捡东西。即使是两腿展开，平衡下蹲捡拾也是不美的。那么，怎样才能做到优美呢？

（1）蹲姿的要求

蹲姿的基本要领：走到物品左边，让物品位于自己身体的右侧，蹲下屈膝去拿，而不要低头，也不要弓背，要慢慢把腰低下；两腿合力支撑身体，掌握身体的重心，臀部向下。女士穿着低领服装时，可一手护住胸口，一手捡起地上之物。

（2）不良蹲姿及纠正

女士穿裙子时，要注意背后的上衣自然上提，露出臀部皮肉和内衣是很不雅观的；绝对不可以双腿敞开而蹲，这种蹲姿叫"卫生间姿势"，是最不雅的；不要面对他人或背对他人而蹲，蹲在社交场合是不得已的动作，应该避开他人的视线。

5. 手势

手势是人们交际时不可缺少的体态语言，运用恰当可以增强表情达意的效果。手势要规范，既不能使用过多，也不能摆动幅度过大，更不可手舞足蹈。手势美是动态美，恰当地运用手势来表达真情实意，会在交际中表现出良好的形象。

（1）手势的要求

手势的基本要求：手指伸直并拢，掌心向斜上方，腕关节伸直，手与前臂成一直线，以肘关节为轴，肘关节既不要成90°直角，也不要完全伸直，弯曲140°左右为宜，手掌与地面基本上形成45°角。

（2）常用的基本手势

有一些手势，如"请往前走"、"请进"、"里边请"、"请坐"等，生活中都经常使用。下面做具体介绍（也可参见专业篇中图示）。

1）引导来宾。即为来宾指示前进的方向，要言行并举。轻声对来宾说"请往前走"，然后可采用"直臂式"手势，即五指伸直并拢，掌心向上，以肘部为轴，由腹前抬起，手臂提至胸前，朝欲指示的方向伸出前臂。应注意，在指引方向时，身体要侧向来宾，目光要兼顾来宾和所指方向，直到向来宾表示清楚了，再放下手臂，向后退一步，施礼并说"请您走好"等礼貌用语，如图1-8所示。

2）迎接来宾。站在门口迎接来宾时，可采用"横摆式"手势，并说"请进"。以右手为例：手指伸直并拢，掌心向斜上方，腕关节伸直，手与前臂成一直线，以肘关节为轴，手从腹前抬起向右摆动至身体右前方，不要将手臂摆至体侧或身后。同时，脚站成右丁字步，左手下垂，目视来宾，面带微笑，并将身体转向来宾，当来宾将要走近时，向前一小步，不要站在来宾的正前方，以避免阻挡来宾的视线和行进的方向，并与来宾保持适度距离。上步后，向来宾施礼、问候，然后向后撤步，先撤左脚，再撤右脚，重新站成右丁字步。

（a）　　　　　　　　　　（b）

图 1-8　引导来宾手势

　　3）引领来宾。当引领来宾至房间门、电梯门前，说"里边请"，应一只手扶门，另一只手可采用"曲臂式"手势。以右手为例：五指伸直并拢，从身体的侧前方，由下向上抬起，上臂抬至离开身体近 45° 的高度，然后以肘关节为轴，手臂摆动成曲臂状，请来宾进去后，自己随后进去将门关好。

　　4）接待来宾。在接待来宾并请其入座时，说"请坐"，可采用"斜式"手势，即一只手屈臂由前抬起，以肘关节为轴，前臂由上向下摆动，使手臂向下成一斜线，指向椅子，表示请来宾入座，如图 1-9 所示。如遇重要来宾还应用双手扶椅背将椅子拉出，放到合适的位置，协助其入座。

（a）　　　　　　　　　　（b）

图 1-9　引导来宾入座手势

　　（3）鼓掌的手势

　　作为一种礼节，鼓掌含有欢迎、赞许、祝贺、感谢、鼓励等语意。在鼓掌时，最标准的动作是面带微笑，抬起两臂，先抬起左手手掌至胸前，掌心向上，再以右手除拇指外的其他四指轻拍左手中部。此时，节奏要平稳，频率要一致。至于掌声大小，则应与气氛相协调。

例如，表示喜悦的心情时，可使掌声热烈；表达祝贺时，可使掌声时间持续；观看文艺演出时，则应注意勿使掌声打扰演出的正常进行。通常情况下，不要对他人"鼓倒掌"，也不要在鼓掌时伴以吼叫、吹口哨、跺脚、起哄等不好的行为，这些做法会破坏鼓掌的本来意义。

（4）其他注意事项

为他人做介绍时，手势动作应文雅，无论介绍哪一方，都应手心朝上，手背朝下，四指并拢，拇指张开，手掌基本上抬至肩的高度并指向被介绍的一方，面带微笑。

在任何情况下，不可用拇指指自己的鼻尖或用手指指点他人，这含有妄自尊大和教训别人之意。谈到自己时应用手掌轻按自己的左胸，显得端庄、大方、可信。同样的一种手势在不同的国家、地区有不同的含义，千万不可乱用而造成误解。

（5）交际中应避免出现的手势

交际场合不可当众搔头皮、掏耳朵、抠鼻孔或眼屎、搓泥垢、修指甲、揉衣角、用手指在桌上乱画、玩手中的笔或其他工具，在公众场合切忌不要对别人指指点点。

6. 表情

面部是人体表情最丰富的部分，它表达人们内心的思想感情，表现人的喜、怒、哀、乐，对人们所说的话起着解释、澄清、纠正或强调的作用。

（1）微笑

1）对微笑的认识。微笑是人们对某种事物给予肯定以后，对美好事物表达愉悦情感的心灵外露和积极情绪的展现。微笑可以表现出对他人的理解、关心和爱，是礼貌与修养的外在表现和谦恭、友善、含蓄、自信的反映。人们的微笑是其心理健康的标志。微笑是一种"情绪语言"，它来自心理健康者。

2）微笑的礼仪规范。微笑的美在于文雅、适度，亲切自然，符合礼貌规范。微笑要诚恳和发自内心，做到"诚于中而形于外"，切不可故作笑颜，假意奉承，更不要狂笑、浪笑、奸笑、傻笑、冷笑。发自内心的笑像扑面春风，能温暖人心，化除冷漠，获得理解和支持。面部的表情如何绝不仅仅是天生的因素，后天的气质、风度也必会反映在脸上，关键是内心的真诚，它与道德修养、学识水平有着密切的关系。

3）微笑的方法。露出八颗牙齿，可以默念"钱"、"cheese"等。

（2）眼神

眼神是面部表情的核心，是心灵的窗口。

1）对眼神的认识。心理学家认为：最能准确表达人的感情和内心活动的是眼睛和眼神。通过眼睛和眼神完全可以判断他人的第一印象，眼神反映着他的性格和内心动向。

人们在交际场所，眼神是一种深情的、含蓄的无声语言，往往可以表达有声语言难以表现的意义和情感。人的眼睛时刻在"说话"，时刻道出内心的秘密。例如，交谈时注视对方，则意味着对其重视；走路时双目直视、旁若无人，则表示高傲；频频左顾右盼则表示心中有事；对来访者只招呼而不看对方则表明工作忙而不愿接待，等等。交际时，目光接触是常见的沟通方式，但眼神却会表示不同的含义。例如，相互正视片刻表示坦诚；瞪眼相视表示敌意；斜着扫一眼表示鄙视；正视、逼视则表示命令；不住地上下打量表示挑衅；白眼表示反感；眼睛眨个不停表示疑问；双目大睁表示吃惊；眯着眼看既可表示高兴，也可表示轻视；左顾右盼、低眉偷觑表示困窘；行注目礼表示尊敬，等等。

2）眼神的礼仪规范。在交际中，要注意注视对方的时间、位置和讲究眼神的礼仪规范。

① 注视的时间。与人交谈时，不可长时间地凝视对方。一般情况下，人们视线相互接触的时间，通常占交往时间的 30%～60%。在社交场合，无意与别人的目光相遇不要马上移开，应自然对视 1～2 秒，然后慢慢离开。与异性目光对视时，不可超过 2 秒，否则将引起对方无端的猜测。

② 注视的位置。用目光注视对方，应自然、稳重、柔和，而不能死盯住对方某部位，或不停地在对方身上上下打量，这是极失礼的表现。注视对方什么位置，要依据传达什么信息、造成什么气氛而异；要依据不同场合、不同对象而选择具体目光所及之处和注视的区间。

a．公务注视区间的范围一般是以两眼为底线，以前额上端为顶点所形成三角区间。注视这一区间能够造成严肃认真、居高临下、压住对方的效果。多采用于商务谈判、外事交往和军事指挥。

b．社交注视区间的范围是以两眼为上线，以下颌为顶点所连接成的倒三角区域。注视这一区域最容易形成平等感，容易造成良好的社交氛围，人们常在茶话会、舞会、酒会、联欢会及其他一般社交场合运用。注视谈话者这一区域，能让谈话者轻松、自然地发表自己的观点或见解。

c．亲密注视区间主要是看着对方的眼睛、嘴部和胸部。恋人之间、至爱亲朋之间，注视这些区域能激发感情，表达爱意。

③ 不同民族、不同文化的差异。不同国家、不同民族、不同文化习俗对眼神的运用也有差异。例如，在美国，一般情况下，男士是不能盯着女士看的，两个男士之间也不能对视的时间过长，除非是得到对方的默许；日本人对话时，目光要落在对方的颈部，四目相视是失礼的；阿拉伯民族认为，不论与谁说话，都应看着对方。大部分国家的人们忌讳直视对方的眼睛，甚至认为这种目光带有挑衅和侮辱的性质。

④ 敢于正视对方。在交谈中敢于礼貌地正视对方，是一种坦荡、自信的表现，也是对他人尊重的体现。谈话中眼睛往上、往下、眯眼、斜视、闭眼、游离不定、目光涣散，漫不经心等，都是在交际中忌讳的眼神。当别人难堪时，不要去看他；交谈休息时或停止谈话时，不要正视对方。

案例思考

小刘和几个外国朋友相约周末一起聚会娱乐，为了表示对朋友的尊重，星期天一大早，小刘就西装革履地进行打扮，对照镜子摆正漂亮的领结前去赴约。北京的八月天气酷热，他们来到一家酒店就餐，边吃边聊，大家很开心。可是不一会儿，小刘已是汗流浃背，不住地用手帕擦汗。饭后，大家到娱乐厅打保龄球，在球场上，小刘不断地为朋友鼓掌叫好，在朋友的强烈要求下，小刘才勉强站起来整理好服装，拿起球做好投球准备，当他摆好姿势用力把球投出去时，只听到"嚓"的一声，上衣的袖子扯开了一个大口子，弄得小刘十分尴尬。

你知道使小刘尴尬的主要原因是什么吗？

 实训练习

实训 1

[实训名称] 站姿。

[实训目的] 掌握正确的站姿。

[实训内容] 面向镜子，先靠墙站立，要求后脚跟、小腿、臀、双肩、后脑勺都紧贴墙，进行整体的挺拔训练，坚持 20 分钟。离开墙，与他人前后左右间距 1 米左右，头顶书本，坚持 20 分钟。

[实训准备] 准备几首舒缓的轻音乐、音乐播放器材，着统一制服。

实训 2

[实训名称] 坐姿。

[实训目的] 掌握各种正确的坐姿。

[实训内容] 面对镜子，每种坐姿分别训练，注意落座、离座的练习，注意远离靠背。可以分组训练，一组在练坐姿的同时，其余小组可以练站姿。

[实训准备] 准备几首舒缓的轻音乐、音乐播放器材、若干椅子，着统一制服。

实训 3

[实训名称] 走姿。

[实训目的] 掌握正确的走姿。

[实训内容] 先原地摆臂训练，然后练习双脚内侧踩在一条直线上，注意步度与步幅。先练习直线行走，再练习转弯。

[实训准备] 准备几首舒缓的轻音乐、音乐播放器材，着统一制服，地上标注直线。

任务二 交谈礼仪

【任务目标】

认识： 1. 学会说。

2. 学会听。

3. 熟悉电话礼仪。

训练：1. 设置场景训练说和听。

　　　　2. 设置场景训练电话礼节。

语言是内心世界的表现，一个人的教养和为人在交谈中会自然流露出来。因此，掌握交谈中的一些基本规则和技巧，是社交场合中拉近宾主间距离的良方。有人认为能言善辩就等于善于交谈，其实，这并不完全正确。善于交谈的关键除了要会说之外，更重要的还要学会听。

一、学会说

1. 动听的声音，柔和的音调

1）控制声调。不少中国人在说话时不太注意控制音调，尤其当众讲话时声音尖而响。如果在与人交谈时试着把自己的声音降低，会收到意想不到的效果，一个低沉的声音更能吸引人们的注意力并博得信任和尊敬。抑扬顿挫比单调平板更使人感兴趣。

2）口齿清楚。说话时思路要清晰，口齿要清楚，表达要顺畅，说的话要明白易懂。

3）语速适中。慢条斯理让人着急，没有停顿机关枪似的快嘴又让人听得吃力。

4）亲切热情。亲切热情是发自内心的，只有心里"热"才有嘴上的"热"。

2. 文明的用语，恰当的表达

1）选择合适话题。一般来说，在陌生人或是不太熟悉的人之间应选择比较简单却又基本上永远适宜的话题，如天气、环境、新闻等这些话题较安全，不容易引起误会或不快。有人可能会觉得这些话题太陈词滥调了，其实，正是这些简单的话题可能引出非常有意义的，甚至是精彩的谈话。在与熟人、朋友交谈时，几乎所有的话题都可以作为谈资，当然最好是投其所好选择话题。

2）掌握说的分寸，切忌喋喋不休。谈话是两个或两个以上的人互相交流思想、意见。因此，既不能默不作声、毫无反应，也不能口若悬河、滔滔不绝。一个真正善于交谈的人总是会在适当的时候，把发言权交给他人，如"你以为如何"、"你知道还有没有更为合适的办法"。

3）不要厚此薄彼。同时与几个人谈话，不要把注意力集中在一两个人身上，要照顾到在场的每一个人，不要冷落了任何一个人。可以选择大家都感兴趣的话题，可以用眼神与大家交流，可以不时地与在场的每个人攀谈。

4）交谈以对方为取向。在交谈内容的选择上以对方感兴趣的话题或者对方的思想、感受和经历为主要谈话内容。在语言使用上尽量避免讲"我"，多讲"你"，在一般情况下，"我"字可以省略不讲，在无法省略的地方，可以用"我们"代替"我"，而在用"我们"代替可能会引起误解时，则"我"字应讲得又轻又快。在交谈过程中适当称呼对方名字，也会让对方感到自然亲切，受尊重和重视。

5）要学会赞美他人。我们很多时候似乎不知道怎样去赞美、该赞美什么。可当你仔细留意，就会发现许多事情，如同事的领带、围巾的花色、小孩的容貌、桌上的摆设等都是你赞美的对象。一旦看到不妨说出来，将使受到赞美的人精神愉快，情绪高涨。注意赞美要用简洁、明了的语言；语言要平和、朴实，不要过于夸张；不要当着众人的面赞美其中某个人，很可能会伤害到在场的其他人。

6）巧用幽默。幽默是一种艺术，更是一种智慧的结晶，可以缓解紧张的气氛。例如，在电影院散场的人流中，一位姑娘不小心踩了一位小伙子一脚，姑娘十分紧张，连忙道歉。小伙子不但没发火，还幽默地说："没关系，都怪我不好，我的脚自由散漫了点，放错了地方。"大家一笑而过。

3. 自然的表情，文雅的举止

1）谈话者应保持一定距离。每个人都会下意识地为自己划定一个私人的空间距离，如果他人无意识地闯进自己的私人领域，一般都会感到紧张和不安。因此，交谈时，要注意使双方都处在私人的空间领域之外。私人的空间距离随着双方关系密切程度的不同而不同。原则是：双方关系越密切，私人的空间距离就越小；双方关系越疏远，私人的空间距离就越大。一般来说，私人的空间距离的半径为 50～100 厘米，只有双方关系特别密切才可以在 50 厘米以内，而情人或恋人的空间距离可以是零。

2）善于利用表情和手势。表情和手势可以使你的谈话更富有生气，可以帮助你表情达意。但并非所有的表情和手势都会使你的谈话增色，有时会起反效果。恰当的表情和手势应该是：自然大方，任何做作的表情和手势都是让人讨厌的；表情和手势应该适可而止，不可幅度过大，不可太频繁；表情、手势与谈话内容应该一致；注意手势的使用要正确，不同地区、国度，手势的使用是有差别的。

二、学会听

卡耐基曾说过："交往中并没有什么特别成功的秘诀，最重要的就是倾听对方的说话，这比任何阿谀奉承都有效。"

1. 注意力集中

用心去体验对方谈话所体现的情景和思想，这是倾听的基本礼貌。谈话时，兼做其他事情，或是东张西望，或做小动作都是注意力不集中、心不在焉的表现；而打哈欠、伸懒腰、看手表则往往是不耐烦和厌倦的表现。这些都是不礼貌的，应该避免。

2. 学会闭嘴，耐心倾听

适当的时候要有效地运用沉默，不要匆忙做结论或打断对方的谈话。要知道，对方发泄得越干净，越有利于倾听者了解对方的心理，越能听到想听的内容。一个善于交谈的人，应学会努力弄懂对方的谈话内容和心境而不是贸然提什么建议，这样，才能完全把握对方的意思。

3. 把握主要内容

一个好的听众，要注意听清楚对方语言的内在含义和主要思想观点，而不应过多注意对方谈话的技巧和语言表达水平，不要被细枝末节的问题所缠绕。

4. 注意非语言信息，听懂弦外之音

要注意说话者的神态、表情、姿势及语气、语调等非语言符号的变化，准确把握对方的真实意图。

5. 以客观公正的态度倾听

当碰到意见不一致时，应保持冷静，或以豁达的胸怀包容异己，或回避话题，忌在公众场合为非原则性问题大声喧哗、争执打闹。

6. 积极反应

可以在对方讲到兴奋之处，用"太有意思了"、"真有趣"等语言来呼应。当对方讲到伤心之处用同情的语言加以呼应，如"真是太难为你了"、"你真是不容易啊"等。最为积极的反应是对对方的谈话表示肯定和赞同（点头或用表示赞同的语言，如"是"、"对"、"你说得没错"等），还可以适时提出一个小问题或插入双方所关心的内容。

三、电话礼仪

随着科学技术的发展和人们生活水平的提高，电话的普及率越来越高，现代人在生活中已越来越离不开电话，每天要接、打大量的电话。打电话貌似很容易，对着话筒同对方交谈，觉得和当面交谈一样简单，其实不然，打电话大有讲究，可以说是一门学问、一门艺术。

1. 确定合适的时间

当需要打电话时，首先应确定此刻打电话给对方是否合适。应该避开对方的吃饭和休息时间，总的来说，请勿在早晨 7 点前和晚上 10 点后通电话，除非有紧急的事。工作时间打电话，接通之后应先询问："现在说话方便吗？"

2. 重要的第一声

当我们打电话给对方，若一接通，就能听到对方亲切、优美的招呼声，心里一定会很愉快，使双方对话能顺利展开，留下较好印象。首先问候对方，然后报出自己的姓名或单位，并说出你要找的人。为使对方听得清楚，说话节奏应慢一些，建议报全名，如"您好，我是李红，请问王经理在吗？"，"您好，这里是华通公司，请问您找谁？"。

3. 保持喜悦的心情

打电话时我们要保持良好的心情，这样即使对方看不见你，但是从欢快的语调中也会被

你感染，给对方留下极佳的印象。由于面部表情会影响声音的变化，所以即使在电话中，也要抱着"对方看着我"的心态去应对。

4. 清晰明朗的声音

打电话过程中绝对不能吸烟、喝茶、吃零食，即使是懒散的姿势对方也能够"听"得出来。如果你打电话的时候，弯着腰躺在椅子上，对方听你的声音就是懒散的、无精打采的；若坐姿端正，所发出的声音也会亲切悦耳，充满活力。

5. 迅速准确的接听

听到电话铃声，应迅速接听，最好在三声之内接听。如果铃响得时间较久才接，应该先向对方道歉："对不起，让您久等了。"这样的习惯是每个人都应该养成的。

6. 认真清楚的记录

随时牢记 5W1H 技巧。所谓 5W1H 是指 when（何时）、who（何人）、where（何地）、what（何事）、why（为什么）、how（如何进行），特别在工作中这些资料都是十分重要的。打电话的人应该提纲挈领、言简意赅地把这些说清楚，接电话的人要记录完整。

7. 了解来电话的目的

接电话时，如对方要找的人不在，不应简单说"不在"就挂断，应了解对方来电的目的，相应做出处理。如需转告，就认真记录具体内容；如不需转告，就请对方稍后再打。

8. 挂电话的礼貌

结束交谈时，一般应由打电话的一方提出，然后彼此客气地道别，说一声"再见"，再挂电话。最好不要一听到对方说"再见"就马上挂电话，尤其不能在对方一讲完话，还没来得及说"再见"就把电话挂断。注意挂电话时应小心轻放，别让对方听到很响的搁机声。

9. 其他事项

打错电话时，要向对方道歉，如"对不起，打错了"、"打扰您了"等。

通电话途中万一断了，拨打电话的人应该主动重拨，并且说："刚才电话断了，请原谅。"即使通话即将结束，也要重拨，继续把话讲完。否则，就像交谈中途弃人而去，是很失礼的事。

案例思考

一天，参加工作不久的杨安琪小姐被派到外地出差。在卧铺车厢里，她碰到一位来华旅游的美国姑娘。美国姑娘热情地向杨安琪打招呼，使杨小姐觉得不与美国姑娘寒暄几句实在显得不够友善，便操着一口流利的英语，大大方方地与对方聊了起来。

交谈中，杨小姐突然询问对方："你今年多大岁数呢？"美国姑娘所答非所问地说："你猜猜看。"杨小姐自觉没趣，又问道："你这个岁数，一定结婚了吧？"更令杨小姐吃惊的是，对方居然转过头去，再也不理她了。一直到分手，两个人再也没说一句话。

美国姑娘为什么不再搭理杨小姐了？

实训练习

[实训名称] 固定电话与手机的拨打与接听。

[实训目的] 掌握使用固定电话与手机的礼仪。

[实训内容] 模拟各种场景，分组训练固定电话和手机的拨打与接听，师生共同参与评价，明确拨打与接听电话时的注意事项。

[实训准备] 固定电话与手机。

任务三 见面礼节

【任务目标】

认识： 1. 熟悉见面礼节的具体内容。

2. 掌握见面礼节的具体要求。

训练：设置场景训练致意、握手、介绍、鞠躬等日常见面礼节。

懂得生活中的基本礼仪、拥有良好的现代生活礼仪习惯是体面生活的身份证，是提升社会地位的通行证。我们必须从礼貌用语、常用见面礼节、拜访待客礼节和电话礼节中注重相应的礼仪要求和要点。

一、致意的礼节

致意是一种相识的人用来打招呼时所用的一种常用的见面礼，表示问候、尊敬之意。由于致意大都是不出声的问候，它所传达的友善之意"此时无声胜有声"，这就要求致意时一定要让对方看到。如果向朋友致意时距离太远，或在其侧面或背后致意导致对方看不清楚或毫无反应，则既无效果又令人难堪。

1. 致意的形式

（1）微笑致意

微笑致意适用于与相识者或只有一面之交者在同一地点，彼此距离较近但不适宜交谈或无法交谈的场合。

（2）起立致意

一般在有长者、老者到来或离去时，在场者应起立表示致意。如长者、老者来访，在场者起立表示欢迎，待来访者落座后，自己才可坐下；如长者、老者离去，待他们先起立后，自己才可起立相送。

（3）举手致意

当彼此相识的人在公共场合或较远距离，但又相互看到时，一般举手致意，以示对对方的问候。即举起右手，掌心朝向对方，轻轻摆一下手即可。注意摆动幅度不宜过大，也不要反复摆动，只需双方都能见到即可。

（4）点头致意

点头致意适于不宜或无须交谈的场合。如会议、会谈正在进行中，与相识者或仅有一面之交者在同一地点多次见面，均可点头致意。点头致意的方法：头部轻轻往下一动，幅度不必过大。

（5）欠身致意

欠身致意一般用于坐着时与熟人打招呼，身体的上部微微向前一躬，欠身的幅度应在15°以内。如有客人到办公室来访，可以用欠身致意的礼节接待，以表示对客人的欢迎与尊重。

（6）脱帽致意

脱帽致意多用于戴帽的男士，在遇见熟人时，用脱帽的方式，并辅之以点头致意，与对方打招呼。有时见面时将帽脱下，临别时再戴上帽子。若自己戴的是无檐帽，就不必脱帽，只需欠身致意即可，但注意双手不可插兜。若与朋友、熟人擦肩而过也可采用轻掀一下帽子的方法致意。

2. 致意的讲究

致意的礼节有一个约定俗成的习惯，即致意的顺序应该遵循男士先向女士致意，年轻者先向年长者致意。遇到身份较高者，一般不应立即起身去向对方致意，而应在对方的应酬告一段落之后，再上前致意。与多人打招呼要遵循先长后幼、先女后男、先疏后亲的原则进行。两对夫妇见面，女士先互相致意，然后男士分别向对方的妻子致意，最后男士互相致意。

女士一般可以不首先向异性朋友致意，唯有遇到上级、长辈、老师、特别钦佩的人，以及见到一群朋友的时候，女士才需率先向他们致意。

致意时，往往同时使用两种甚至两种以上的致意形式，如脱帽与欠身并用，点头与微笑并用。另外，致意时要注意文雅，一般不要在致意时高声叫喊，也不能毫无表情或萎靡不振，这样会给人敷衍了事的感觉和缺乏教养的印象。

在大街上打招呼，三四步远是最好的距离。如遇对方先向自己致意，一般应以同样的致意形式向对方还礼，视而不见、毫无反应是傲慢无礼的表现。

二、介绍的礼节

介绍是交际场合中相互了解的基本方式。通过介绍，可以缩短人们之间的距离，以便更好地交往，更多地沟通和更深入地了解。

介绍按不同的划分标准可分为不同的类型，具体内容如下：

1）按照交际场合的不同来划分，可分为正式介绍和非正式介绍。

2）按照被介绍者的人数来划分，可分为集体介绍和个人介绍。集体介绍指对多数人的介绍，多见于宴会上或会议上；个人介绍指在所有场合上个人之间的介绍。

3）按照被介绍者的身份、地位、层次来划分，可以分为重点介绍和一般介绍。

4）按照被介绍者的性质、介绍的形式和目的来划分，可以分为商业性介绍、社交性介绍和家庭成员介绍等形式。

5）按照介绍者处于不同的地位来划分，可分为自我介绍、他人介绍和为他人做介绍。

① 自我介绍。

a. 适宜的场合。以下场合通常需要做自我介绍：求职之时；到一个新的工作岗位报到之时；在聚会中与不相识的人见面之时；当对方忘记自己姓名之时。

b. 介绍的内容。自我介绍时，可以介绍自己的姓名、身份、单位。一定要把姓报清楚，因为在中国一般只知道姓就可以称呼了。如果对方表现出结识的兴趣，可视情况介绍一下对方关心的问题。切忌信口开河、以我为主，过分表现自己。

c. 介绍的方法。简单地介绍可以这样说："我叫王小华，请多关照。"为了给对方留下深刻的印象，恰如其分地自我介绍之后，不妨告诉别人自己的名字怎么写，如"王小华，三横王，大小的小，中华的华，请多指教"。这样就可以使对方加深对你名字的理解，帮助对方很快记住你的名字，特别是名字里有冷僻的字更应如此。还可以用幽默、谐音来解释自己的名字，因为中国人的名字一般都有寓意，这样介绍出来更生动、有趣。如"徐鹏程，鹏程万里"等。在做自我介绍时，应简明扼要，不应占时间太长。

d. 介绍时应注意：

第一，表情应亲切、自然，眼睛应看着对方或大家，要善于运用眼神、微笑和自然亲切的面部表情来传达友谊之情。

第二，举止应庄重、大方，必须充满自信。介绍时，可将右手放在自己的左胸上，沉着稳重，不要用大拇指指着自己。

② 他人介绍。

他人介绍，是由他人将你介绍给别人。由他人做介绍，自己处于当事人之中，如果你作为身份高者被介绍后，应立即与对方握手，表示很高兴与之相识。如果你作为一般身份的人，当被介绍给对方时，应根据对方的态度做出反应。如果对方主动伸出手来，自己也要及时伸手，并说些"认识您很高兴"等客套话；若对方表示歉意让你稍等，则应说"没关系，您先忙"；如果对方反应冷淡或有事情要办，则应该说"不打扰了，希望以后再见到您"。

作为被介绍者，应站在另一位被介绍者对面。介绍完后，应握一下对方的手，并表示想结识对方的诚意，如"您好"、"认识您很高兴"、"久仰久仰"等，也可递上自己的名片，说声"请多指教"、"请多关照"。

介绍时，除女士和年长者外，一般应起立。但在宴会桌上、会谈桌上可不必起立，这时被介绍者只要微笑点头即可。相距近者可握手，远者可举手示意。

③ 为他人做介绍。

a．做适当了解。在介绍前必须了解被介绍双方各自的身份、地位等；了解双方是否有结识的愿望，做法要慎重自然，不要贸然行事。

b．符合介绍次序。将男士介绍给女士，将年轻者介绍给年长者，将地位低者介绍给地位高者，将未婚者介绍给已婚者，将客人介绍给主人，将后到者介绍给先到者。

c．规范介绍手势。为他人介绍时，手势动作应文雅。无论介绍哪一方，都应手心朝上，手背朝下，四指并拢，拇指张开，指向被介绍的一方，并向另一方点头微笑。

d．其他事项。选择合适的介绍时机，如果对方忙于与别人说话，切不可随意中断别人的谈话，可点头致意在一边等待。因为只有在合适的情形之下，你的朋友才会被对方重视。如需介绍几个朋友与对方认识，应一视同仁，不可偏重任何一方，但得体合宜的重点介绍也是可以的。除了介绍彼此的姓名、工作单位以外，还要为双方找一些共同的谈话资料，如双方的兴趣爱好、共同经历或其他方面的相似之处。不论是何种介绍，都要注意突出被介绍的人与事的主要特点，体现个性特征，介绍时要尽量注意简练。介绍家人给他人，一般不加称呼。如家里来了很多客人，一般是把晚到的客人介绍给早到的客人，如果来宾甚多，那么主人不必一一介绍，只要介绍附近的客人认识就行了。

三、握手的礼节

1．握手礼的来源

握手礼是从原始人类摸手演化而来，在世界各地新发现的一些古代壁画、陶器图案中可以得知，不同氏族部落的人，一旦相遇，双方各自伸出自己的手掌，让对方看清后，再互相抚摸手掌心。伸出自己的手掌，这是表示自己手中没有攻击的武器，而以手掌心相贴，两手并一手，则象征着互相帮助。这就是握手的由来。

2．握手的姿态

握手的姿态一般为双方相距一步，上身应稍向前，伸出右手，与身体略呈 50°～60° 的角度，手掌向左，掌心微凹，四指并拢与大拇指分开，两人的手掌与地面成直线相握，并轻轻摇动，如图 1-10 所示。

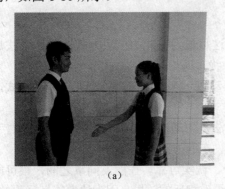
(a)

(b)

图 1-10 握手的姿态

握手的掌势很有讲究。若掌心向下握住对方，会给人以一种居高临下的傲慢之感；若掌心向上则会显得过于谦卑。自然平等的握手掌势应是：双方的右手手掌都处于垂直状态，握手时注视对方，微笑致意或简单地用语言致意、寒暄，千万不能一面握手一面斜视他处，或东张西望，或不礼貌地上下打量对方。

3. 握手的次序

握手的次序一般而言是长者在先、上级在先、主人在先、女士在先；年轻人、下级、客人、男士一般应先问候，待对方伸出手后，再伸出自己的手与之相握。当见到长者、上级首长、女士或小姐时不宜贸然伸手。

若一个人与很多人握手，最有礼貌的先后次序是：先长者、后晚辈，先上级、后下级，先主人、后客人，先女士、后男士。

注意： 如果一方忽略了握手的先后次序，先伸出了手，对方应立即回握，以避免社交中的尴尬局面。

4. 握手的时间

握手的时间要恰当，长短要因人而异。握手时间控制的一般原则可根据握手双方的亲密程度灵活掌握。初次见面，握手时间不宜过长，可控制在3秒左右。切忌握住异性的手久久不肯松开。如果是故友重逢或与嘉宾相见，握手时间可稍长，但一般也不要超过20秒。

5. 握手的力度

握手时用力要适当，可握得稍紧些，以示热情，但不可太用力，更不可把对方握疼，否则会显得粗鲁无礼；但也不可握得太轻，有人为维护自尊，握手时只用指尖与对方接触，或是干脆任他人握住自己的手一动不动，不做任何反应，这种做法显得妄自尊大或让对方怀疑你在敷衍了事。

正确的握手力度一般是让对方稍感压力即可。但一般说来，与女士握手时，时间应稍短，力度应稍轻。

6. 握手的形式

1）平等式握手。平等式握手即单手握手，这是最为普通的握手方式，具体做法是施礼双方各自伸出右手，手掌均呈垂直状态，四指并拢，拇指张开，肘关节微抬至腰部，上身微前倾，目视对方与之右手相握，可以适当上下抖动以示亲热。它是礼节性的握手方式，一般适用于初次见面或交往不深的人握手。

2）手扣手式握手。手扣手式握手的具体做法是主动握手者用右手握住对方的右手，再用其左手握住对方右手的手背。这种形式的握手，在西方国家被称为"政治家的握手"。用这种形式握手的人，试图使接受者感到他热情真挚、诚实可靠。在朋友同事之间，很可能达到预想的效果。然而，与初次见面的人相握则可能导致相反的效果，因为他可能怀疑你的动机。

3）拍肩式握手。拍肩式握手的具体做法是主动握手者的右手与对方的右手相握，他的左手移向对方的右肩。这样，他伸出的右手和左手可以向对方传递更多的感情。应该注意的是，拍肩式握手只有在情投意合和感情极为亲密的人之间才受欢迎。

7. 握手的忌讳

1）人多时，握手不要交叉，应分先后次序。

2）不要戴手套与他人握手。如原先戴着手套，应尽快把手套摘下来，然后再与人握手。如果确有不便要向对方说明情况，请求对方原谅。在西方传统中，妇女和地位高的男子可以戴手套握手。

3）不能用左手握手，如实在有情况，应说："请原谅，用左手了。"

4）握手时如果有几个人，而你只同一个人握手，对其他人视而不见，这是极端不礼貌的表现。与多人握手，与每个人握手的时间应大致相等，若握手时间明显过长或过短，也有失礼仪。

四、鞠躬的礼节

1. 鞠躬的适用场合

鞠躬，意即弯腰行礼，是表示对他人敬重的一种郑重礼节。它既适用于庄严肃穆或喜庆欢乐的场合，又适用于一般的社交场所。

在我国，鞠躬常用于下级向上级、学生向老师、晚辈向长辈表达由衷的敬意；也常用于演讲者、表演者向听众、观众致意，服务员向宾客致意。为向他人表达深深的感激，也可以用鞠躬礼。

2. 鞠躬的基本做法

欲施鞠躬礼时，首先应该立直，背部伸直，保持身体的端正，同时双手在体前搭好，右手搭在左手上，面带微笑。鞠躬时，以腰部为轴，整个腰及肩部向前斜 15°～30°，目光应该向下，同时问候"您好"、"早上好"、"欢迎光临"等，如图 1-11 所示。

行鞠躬礼时应当注意：

1）必须脱帽，戴帽鞠躬不礼貌，同时还会使帽子掉下来。

2）鞠躬时目光应该向下看，表示一种谦恭的态度，不可以一面鞠躬一面翻起眼睛看对方。

3）嘴里不要吃着东西、嚼着口香糖或含着香烟。

4）礼毕抬起身，双眼应礼貌地注视对方。如果视线移向别处，即使行了弯腰最深的鞠躬礼，也会让人觉得缺乏诚意。

5）若是迎面碰上对方鞠躬，则在鞠躬过后，应向右边跨出一步，给对方让开路。

（a） （b）

（c） （d）

图 1-11 鞠躬的基本做法

案例思考

李扬是某单位的经理，有一天，他被邀请参加一场晚宴，此次晚宴规模很大，聚集了职场上的成功人士。在宴会上，李扬被朋友介绍给一位曹女士。为了表示自己的友好，他先把手伸了出去，可是那位曹女士居然没有反应，还在与一旁的朋友说说笑笑。李扬觉得非常尴尬，觉得手不能再缩回去了，撑了大概 20 多秒，那位女士还是不配合，后来他一着急说："蚊子！"转手去打莫须有的蚊子。这种场面让周围的人都不禁捏了把冷汗，李扬满脸通红地离开了。

造成这种尴尬场面的原因是什么呢？

实训练习

［实训名称］握手、鞠躬。

［实训目的］掌握握手的姿态与行鞠躬礼的要求。

[实训内容] 模拟各种场景,分饰领导、长辈、男女等角色,分组练习握手与鞠躬礼,师生共同参与评价,明确行握手与鞠躬礼时的正确姿态及相关要求。

[实训准备] 模拟场景所需桌椅、分饰角色时所需衣物等。

任务四 拜访与待客礼节

【任务目标】

认识: 1. 掌握拜访的具体要求。

　　　2. 掌握邀请、接待客人时的礼节。

训练: 设置场景训练拜访与待客礼节。

一、拜访的礼节

拜访时务必注意以下事项:

1)时间的选择。考虑到主人的方便,尽量避开吃饭的时候;节假和周末,没有预约,也不要贸然前往。预先约定时间,最符合礼貌。确有急事临时决定拜访,时间要短,还须对自己的突然拜访表示歉意。

2)服装的选择。一般的访问,服装整洁、朴素、大方即可,不必太过华丽,衣冠不整、蓬头垢面则对主人不敬。去庆贺喜事,就需美观讲究些。

3)礼品的选择。若彼此关系密切,不妨问一问对方,赠送什么才好。对于经济尚未独立的年轻人,有时象征意味很浓的小礼品最能表达彼此的友情,一般不应送贵重物品。

4)送礼的方式。送的礼物,除鲜花外,都必须带着包装。写有价钱的标签应当早些拿掉;将发票连同礼物一同送上的情况也有;若商品附带有保修单,可在与主人见面或快告辞时,大大方方地送给主人,以便以后退换修理时做凭据。

5)进门的礼节。应先敲门或先按铃,等主人开门或说"请进"后再进去。进门后,向主人一家人问好,若有其他客人在场,也要问好。如果不是预先约定,先问主人是否有时间,简短地说几句就告辞。

6)有别人在场时。和主人谈着话,来了别的客人,不管认识与否,应当主动起身与他打招呼,不要不理睬别的客人,自顾自地唠叨。如果自己的话已说得差不多了,可以起身告退,或尽量早点结束话题。

7)在主人家里的禁忌。随手乱翻,到处乱闯,是对主人的不尊重。一般不宜带年幼的小孩去做客,增加主人的麻烦,更不宜在别人家责骂小孩。

8)交谈的时候。谈吐须文雅,对主人家的家庭情况只做一般了解,关心过度、反复盘问,就显得粗鲁无礼了。交谈时不可独自滔滔不绝,让主人插不上嘴。主人说话时留心倾听,要察言观色,若主人有不耐烦的神色出现,适时告辞较明智。

9）告辞的时候。一般性的访友，以半小时为最佳交往时间。告辞时应对主人的款待致谢，并对自己的打扰表示歉意。若主人家有长辈，也应向长辈告辞。女士跟男主人告别，应主动和对方握手。出门后，须主动请主人"留步"，不用远送。

二、邀请和接待客人时的礼节

邀请和接待客人时应注意以下事项：

1）邀请的方式。结婚等较隆重的庆典，预先发请柬；小型聚会，口头或电话邀请即可。要提前考虑宾客的人选，将准备邀请的人都告知被邀者。

在客人到来之前，将用于招待的物品放于最方便之处。屋子应稍作收拾，杂乱无章会令客人不舒服。

主人应提前在家等候，客人到了而主人不在就太失礼了。

如果是邀约客人前来赴宴，主人家最好有一人在门口迎候。主人将刚到的客人迎进屋后，应将他介绍给在座的其他客人。如果主人是年轻人，与父母同住，应将自己的朋友、同学、同事介绍给父母，一来显示对父母的尊重，二来可使客人减少拘束感。

2）主人的服装。服装的式样依聚会的性质而定，主妇的打扮可以讲究些。

3）受礼时的表示。接过礼物，不管礼品合不合自己的心意，都应当表示对这份礼物的重视，尽快打开包装欣赏一番。如果觉得送礼者别有所图，应向他暗示送礼不妥的原因和自己拒收的理由，态度可坚决但方式要委婉。

4）返礼的做法。接受了他人的馈赠，应在日后适当的时候准备礼物馈赠对方。接受了礼物并不一定都要立即返礼。对方有同样的事可庆贺时，送去礼物表示心意就可以了。

5）待客的礼节。主人须等客人全体坐下后，才能坐下。中途自己有急事需暂时外出，或接听电话等需要离开一会儿，应向客人打招呼。正与客人交谈，又有其他客人来访，与早来的客人互不相识，主人应替双方介绍，对来的客人要一视同仁。

6）送别客人时。客人告辞时，主人应先挽留，再让客人走。

客人走时，可以让他自己开门，如果主人开门似乎在下逐客令，当然这只是指在家里，在饭店等服务性企业和正式的聚会上，是不应让客人开门的。送客送到门外，住楼房的，应将稀客、长辈送下楼或院外，握手说声"再会"，目送客人离去。

有女子单身一人来做客的，主人可委托客人或自己的家属护送她回家。

🖋 案例思考

一次，有位教师带着三个毕业生同时应聘一家公司做业务员，面试前教师怕学生面试时紧张，同人事部主任商量让三位同学一起面试。三位同学进入人事部主任办公室时，主任上前请三位同学入座。当主任回到办公桌前，抬头一看，欲言又止，只见两位同学坐在沙发上，一位架起二郎腿，而且两腿不停地颤抖，另一位身子松懈地斜靠在沙发一角，两手攥握手指咯咯作响，只有一位同学端坐在椅子上等候面试，人事部主任起身非常客气地对两位坐在沙发上的同学说："对不起，你们二位的面试已经结束了，请退出。"两位同学四目相对，不知为什么面试什么都没问就结束了。

你知道面试什么都没问就结束的原因吗？

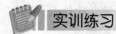 **实训练习**

［实训名称］拜访。

［实训目的］掌握拜访客户时的正确礼仪及应该注意的问题。

［实训内容］某公司业务员小李要去拜访一位重要的新客户周先生。小李在拜访周先生前要做哪些准备？在拜访过程中应遵循哪些礼仪？应注意哪些问题？师生共同点评。

［实训准备］根据模拟活动情景分组，确定模拟活动情景角色。

任务五　其他相关社交礼仪

【任务目标】

认识：1. 了解馈赠礼仪在商务活动和人际交往中的重要作用。

　　　2. 理解名片在人际交往中的重要作用并能正确运用名片礼仪。

　　　3. 熟悉商务请柬礼仪的具体要求。

　　　4. 了解我国主要节日礼仪。

训练：1. 在商务活动与人际交往时正确运用馈赠礼仪。

　　　2. 在现实生活中能正确使用名片礼仪。

　　　3. 练习写作商务请柬。

　　　4. 在工作中当好弘扬民族风情的友谊使者。

某市房地产开发公司的杨老板打算和中东某国的一家公司合作，与之合作的前景可观。杨老板为了和这家公司增进感情，初次见面时就送给该公司经理一套贵重的景泰蓝瓷器。礼物很精美，但结果却不尽如人意，人家把礼物退回，同时他们的合作也告终了。

随着业务的扩大，和国际上的一些企业交往机会大大增加，送礼的学问更显得重要。杨老板的失败在于不了解阿拉伯国家的习俗，如果初次见面就送礼会被视为贿赂行为。所以送礼前应了解送礼的技巧和各国不同的风俗习惯。

一、馈赠礼仪

赠送礼物是人际交往之中一种表达友情、敬重和感激的形式，在商务活动中，它是联系企业之间感情的一种公关手段。送礼的目的：前者在于沟通感情和保持联系，表达送礼者的诚意；后者更多是为了增进感情，扩大交往，加强合作。送礼没有固定的规矩，但要讲求约定俗成的礼节。送得好，方法得当，会皆大欢喜，境界全出。因此，馈赠礼品必须注意礼品的选择、送礼的时间、送礼的方式和送礼的禁忌。

1. 礼品的选择

送礼之前，要对礼品进行认真的选择，要根据不同的对象，了解对方最喜欢什么、最需要什么，所送的礼品既不要增加受礼者的心理负担，又会使之产生受重视的感觉。

礼品的选择不仅要注重因人而异，还要考虑既要经济，又要新颖精巧、耐人寻味有特色，能引起对方的兴趣为受礼者所喜爱。有的礼品虽然耗费很大但并不受人欢迎，而有的礼品花钱不多或是亲手制作却能打动对方的心，使对方满心欢喜，既富有情趣又增进友情，且具有实用价值和纪念意义。

赠送的礼物一般有如下类型：

1）喜礼：送给亲友结婚或生育的恭喜的礼品。前者可送鲜花、书画、工艺品等，后者可送营养品、小孩衣物等。

2）贺礼：企业开张、大厦落成及个人升迁、生日寿辰都会收到贺礼。送给企业的多是花篮、工艺品等，送给个人的则要视不同情况加以选择。

3）鼓励性礼品：这种礼品经常用于表彰、奖励的场合，以具有纪念意义和实用价值的文化用品为主。

4）慰问性礼品：亲朋好友病了，送上一些营养品，以表示问候和关心，也可送水果、鲜花等。

2. 送礼的时间

一般来说，礼品可以随时送给对方，但送礼选择好机会效果会更好。送礼的时间一般集中在节假日或有特殊意义的纪念日、特殊的场合等。例如，别人遇到困难时最需要帮助，这时伸出援助之手，会使受礼人终身难忘，所谓"雪中送炭"就是这个意思。

亲朋好友，遇有佳节喜庆，赠以薄礼以示祝贺，这对密切友情是非常有益的。但送礼要赶在前头，否则不如不送。不送不过疏忽而已，事后送去，反而加深了你忘记对方好日子的印象，对方会觉得你对他不够关心。

送礼时一定要选择受礼人在家时前往。若把礼物交给邻居转交是不礼貌的，有时受礼人也不愿意别人知道自己收受礼品。礼物只是载体，重要的是通过交谈增进情意。

在涉外交往中，由于宾主双方关系不同，具体所处的时间、地点及送礼的目的不同，送礼的具体时机也应有所不同。

1）在会见或会谈时，如果准备向主人赠送礼品，一般应当选择在起身告辞之时。

2）向交往对象道喜、道贺时，如准备向对方赠送礼品，通常应当在双方见面之初相赠。

3）出席宴会时向主人赠送礼品，可在起身辞行时进行，也可选择餐后吃水果之时。

4）观看文艺演出时，可酌情为主要演员预备一些礼品，并且在演出结束后登台祝贺时当面相送。

5）游览观光时，如果参观单位向自己赠送了礼品，最好在当时向对方适当地回赠一些礼品。

6）为专门的接待人员、工作人员准备的礼品，一般应当在抵达当地后尽早赠送给对方。

7）在英国，适宜的送礼时机是在晚上请客人在上等餐厅用完餐或在剧院看完戏之后。

8）法国人不喜欢初次见面就送礼，应该等到下次再见面时或应邀到家中进餐时。

3. 送礼的方式

送礼的方式除了当面赠送外，还可以请人代送或邮寄，这时可随礼品附上贺词或名片。收到托人送达或邮寄的礼品时，应及时打电话或亲笔写信表示感谢。写感谢信的时间一般不应超过一周。

赠送的礼品最好要带包装，装饰要精美。切不可把一堆礼品放在一起，往提包一装就送去。这样，即使礼品再多，对方也会不高兴，这也是对对方不尊重的行为。所以，对礼品的包装一定要讲究。

送礼最好在私下进行，切忌在人多眼杂的公共场合送。尤其是给领导和异性送礼，更应注意。前者会被笑为"拍马屁"，后者会被怀疑为心思不正。本来是正常的人际交往，反而会使自己蒙受不正之嫌。若是两对夫妻会面，则赠送礼品最好在两位夫人之间进行。

4. 送礼的禁忌

送礼无论是在国内还是在国外，都有一定的民俗禁忌，选择礼品不能不考虑周到。例如，不送刀、剑或其他带有尖、刃的物品，这些有"一刀两断"之意；除情人可互赠手帕外，对一般亲人也不送手帕，因为手帕是与眼泪联系在一起的，有"送巾断根"之嫌；对礼品的颜色，也应注意避开受礼人忌讳的颜色；中国人之间不喜欢以钟、鞋、药、白布为礼。

涉外交往中，对此更要注意，不然送礼的效果会适得其反。日本人喜欢名牌货，但对饰有狐狸和獾图案的东西则甚为反感。因为，日本人认为狐狸是贪婪的象征，而獾代表狡诈。在法国，千万不要送菊花，在法国只有在葬礼上才用菊花。不要送印有客人所属公司标志的礼物给英国人。在拉丁美洲，黑色和紫色是忌讳的颜色，刀、剑也应排除在礼品之外，因为它们暗示着友情的结束。日本人会把不包装或包装不合理的礼品看作无礼。德国人则忌讳用白色、黑色的包装纸来包装礼品。

二、商务请柬礼仪

1. 请柬的概念及作用

请柬的"请"，是邀请的意思；"柬"通"简"，就是信札。请柬是为了邀请客人而发出的一种通知性短信。所以，请柬又称邀请信、请帖。

我国是文明古国、礼仪之邦，中华民族具有悠久的文化传统，在邀请宾客前来参加会议或精心安排的活动时，常采用发送请柬这种书面邀请形式。

在商务活动中，为了促进贸易双方的互相了解、增进友谊、扩大贸易、解决一些通过函电难以解决的问题，常用请柬。发送请柬能够显示邀请的礼貌性，它的作用在于表示对客人的尊敬，也表明邀请者的郑重态度。

请柬的应用范围很广，像举办商品交易会、宴会、酒会、晚会、招待会及庆祝、纪念、典礼等活动，均可发请柬。

2. 商务请柬的格式及写法

商务请柬作为书信的一种，其格式与一般书信大致相同，但又有其特殊要求。

（1）名称

在封面或第一行正中写上"请柬"（或"请帖"）二字。

（2）称呼

一般起首顶格写被邀请人或单位的姓名或名称。有的请柬把姓名或名称写在中间或省略不写。也可在习惯结尾语（"此致"、"敬请光临"等）后另起一行顶格写上被邀请人的姓名。有些宴会、舞会、文艺演出、招待会的请柬，往往不是具体邀请某个人去指导什么，而是出于单位之间的感情交流，对另一单位的支持表示谢意，另一单位派谁都行，所以这样的请柬不需要写被邀请者的姓名。

（3）正文

第二行空格书写，交代会议或活动的性质、内容、时间和地点。必要时还应将入场券等凭证附上。为慎重起见，可征询对方能否应邀。

（4）结尾

习惯上在正文之后写"恭请光临"、"敬请莅临"、"欢迎指导"等礼貌用语，有的还缀以"此致——敬礼"、"顺致——崇高的敬意"等字样。

（5）落款

最后要在正文内容后的右下方写明发出请柬的单位名称或个人姓名，个别情况也有单位名称和个人姓名两者都写的。名称要用全称，以单位名义发的请柬，落款要盖章，以示敬重。最后写清发出请柬的日期（年、月、日）。

（6）附启语

有些请柬根据不同情况还有各种附启语，如"每柬×人"、"凭柬入场"及"地址××大街××号"等语。个别需请对方确定能否应邀以便招待的请柬，还要写上"能否应邀希早回复"、"能否前往请回电话"等字样的附启语。附启语常写于请柬的左下方。

3. 商务请柬的写作要求

商务请柬的写作虽然较简单，但请柬质量的高低反映出一个单位（组织）的水平和风貌，事关单位（组织）形象。因而写请柬要求语言简洁、明确，措辞文雅大方、热情得体。

（1）内容简明扼要

为了提高工作效率，适应现代生活的需要，商务请柬的内容要简明扼要，即不繁冗造作，不堆砌词藻，要把邀请对象、活动安排、时间、地点、邀请者、发请柬的时间写得准确具体、一清二楚（时间要写清年、月、日、星期几及时刻，地名、门牌要写准写全，别称要加注），而且凡关系重大的项目要无一遗漏，字迹要美观、整洁。

（2）语言热情、文雅得体

商务请柬要根据邀请对象、内容认真措辞。如被邀请者是某个人，在姓名后常加"先生"、"阁下"、"女士"、"小姐"等，也可在"先生"、"阁下"、"女士"等前加上头衔（如官衔、职称、爵位）。称呼单位，则应写上单位的全称。因为商务请柬是商务交往的媒介，因而要讲究文字美，语言要礼貌文雅、谦恭得体，恰如其分地表达出殷切盼望对方接受邀请的心情。

4. 商务请柬的设计与制作

请柬是艺术化的通知，制作比较讲究、漂亮，很多人把请柬作为艺术品来收藏。因此有以下几点需注意。

（1）商务请柬的形式

商务请柬的形式大致可分为三种。第一种是通用性的请柬，市场上现成有卖，一般中小型的庆贺活动经常采用这一种。但是注意这类通用请柬的样式很多、大小不一，文字表达也不一致，要尽量选择一种适合自己庆贺活动要求的。第二种是自制请柬，一般是因为商务组织举行大型的庆贺活动，要求高、人数多，需要自行设计印制。这类请柬比通用请柬有个性，一般也比较精美，是收藏的珍品。第三种是手写请柬，这类请柬比较少，一般是个人小型庆贺活动之用。邀请人本人又是具有相应书法造诣的人，便可自己设计，亲手写成，但不可轻易尝试，以免弄巧成拙。

（2）被邀请人的姓名

被邀请人的姓名是商务请柬的主要内容。现在比较完备的商务请柬由本件及信封组成。有人贪图方便，在信封上写了被邀请人的姓名后，请柬本件上就不写了，这是失礼的行为。因为万一本件与信封分开，这张请柬便成了无主之柬。姓名一般写在请柬的上首，也可写在后面"恭请"之后。

（3）时间、地点、招待形式

时间、地点、招待形式也是商务请柬的重要内容。基本的格式有两种：一种是包含在事由中，即"兹定于××××年×月×日（时间）讲座××××（地点）举行××内容的活动，会后进行××招待（形式）"；还有一种是"事由"栏里只写举行什么内容的活动，而在请柬的左下角另印有时间、地点、招待形式栏供填写。

（4）商务请柬的格式

与其他书信一样，商务请柬也有横式与直式两种格式，均可选择使用。如果是涉外活动，一般应以横式为主。

（5）商务请柬的颜色

商务请柬的颜色没有什么统一的明文规定，属于约定俗成的习惯，大致应掌握：喜庆活动的请柬一般采用大红烫金的颜色；开张、落成、揭幕等典礼一般采用粉红色或橘红色；纪念、联谊等宜用庄重、朴素色，如蓝色、黄色；丧、葬等用白底黑字或月白等素色。

5. 商务请柬的发送方式

商务请柬的发送也是相当重要的，发送得是否仔细、周到，表示了邀请人的诚意程度。大致有以下几种：

（1）专送

专送是指派人专门将请柬送到被邀请人手中。这是最郑重的一种发送请柬的方式，反映了邀请人的诚意。

（2）邮寄

邮寄是指请柬通过邮局发送，这是最通常的做法。特别是规模大、人数多的情况下，只能这样做。

（3）回执

回执是指邀请人为了要证实究竟有多少来客能出席的一种做法。回执随同请柬一同发出，在规定的时间内由对方填写寄回。

（4）电话

电话是指用打电话通知的方式。

请柬的传送，切不可为了图方便随便请人捎带。一来，万一捎带者忘记送，会误事；二来，被邀请人会感到不愉快，怀疑邀请人对他不重视。

6. 收到请柬的回函礼仪

被邀请人收到请柬，有回执的，应尽快按照回执上所列要求，填好回执，给邀请人送达或寄达。实在分身无术，也应打个电话，告知对方，表示感谢。没有回执的，也应视情况设法通知邀请人，一来感谢对方的盛情邀请，二来通知对方接受邀请与否，以利于对方的安排。回函的方式与发柬方式相类似，可斟酌情况，分别采用之。

商务请柬示例如下：

请　柬

××先生：

为欢迎××贸易代表团访问事事达公司，谨定于 2014 年 5 月 18 日（星期日）下午 7 时在×市×区××路×号举行晚宴。

敬请

光临

事事达公司总经理×××
2014 年 5 月 10 日

三、名片礼仪

名片在我国已有 2000 多年的历史，早在西汉时期就广为流行了，只是名称不同而已。当时称之为"谒"，东汉时改称"刺"，六朝时称"名"，唐朝时称"月勃"，宋代称之为"门状"，明朝时称"名帖"，清朝时又称"名刺"；现在则通称"名片"。

在现代社交活动中，名片作为一种自我的"介绍信"和社交的"联谊卡"，已被人们普遍地使用。那么，名片有哪些种类？它有哪些作用？使用名片又有哪些礼仪规范呢？

1. 把握发送名片的正确时机

适时地发送名片，使对方接受能收到最好的效果，但必须注意以下情况：

1）在与人交往前，先把名片放在易取之处，男士可以把名片放在公文包或西装上衣的口袋里，女士可置于手提包内，以示对对方的礼貌和尊重。

2）不要把别人名片和自己的名片混放在一起，以防递错而导致失礼。

3）不要胡乱随意散发名片，见人就送，显得太随便，反而不受重视。

4）处在一群彼此不认识的人当中，最好让别人先发送名片。

2. 掌握交换名片的一般顺序

交换名片的一般顺序是"先客后主，先低后高"。即地位低的先把名片交给地位高者，年轻的先把名片交给年长者，客人先把名片交给主人，男士先向女士递名片。不过，假如是对方先拿出来，自己也不必谦让，应该大方收下，然后再拿出自己的名片来回赠。

3. 掌握递送名片的礼仪

向对方递送名片时，应面带微笑，注视对方，将名片正面且以对方能够阅读的方向对着对方，用双手的拇指和食指分别持握名片的两端，注意不要压住名字，递送给对方。

如果是坐着的，应当起立或欠身递送，递送时可说"这是我的名片，请多关照"之类的客套话。也可一边念出自己工作单位的名称与自己的名字，一边递出，如果有难念的字，应该主动告诉对方正确的念法，对方会觉得有亲切感。

4. 掌握接受名片的礼仪

接受对方递上的名片时，应尽快起身，面带微笑，以双手承接，可同时说"谢谢"等礼貌用语；也可轻轻点头并将名片快速浏览一遍，然后看着对方说："是××公司的×××先生吗？"

若是初次见面，最好将名片上的重要内容轻声读出来，以便确认对方的姓名和职位。

5. 注意使用名片时的忌讳

1）忌把名片当作传单随便散发。喜欢随便散发名片的人，会给人一种极不爱惜自己名誉的感觉。

2）忌不顾对象、场合，逢人便索要名片。有时，过分地热衷于名片的交换，反而有失礼仪，使人敬而远之，甚至遭人鄙视。索取他人名片的正确做法是欲取之必先予之，即把自己的名片先递给对方，以此来求得对方的响应。或暗示自己的意愿，如对长辈、地位高的可以说"今后怎样向您请教？"，对平辈、晚辈和与自己地位相仿的可以说"如何与您保持联系？"，等等。

3）忌收藏摆放不当。名片最好放在专门收藏名片的皮夹、名片盒或名片夹里，应尽量避免把名片放在钱包和月票夹内。名片和收放名片的夹子，应避免放在臀部后面的口袋内，名片是个人身份的代表，对待它应像对待主人一样尊重和爱惜。

4）忌看过之后用手玩弄名片。名片体现着个人尊严，在交谈时拿着对方的名片玩或摇晃都是很失礼的行为。

5）忌当着对方的面在名片上做提示和记录。有时，在名片上做一些简单的提示和记录，会有助于自己记住对方，但一旦被对方发现自己为记住对方而所用的一些如"小个子"、"眼镜"等特殊称谓或指代词汇后，会使彼此都很尴尬。

6）忌送破损或脏污的名片。要知道，送破损或脏污的名片还不如不送，因为这会有损你的形象。应将名片收好，整齐地放在名片夹、盒或专门的口袋中，以免名片损坏。破旧名片应尽早丢弃。

总之，正确掌握使用名片的礼仪规范，它能体现你对他人的礼貌与尊重，更能体现一个人的修养和素质。

四、我国主要节日礼仪

节日礼仪是指按照传统风俗习惯庆祝各种节日的礼仪。这方面的礼仪具有鲜明的民族特色，有些节日因民族和地域的不同而有不同的庆祝仪式，但喜庆欢乐的气氛却是相同的。了解国内外一些主要的节日和相应礼仪，对于深刻认识人类的历史文化，弘扬人类尤其是中华民族的优秀文化传统，是有重要意义的。

1. 元旦

在我国，元旦被列入了法定假日。我国和世界上大多数国家、地区采用公元纪年法，方便了各国之间的文化交流。

由于世界各国所处的经度位置不同，各国的时间也不同，因此，"元旦"的日期也有不同。例如，大洋洲的岛国汤加位于日界线的西侧，它是世界上最先开始一天的地方，也是最先庆祝元旦的国家，而位于日界线东侧的萨摩亚则是世界上最迟开始新的一天的地方。按公历计，我国是世界上第 12 个开始新年的国家。

我国是一个多民族的大家庭，阳历新年是大家共同的节日。每当新年到来之际，人们很自然地要以各种方式回顾、总结过去的一年，展望、计划新的一年。因此，元旦不仅是各民族欢乐的节日，而且是鞭策我们不断进步的一个新的起点。

2. 除夕

除夕指农历一年最后一天的晚上，即春节前一天晚上，因常在农历腊月三十，故又称该日为"年三十"。"除"是更易的意思，"夕"指夜晚。"除夕"表明旧的岁月在今夜结束，新的岁月也从这一夜开始。除夕，人们往往通宵不眠，叫"守岁"。除夕守岁，始自南北朝。苏轼有《守岁》："儿童强不睡，相守夜欢哗。"

吃年夜饭，是家家户户最热闹、愉快的时候。合家团聚，围坐桌旁，人们既是享受满桌的佳肴盛馔，也是享受那份快乐的气氛，桌上有大菜、冷盆、热炒、点心，一般少不了两样东西，一是火锅，二是鱼。火锅沸煮，热气腾腾，温馨撩人，说明红红火火；"鱼"和"余"谐音，象征"吉庆有余"，也喻示"年年有余"。年夜饭的名堂很多，北方人过年习惯吃饺子，是新旧交替"更岁交子"的意思。又因为白面饺子形状像银元宝，一盆盆端上桌象征着"新年大发财，元宝滚进来"之意。有的人家包饺子时，还把几枚用沸水消毒后的硬币包进去，说是谁先吃着，就能多挣钱。吃饺子的习俗，是从汉朝传下来的。

除夕之夜有许多饶有趣味的喜庆活动。例如，挂春联、放鞭炮、守岁、发压岁钱、看春节联欢晚会、听新年钟声都在这个时候进行。

现在看春节联欢晚会已是大多数家庭除夕之夜的活动内容之一。

除夕的高潮是年夜饭后长辈发"压岁钱"，接着就是张贴春联和门神，并关上大门。到初一的早上才开门"接财神"。

3. 春节

农历一月一日叫"春节"，是我国历史上最隆重、最热闹和节期最长的传统节日。农历的一月，又称"正月"，就是一年开始的那个月，农历一月一日，习惯上叫正月初一，一般人又称它为"新年"、"年初一"、"大年初一"等。

现在，我国汉族和其他许多少数民族仍然把春节视为"一元复始，万象更新"的日子。多年以来，人们总是用传统与现代文明结合的各种方式欢度春节。

每当除夕之夜十二点新年钟声敲响时，全国城乡便立即鞭炮齐鸣，火花冲天，神州大地一片欢腾。早上起床，穿着全新的节日盛装，第一件事就是开门放鞭炮——有"开门大吉"之意，认为越早越好，鞭炮声要越响越好。初一的早餐，以象征吉祥、幸福的食品为佳。南方人大多喜欢吃汤圆，俗称"元宝"，以祝福合家团圆；有的则吃挂面，面条下锅不能打断，越长越好，俗称"长寿面"，以示福寿绵长；北方人多爱吃饺子。早餐后，人们开始拜年，家中拜毕，再与亲属朋友互拜。见面时大多以"恭喜发财"、"新年快乐"之语祝贺。受拜之家总爱留吃汤圆、饺子，或以茶点热情招待。初二开始，至亲密友间轮流走访贺年，主人家设丰盛酒席招待。此俗根据亲朋多少为限，少则三四天，多则延续至正月十五。

4. 元宵节

正月是农历的元月，古人称夜为"宵"，所以称正月十五为"元宵节"。正月十五是一年中第一个月圆之夜，也是一元复始、大地回春的夜晚，人们对此加以庆祝，也是庆贺新春的延续。元宵节又称为"上元节"。

按中国民间的传统，在这天上皓月高悬的夜晚，人们要点起彩灯万盏，以示庆贺。出门赏月、燃灯放焰、喜猜灯谜、共吃元宵，合家团聚、同庆佳节，其乐融融。

随着时间的推移，元宵节的活动越来越多，不少地方节庆时增加了耍龙灯、耍狮子、踩高跷、划旱船、扭秧歌、打太平鼓等传统民俗表演。这个传承已有两千多年的传统节日，不仅盛行于海峡两岸，就是在海外华人的聚居区也年年欢庆不衰。

"猜灯谜"又叫"打灯谜"，开始时是好事者把谜语写在纸条上，贴在五光十色的彩灯上供人猜。因为谜语能启迪智慧又饶有兴趣，所以流传过程中深受社会各阶层的欢迎。

民间过元宵节有吃元宵的习俗。元宵由糯米制成，或实心，或带馅。馅有豆沙、白糖、山楂、各类果料等，食用时煮、煎、蒸、炸皆可。起初，人们把这种食物叫"浮圆子"，后来又叫"汤团"或"汤圆"，这些名称与"团圆"字音相近，取团圆之意，象征全家人团团圆圆，和睦幸福，人们以此寄托对未来生活的美好愿望。

5. "三八"国际劳动妇女节

在漫长的人类社会的历史长河中，劳动妇女的生活一直十分悲惨，她们往往和男人干同样的活，却同工不同酬。至于妇女的劳动保护及妇女由于生理上的特点所应得到的照顾，更不被重视。在许多方面，妇女一直是男人、金钱的附属品，没有独立自主的权利。因而长期以来，劳动妇女一直在为争取自由解放而英勇地反抗和斗争。

1909 年 3 月 8 日，美国芝加哥各工厂的女工，首先举起争取自由平等的旗帜，举行了大规模的罢工和示威游行，这个活动得到了各国劳动妇女的热烈响应。

当时，领导国际妇女运动的是克拉拉·蔡特金。她是德国妇女和德国工人阶级的杰出领袖，蔡特金于 1910 年 3 月在丹麦首都哥本哈根主持召开了第二次国际社会主义者妇女代表大会。她向大会提议，为了加强世界妇女的团结和解放运动，把象征妇女团结、斗争的 3 月 8 日，规定为全世界劳动妇女的节日。大会一致通过了蔡特金的提议，还通过了"8 小时工作日"、"保护女性"、"保护童工"等议案。从此，3 月 8 日就成了世界各国劳动妇女团结斗争的节日。

1911 年第一个"三八"国际劳动妇女节到来的时候，德国、奥地利、瑞典、丹麦等国的妇女，纷纷举行纪念大会和示威游行。从那时起，"三八"这面妇女解放运动的旗帜，就在世界上越来越多的国家里飘荡。

在我国，1949 年 12 月，中央人民政府政务院通令全国，正式规定 3 月 8 日为劳动妇女节。

6. 清明节

清明节是中国汉族等民族的传统节日，在每年公历 4 月 5 日前后。这一天，民间有上坟扫墓、插柳、踏青、春游等活动。

我国传统的清明节大约始于周代，已有两千五百多年的历史。清明开始是一个很重要的节气，清明一到，气温升高，正是春耕春种的大好时节，故有"清明前后，种瓜种豆"，"植树造林，莫过清明"的农谚。

寒食节在清明前一天。古人从这一天起，三天不生火做饭，所以叫寒食。后来，由于清明与寒食的日子接近，而寒食是民间禁火扫墓的日子，渐渐地，寒食与清明就合二为一了，而寒食既成为清明的别称，也变成为清明时节的一个习俗，清明之日不动烟火，只吃凉的食品。

"清明"既是节气，又是节日。清明节的习俗是丰富有趣的，除了讲究禁火、扫墓，还有踏青、荡秋千、插柳等一系列风俗体育活动。相传这是因为清明节要寒食禁火，为了防止寒食冷餐伤身，所以参加一些体育活动，以锻炼身体。因此，这个节日中既有祭扫新坟生别死离的悲酸泪，又有踏青游玩的欢笑声，是一个富有特色的节日。

扫墓俗称上坟，是祭祀死者、表达哀思的一种活动。汉族和一些少数民族大多是在清明节扫墓。按照旧的习俗，扫墓时，人们要携带酒食果品、纸钱等物品到墓地，将食物供祭在亲人墓前，再将纸钱焚化，为坟墓培上新土，折几枝嫩绿的新枝插在坟上，然后叩头行礼祭拜。唐代诗人杜牧的诗《清明》："清明时节雨纷纷，路上行人欲断魂。借问酒家何处有？牧童遥指杏花村。"写出了清明节的特殊气氛。

7. "五一"国际劳动节

5月1日是国际劳动节，是全世界工人阶级和广大劳动人民检阅自己力量的革命节日。这个节日是为纪念美国工人阶级的英勇斗争而设立的。

从19世纪70年代起，随着资本主义的发展，美国工人阶级的队伍不断发展壮大。资本家也以空前残酷的手段，拼命对工人进行压榨和剥削。工人们每天劳作长达14～16个小时，甚至达18个小时，仍然得不到温饱。失业、贫困、饥饿、疾病，使工人阶级陷入苦难的深渊。

1884年10月7日，美国和加拿大的工人团体在美国芝加哥城集会，商讨用工人自己的力量争取改善劳动条件的办法，决定于1886年5月1日举行总同盟罢工，以求实现8小时工作日。在总同盟罢工一个月后，美国工人终于争得了一天工作八小时的权利。

1889年7月14日，恩格斯领导的第二国际成立大会上，通过了一项具有历史意义的决议：为了纪念1886年5月1日芝加哥工人为了争取八小时工作制而进行的英勇斗争，把5月1日定为国际无产阶级的共同节日——国际劳动节。从此，全世界劳动人民有了自己团结斗争的节日。

新中国成立后，"五一"国际劳动节被正式规定为我国全体劳动人民的节日。

8. "六一"国际儿童节

6月1日，这个全世界少年儿童共同的节日——国际儿童节，是国际民主妇女联合会于1949年11月在莫斯科举行的理事会上规定的。

在这以前，世界上许多国家也有自己的儿童节，新中国成立以前的儿童节是4月4日。但由于那时劳动人民饥寒交迫，儿童节实际上成了少数人子女的节日。贫穷人的子弟有的当了童工，有的当了童养媳，是享受不到这份快乐的。

因此，为全世界所有的孩子规定一个共同的节日，其目的就是为了呼吁各国人民一起来保障儿童的生存权、保健权和受教育权，反对一切虐杀、迫害儿童的行为。

中华人民共和国成立以后，人民政府积极响应了当时的国际妇女联合会的呼吁，为了培养我国少年儿童的友谊，于 1949 年 12 月决定，把我国的儿童节和"六一"国际儿童节统一起来。因此，每年的 6 月 1 日，我国少年儿童便和世界各国的小朋友一起欢庆自己的节日。

在"六一"儿童节里，少年儿童自己的组织——少年先锋队，往往要举行吸收新队员的宣誓大会，为少先队员们佩戴鲜红的红领巾，这也为节日平添了喜庆气氛。

9. 端午节

农历五月初五，是中国民间的传统节日——端午节，也叫"端阳"、"蒲节"、"天中节"、"大长节"、"沐兰节"、"女儿节"等。虽然名称不同，但总体上说，各地人民过节的习俗还是同多于异的。时至今日，端午节仍是一个十分盛行的隆重节日。

过端午节，是中国人两千多年来的传统习惯，由于地域广大，民族众多，加上许多故事传说，因此不仅产生了众多相异的节名，而且各地也有着不尽相同的习俗。其内容主要有女儿回娘家、挂钟馗像、悬挂菖蒲与艾草、佩香囊、赛龙舟、给小孩涂雄黄、饮用雄黄酒、吃咸蛋与粽子等，除了有迷信色彩的活动渐已消失外，其余至今流传中国各地及邻近诸国。有些活动，如赛龙舟等，已得到新的发展，突破了时间、地域界线，成为了国际性的体育赛事。

10. "八一"建军节

8 月 1 日，是伟大的中国人民解放军建军节。把"八一"定成建军节，是为了纪念 1927 年 8 月 1 日爆发的南昌起义。

1933 年 7 月 1 日，毛泽东主持的中华苏维埃中央政府做出决定，规定以 8 月 1 日为中国工农红军纪念日。1949 年年初，毛泽东指示中国人民解放军总部制作军旗要有"八一"两个字。同年 6 月 15 日，中央军委正式发布命令，规定以"八一"字样作为中国人民解放军军旗和军徽的主要标志。"八一"南昌起义这个标志着中国人民革命武装诞生的事件，将永远载入中国人民革命斗争的光辉史册。

11. 教师节

9 月 10 日，是我国人民教师的节日。教师节是新中国历史上一个年轻的节日。

当今世界上许多国家都有教师节，许多国家都已形成了尊师的传统。为了进一步提高我国人民教师的政治地位和社会地位，逐步使教师真正成为社会上最受尊敬、最值得羡慕的职业之一，形成尊师重教、尊重知识、尊重人才的社会风尚，根据全国人大代表、全国政协委员和各界人士的多次提议，国务院于 1985 年 1 月 11 日向全国人民代表大会常务委员会提出关于确立每年 9 月 10 日为"教师节"的议案。1985 年 1 月 21 日，第六届全国人民代表大会常务委员会同意国务院关于建立教师节的议案，决定将 9 月 10 日定为"教师节"。

教育是人类社会永恒而崇高的事业，而教师是"太阳底下最光辉的职业"。如果说振兴我们民族的希望在教育，那么，振兴教育的希望在教师。建立教师节，不仅可以教育广大青少年学生尊敬教师，而且可以在全社会树立尊师重教的好风尚。

我国人民尤其是教师自 1985 年以来欢度教师节的次数虽然屈指可数，但全社会尊师重教的风尚已经形成，每年的教师节前后，各级人民政府及教育行政部门都要隆重表彰一批优秀教师。

12. 国庆节

10 月 1 日，是我们伟大的社会主义祖国——中华人民共和国国庆节。

1949 年 10 月 1 日，北京的秋天万里晴空，天安门广场雄伟壮丽，城楼红墙粉刷一新，红灯高悬，红旗招展。清早，人们就高举着赶制成的红旗，提着五星红灯笼，从四面八方向广场涌来，广场上人潮旗浪汇成欢腾的海洋。30 万军民聚集在这里，兴奋地等待着一个伟大的历史性时刻——宣告中华人民共和国成立。下午 3 点，开国大典在天安门广场隆重开始。毛泽东在天安门城楼上向全世界宣告：中华人民共和国中央人民政府今天成立了！

中华人民共和国的正式成立，标志着我国人民摆脱了帝国主义、封建主义和官僚资本主义三座大山的压迫，从此站起来了。这是一个伟大而值得纪念、庆祝的日子。1949 年 12 月 3 日中央人民政府委员会第四次会议通过决议，把每年 10 月 1 日定为中华人民共和国国庆节。

13. 中秋节

每年农历八月十五日，是传统的中秋佳节。这时是一年秋季的中期，所以被称为中秋。在中国的农历里，一年分为四季，每季又分为孟、仲、季三个部分，因而中秋也称"仲秋"。中秋节与元宵节、端午节并称中国三大传统佳节。

"月到中秋分外明"，八月十五的月亮比其他月份的满月更圆、更明亮，所以又叫作"月夕"、"八月节"。此夜，人们仰望天空如玉如盘的朗朗明月，自然会期盼家人团聚。远在他乡的游子，也借此寄托自己对故乡和亲人的思念之情。所以，中秋又称"团圆节"。

中秋节的习俗很多，形式也各不相同，但都寄托着人们对生活无限的热爱和对美好生活的向往。

14. 重阳节

农历九月初九，为传统的重阳节。因为古老的《易经》中把"六"定为阴数，把"九"定为阳数，九月初九，日月并阳，两九相重，故而叫重阳，也叫重九，古人认为九月初九是个值得庆贺的吉利日子，并且从很早就开始过此节日。

庆祝重阳节的活动多彩浪漫，一般包括出游赏景、登高远眺、观赏菊花、遍插茱萸、吃重阳糕、饮菊花酒等活动。九九重阳，因为与"久久"同音，九在数字中又是最大数，有长久长寿的含义，况且秋季也是一年收获的黄金季节，重阳佳节，寓意深远，人们对此节历来有着特殊的感情，唐诗宋词中有不少贺重阳、咏菊花的诗词佳作。

今天的重阳节，被赋予了新的含义。在 1989 年，我国把每年的九月初九定为老人节，传统与现代巧妙地结合，成为尊老、敬老、爱老、助老的老年人的节日。全国各机关、团体、街道，往往都在此时组织从工作岗位上退下来的老人们秋游赏景，或临水玩乐，或登山健体，让身心都沐浴在大自然的怀抱里；不少家庭的晚辈也会搀扶着年老的长辈到郊外活动或为老人准备一些可口的饮食。

15. 冬至节

冬至，是我国农历中一个非常重要的节气，也是一个传统节日，至今仍有不少地方有过冬至节的习俗。早在两千五百多年前的春秋时代，我国已经用土圭观测太阳测定出了冬至，它是二十四节气中最早制定出的一个。时间在每年的阳历 12 月 22 日或 23 日之间。冬至是北半球全年中白天最短、黑夜最长的一天，过了冬至，白天就会一天天变长。古人对冬至的说法是：阴极之至，阳气始生，日南至，日短之至，日影长之至，故曰"冬至"。冬至过后，各地气候都进入一个最寒冷的阶段，也就是人们常说的"进九"，我国民间有"冷在三九，热在三伏"的说法。

现代天文科学测定，冬至日太阳直射南回归线，阳光对北半球最倾斜，北半球白天最短、黑夜最长，这天之后，太阳又逐渐北移。

在我国古代对冬至很重视，冬至被当作一个较大节日，曾有"冬至大如年"的说法，而且有庆贺冬至的习俗。《汉书》中说："冬至阳气起，君道长，故贺。"人们认为：过了冬至，白昼一天比一天长，阳气回升，是一个节气循环的开始，也是一个吉日，应该庆贺。

现在，一些地方还把冬至作为一个节日来过。北方地区有冬至宰羊，吃饺子、吃馄饨的习俗，南方地区在这一天则有吃团子的习惯。各个地区在冬至这一天还有祭天祭祖的习俗。民间称冬至日为"过小年"。这天，南方则家家做糯米圆子，老少聚集，敬神祀祖，全家聚餐，称作"添岁"。旧时，这日又是决定契约变更和交清欠账、交换佃农的日期。现各地仍有吃汤圆、祭祖先等习俗。

案例思考

2012 年 3 月，在山城重庆召开的全国糖酒会上，三鑫公司的赵总看到了久闻大名的新意集团的刘董事长。晚餐会上，赵总主动上前做自我介绍，并递给了对方一张名片。刘董事长接过名片，马马虎虎地用眼睛瞄了一下，放在了桌子上，然后继续用餐。

运用所学礼仪知识，分析他们的做法是否正确，为什么？

实训练习

[实训名称] 不同场合服饰的选择。

[实训目的] 掌握不同场合服饰的穿戴与搭配。

[实训内容] 学生自由分组，不选最贵只选最对，利用自有服饰，事先搭配，拍好照片或录像，每组派代表说明搭配理由，其他组进行评价。教师总结，评选"最完美搭配"、"最实惠搭配"、"最有创意搭配"、"最具个性搭配"等。

[实训准备] 搭配休闲场合、运动场合、商务酒会场合的男、女服饰，数码摄像机、投影设备等。

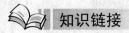 **知识链接**

常用客套话

初次见面说"久仰"；好久不见说"久违"。

等候客人用"恭候"；宾客来到称"光临"。

未及欢迎说"失迎"；起身作别称"告辞"。

看望别人用"拜访"；请人别送用"留步"。

陪伴朋友用"奉陪"；中途告辞用"失陪"。

请人原谅说"包涵"；请人批评说"指教"。

求人解答用"请教"；盼人指点用"赐教"。

欢迎购买用"惠顾"；请人受礼称"笑纳"。

请人帮助说"劳驾"；求给方便说"借光"。

麻烦别人说"打扰"；托人办事用"拜托"。

向人祝贺说"恭喜"；赞人见解称"高见"。

对方来信称"惠书"；赠人书画题"惠存"。

尊称老师为"恩师"；称人学生为"高足"。

老人年龄说"高寿"；女士年龄称"芳龄"。

平辈年龄问"贵庚"；打听姓名问"贵姓"。

称人夫妇为"伉俪"；称人女儿为"千金"。

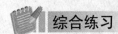 **综合练习**

一、名词解释

1. 仪表
2. 仪容
3. 仪态

二、填空题

1. 着装的配色原则有_____、_____和_____。

2. 正确的行走要_____、_____、_____。

3. 坐姿的原则是给人以_____、_____、_____、_____之感。

4. 坐在椅子上时，一般只坐满椅子的_____。

5. 行走时，双肩平稳，双臂前后摆动自然且有节奏，摆幅以_____为宜。

6. 致意通常有_____、_____、_____、_____、_____和_____几种形式。

7. 介绍按交际场合的不同来划分，可分为_____和_____；按照被介绍者的人数来划分，可分为_____和_____；按照介绍者处于不同的地位来划分，可分为_____、_____和_____；按照被介绍者的身份、地位、层次来划分，可以分为_____和_____。

8. 初次见面握手时间不宜过长，可控制在_____左右。正确的握手力度一般是_____即可。

9. 正月是农历的元月，古人称夜为"宵"，所以称_____为"元宵节"。这天是一年中第一个月圆之夜，也是一元复始、大地回春的夜晚，人们对此加以庆祝，也是庆贺新春的延续。

10. 清明节是中国汉族等民族的传统节日，在每年公历_____前后。这一天，民间有_____、_____、_____、春游等活动。

11. 早在两千五百多年前的_____时代，我国已经用土圭观测太阳测定出了冬至，它是二十四节气中最早制定出的一个，时间在每年的阳历_____之间。

12. 每年农历_____，是传统的中秋佳节。这时是一年秋季的中期，所以被称为中秋。在中国的农历里，一年分为四季，每季又分为_____、_____、_____三个部分，因而中秋也称_____。

13. 1949 年 12 月 3 日，中央人民政府委员会第四次会议通过决议，把每年 10 月 1 日定为_____。

三、单项选择题

1. 男士穿戴有两个纽扣的西装，（   ）。
   A. 应扣下面一粒　　　B. 必须两个都扣上　　　C. 一般只扣上面一粒

2. 佩戴首饰（   ）。
   A. 越多越好　　　　　B. 越少越好　　　　　　C. 要恰到好处，以少为佳

3. 在饭店旅馆住宿时，不应穿（   ）出现在公共场所。
   A. 西装　　　　　　　B. 休闲装　　　　　　　C. 睡衣和拖鞋

4. 当你离开朋友家，请主人不要送的时候应说（   ）。
   A. "留步"　　　　　　B. "失陪"　　　　　　　C. "拜访"

5. 亲朋好友间，如需送礼物，除鲜花外，都必须带着（   ）。
   A. 保修单　　　　　　B. 发票　　　　　　　　C. 包装

6. 下列一般介绍顺序，错误的是（   ）。
   A. 将男士介绍给女士
   B. 将年轻的介绍给年长的
   C. 将先到的客人介绍给晚到的客人

7. 在旅游景区游览时不需系领带，也不宜穿（　　）。

    A. 休闲鞋　　　　　　　B. 旅游鞋　　　　　　　C. 高跟鞋

8. 电话铃响后，最多不超过（　　）声就应该接听。

    A. 三　　　　　　　　　B. 四　　　　　　　　　C. 五

9. 正确握手的时长一般为（　　）。

    A. 3～4 秒　　　　　　　B. 5～6 秒　　　　　　　C. 10 秒

10. 拜访他人应选择（　　），并应提前打招呼。

    A. 清晨

    B. 用餐时间

    C. 节假日的下午或平日晚饭后

11. 男士着装，整体不应超过（　　）种颜色。

    A. 两　　　　　　　　　B. 三　　　　　　　　　C. 四

12. 在社交场合初次见面或与人交谈时，双方应该注视对方的（　　）才不算失礼。

    A. 双眉到鼻尖的三角区域内

    B. 上半身

    C. 颈部

13. 除夕守岁，始自（　　）。

    A. 南北朝　　　　　　　B. 宋朝　　　　　　　　C. 明朝

14.（　　）吃粽子，这是中国人民的传统习俗。

    A. 清明节　　　　　　　B. 端午节　　　　　　　C. 重阳节

15.（　　）是北半球全年中白天最短、黑夜最长的一天，过了这天，白天就会一天天变长。

    A. 除夕　　　　　　　　B. 冬至　　　　　　　　C. 重阳

16. 在（　　）年，我国把每年的九月初九定为老人节。

    A. 1989　　　　　　　　B. 1998　　　　　　　　C. 1978

17. 领导国际妇女运动的克拉拉·蔡特金，她是（　　）妇女和（　　）工人阶级的杰出领袖。

    A. 美国　　　　　　　　B. 德国　　　　　　　　C. 法国

18. 在我国，中央人民政府政务院于（　　）年 12 月通令全国，正式规定 3 月 8 日为劳动妇女节。

    A. 1949　　　　　　　　B. 1950　　　　　　　　C. 1951

19.（　　）年第一个"三八"国际劳动妇女节到来的时候，德国、奥地利、瑞典、丹麦等国的妇女，纷纷举行纪念大会和示威游行。从那时候起，"三八"这面妇女解放运动的旗帜，就在世界上越来越多的国家里飘荡。

    A. 1921　　　　　　　　B. 1938　　　　　　　　C. 1911

20. 1889 年 7 月 14 日，（　　）领导的第二国际成立大会上，通过了一项具有历史意义的决议：为了纪念 1886 年 5 月 1 日芝加哥工人为了争取八小时工作制而进行的英勇斗争，把 5 月 1 日定为国际无产阶级的共同节日——国际劳动节。

    A. 恩格斯　　　　　　　B. 马克思　　　　　　　C. 斯大林

21. 把"八一"定成建军节，是为了纪念 1927 年 8 月 1 日爆发的（　　　）。

    A. 广州起义　　　　　　B. 秋收起义　　　　　　C. 南昌起义

22. 1985 年 1 月 21 日，（　　　）常务委员会同意国务院关于建立教师节的议案，决定 9 月 10 日为"教师节"。

    A. 第六届全国人民代表大会

    B. 第七届全国人民代表大会

    C. 第八届全国人民代表大会

四、判断改错题

1. 接打电话时不能吃东西、喝水等。　　　　　　　　　　　　　　　（　　　）

改正：

2. 男女接打电话时，通常由女士先挂断。　　　　　　　　　　　　　（　　　）

改正：

3. 仪表仪容在人际交往的最初阶段并不是重要的，语言才是最重要的。（　　　）

改正：

4. 递接名片时应该用左手递右手接。　　　　　　　　　　　　　　　（　　　）

改正：

5. 接待来访时，结束接待，婉言提出，也可用起身的体态语言告诉对方。（　　　）

改正：

6. 中秋节与清明节、端午节并称中国三大传统佳节。　　　　　　　　（　　　）

改正：

7. 庆祝重阳节的活动多彩浪漫，一般包括出游赏景、登高远眺、观赏菊花、遍插茱萸、吃月饼、饮菊花酒等活动。　　　　　　　　　　　　　　　　　　　（　　　）

改正：

五、简答题

1. 西装独特的着装标准有哪些？

2. 正确的站姿是怎样的？

3. 如何保持良好的坐姿？

4. 什么是正确的走姿？

5. 简述手势的基本要求。

6. 不同场合下目光注视有哪些不同？

7. 在交谈中如何学会听？

8. 简述握手礼的来源。

9. 应如何递送名片？

六、思考题

　　在一场朋友聚会上，你发现有一位女士在人群中格外美丽动人。你频频的目光引起了她的反感，并且用瞪眼回赠了你。当她转身离开的时候，你突然发现这位女士的裙子后面沾了一大块奶油，而且她身边的好多人也都注意到了这一点，窃笑不已。这时的你该如何去做既能解除这位女士的尴尬局面又不会被误认为居心不良？

项目二 公共场所礼仪与家庭礼仪

【学习目标】

1. 了解公共场所礼仪与家庭礼仪的基本范畴。
2. 了解人际交往时馈赠、迎送、名片等礼仪规范。
3. 了解我国主要节日礼仪。
4. 熟悉公共场所礼仪与家庭礼仪的基本要求。
5. 掌握公共场所礼仪与家庭礼仪的实施规范。

【礼仪小故事】

有一个青年男士抱着孩子上了公共汽车，没人给让座，一位老先生看不过，站起来给这个男青年让座，慌忙之中男青年踩了老先生的脚，痛得老先生哎呀直叫，可那男青年一屁股坐下后，一句话都没说。乘客中一位中年人见此情景看不过去了，指责男青年不懂礼貌，没想到那男青年竟理直气壮地回答："给抱小孩的让座是应该的。"这位男青年不明事理的言行，激起了众乘客的不满，纷纷对这个不懂礼貌的年轻人进行了指责："老先生岁数这么大，给你让座，你踩了人家脚既不道歉，又不说声谢谢，怎么能这样呢!"男青年不服气，还大声与众人争吵。此时，让座的老先生又忍着疼痛出面劝架，让其他乘客和那男青年都少说两句，并说为这件事争吵没有意义。

这位老先生年岁大，却主动给抱小孩的年轻人让座，在脚又被踩的情况下，始终没有计较他人的态度。在公共场合，这种主动关心别人、得理还让人的品质是难能可贵的，充分体现了这位老先生良好的风度和宽容的胸怀，值得学习、提倡、发扬。

任务一 公共场所礼仪

【任务目标】

认识：1. 熟悉平时行走、进出电梯的礼仪常识。
2. 熟悉乘坐车、船、飞机、地铁等交通工具时的礼仪常识。
3. 理解吸烟礼仪常识。
4. 掌握购物时必须注意的礼仪规范。

5. 掌握观看演出、比赛时必须遵守的礼仪规范。

6. 了解参加沙龙聚会时应有的礼仪风范。

训练：1. 在公共场所保持良好的风度和宽容的胸怀。

2. 学会礼让，文明乘车。

3. 出入电梯，身体力行，率先垂范。

4. 爱护公物，文明购物。

5. 观看演出比赛，做文明观众。

6. 注意平时参与同学聚会等活动时的礼仪风范。

公共场所礼仪，是指在现代日常的社会生活中，人们出入公共场所频繁出现的、人们相互依从的、逐渐形成的一定的习惯做法与行为规范。

人们在社会交往中，人人都需要有一种友好、祥和的气氛。如果每个人都能够注重公共场所礼仪、讲究规矩，将会使人们的日常生活和社会交往产生巨大的凝聚力。公共场所礼仪可以起到协调人们之间的关系、形成融洽和谐气氛的作用。而标准的礼仪规范、适度的礼仪分寸，则是在日常社会生活中长期形成的。在日常交往中，公共场所礼仪与人们的生活息息相关，是每一个人立身于社会所不可缺少的重要礼仪规范，它可以陶冶人们的情操，沟通人们的思想感情，缩短人们之间的距离。

一、行走、进出电梯礼仪

1. 行走礼仪

在日常生活中，上学、放学、假日休息、上街购物总要行路。在公共场所步行时，需自尊自爱，以礼待人。每个人在行走时不但要自觉遵守交通规则，还要遵守一些行路的基本礼仪。

1）严格遵守交通规则。步行要走人行道。无人行道时，应尽量选走路边。在公路上行走时，按惯例应自觉走在右侧。过马路要走人行道、天桥或地下通道，要看红绿灯或听从交通警察的指挥。这样不仅可以保证交通的畅通，使大家能顺利地通过，同时也保证了自身安全。

2）行走的位置礼仪。多人一起步行，尤其是与尊长、异性一起，在较为正式的场合行走时，一定注意位置的具体排列应符合礼仪。多人并排行走，其规则是：两人时，以右为尊，以内侧为尊；并行者多于三人时，以居中者为尊；多人单行行走时，以前为尊。所以，要尽量让尊长者与女士走中间和内侧。

3）保持道路环境卫生。保持道路环境卫生是人类健康生活的需要，也是每一个人应当具备的起码公德。不要在道路上随地吐痰，乱抛杂物，更不应乱扔瓜皮果核。要自觉尊重环卫工人的辛勤劳动，养成注意公共卫生的文明美德。

4）自觉自律彼此谦让。在路上，与老年人相遇，要主动让路；遇到妇女、儿童不要拥挤；遇到路人摔倒，要上前扶一扶；看到别人掉了东西，应招呼提醒一下；在人多拥挤的地方，要自觉依次而过；三人以上同行，不要并行，不要嬉戏打闹；与恋人一起走路时，不应有勾肩搭背、搂搂抱抱等不雅举止，不能表现得过分亲密；碰了别人或踩了别人要及时说声"对不起"，别人碰了自己、踩了自己不必过分计较。

5）路遇熟人热情礼貌。走路时遇到了亲朋好友或相熟的人，应主动打招呼，不要视而不见。如交谈较久，应选择路边人少的地方站立，不要站在路中间或人多拥挤的地方，以免妨碍交通。

另外，街头发生冲突时，应劝阻，切莫围观、起哄。对于陌生的异性，不要频频回首顾盼，更不能尾随其后进行骚扰。

2. 进出电梯礼仪

1）注意安全。当电梯关门时，不要扒门，不要强行挤入。如果电梯内的人较多或超载时，可再等一会儿，不要非进去不可。进入电梯后男士要尽量站在靠近门口处，首先保证女士的安全。

2）注意出入顺序。等候电梯时，不要站在电梯门口正前方，以免挡住别人的出路。电梯门开时，应等里面的人出来后才可以进入，即便有急事，也不应争先恐后。

进入电梯后，要看清楚外面确实没有人，才可以开动电梯，否则会显示你的自私与缺乏修养，并且可能因此导致别人发生意外。

遇有残疾人同时搭乘电梯，应给予帮助，让他们先上。上电梯后，为你后面的人按住开门按钮或扶着门。如果有人为你扶门，要说"谢谢"。上电梯后，如果你后下，则站在靠后一点的地方比较合适，先上的人可靠边站在电梯门的两侧，最后上的人站在中间。

与陌生人同乘电梯，要依次进出，不要抢行。与熟人同乘电梯，尤其是与尊长、女士、客人同乘电梯时，应视电梯类别而定：进入有人管理的电梯，应主动后进后出；进入无人管理的电梯，则应当先进后出，先进是为了控制电梯，后出也是为了控制电梯。如果你快到想要去的楼层时，应跟站在你前面的人说："对不起，我该下了。"再请别人让你过去。在电梯到达你要去的楼层之前打招呼，能节约别人的时间，是考虑周到的做法。

另外，在电梯里尽量不要攀谈，因为这也是公共场所，可能因此会打扰别人。如果碰到熟人，打个招呼就可以了。若有人和你聊天，应使用适中的音量。由于电梯空间狭小，为避免污染空气，在电梯内不要吸烟。电梯内乘客特别拥挤时，仍应与他人保持少许距离，如果在无意中碰撞别人应向对方致歉。再有，在电梯里凝视他人是很不礼貌的。

二、乘车、船、飞机、地铁礼仪

1. 乘车礼仪

（1）乘坐公共汽车礼仪

乘坐公共汽车必须注意文明，做一个有礼貌的乘客，要注意自觉遵守乘车秩序。在站台候车时依次排好队。车停站时，按顺序上车，不要倚仗年轻力壮就争先恐后、乱挤乱撞抢座位，这些都是不文明的行为。

上车后应主动购票，或出示月票，尤其是无人售票车，更应自觉投币，不能逃票。

我们不但要在车辆正常营运的情况下做到文明乘车，而且在车辆出现异常情况时也能做到这一点。遇上雨天、雾天，特别是下雪天，车辆行驶不正常，常常误点、脱班，而站台上等车的乘客越积越多，这时更要自觉地做到文明乘车。不要见来了一辆车就一哄而上，拼命往车厢里挤，也不要挤不上去就吊在车上，这样不仅不安全、不文明，而且对恢复车辆的正常运行也不利，结果只会耽误了自己和全车乘客的时间。

文明乘车，还表现在乘客之间要讲究礼让，相互照顾。自己上了车，应主动往车厢中部移动，以免堵塞车门，妨碍车下的乘客上车。进入车厢不要争抢座位。自己如果有座位，要看一下车里有无年老体弱的乘客和孕妇及怀抱婴儿的乘客。如果有，请给他们让座，当对方表示感谢时，也要以礼相待，说"不用谢"，或者说"不客气"。有的车上设有"老弱病残孕"专座，上车后，不要冲向这些位置。

（2）乘坐轿车礼仪

乘坐轿车时，应当注意的礼仪问题主要为座次的尊卑。

有专职司机驾驶轿车时，以后排右侧为首位，左侧次之，中间座位再次之，前座右侧殿后。

由主人亲自驾驶轿车时，一般前排座为上，后排座为下；以右为尊，以左为卑。主人亲自驾车，坐客只有一人，应坐在主人旁边。由先生驾驶自己的轿车时，其夫人一般应坐在副驾驶座上。同行者中，如有女性或年长者，无论其地位尊卑，均应安排在副驾驶座后面座位。女性乘客，除非她自愿，一般不宜安排在前排位就座，也不应安排后排中间位就座，否则是极大的失礼。

在正式场合乘坐轿车时，应引导尊长、女士、来宾坐上座。但是，更重要的是要尊重嘉宾本人的意愿和选择。嘉宾坐在哪里，哪里就是上座。即便嘉宾不明白座次，坐错了位置，也不要纠正。

2．乘坐火车礼仪

乘坐火车，应预先购票，持票上车。人多时不要拥挤，更不要从车窗上车，或是从车厢下穿行。

按规定携带物品，当工作人员检查行李时，应主动予以配合。

上火车后，应按指定座位就座。身边有空位时，则应主动请无位者就座，不要占座或对他人的询问不理不睬。发现有老人、孩子、病人、孕妇、残疾人无座时，应尽量挤出地方请其就座。

火车上座位的尊卑是：靠窗为上，靠边为下；靠右为尊，靠左为卑；面向前方为上，背向前方为下。

3．乘坐地铁礼仪

地铁是大中城市内现代化的交通设施，它一般与火车站、机场、繁华地区相连，十分方便。

乘客可由站厅层的人行扶梯或自动扶梯进入站台层候车。乘自动扶梯时，应紧握扶手、靠右站稳，照顾儿童和老人，不要多人挤占在同一级扶梯或在扶梯上打闹、奔跑。进入地下要遵守地铁公司站台所发布的一切公告及指示。

为保证安全，乘客应做到互相礼让，不要拥挤。乘客候车时应站在站台的安全线内，不得超越该线，不要在站台边缘与安全线间行走、坐卧、放置物品。当地铁列车进站时，待列车安全停稳妥、车内乘客下车后，候车乘客方可登车。上下车时，要留意站台与列车间的空隙。当列车关门的提示警铃鸣响时，不要抢上抢下，防止夹伤。上车后不要手扶车门或紧靠车门。

为了安全，千万不要进入地铁铁轨线路上。如果有物件掉落在轨道线路上，千万不要跳下站台试图取回，可立即通知车站工作人员帮助处理。

4. 乘船礼仪

客船既是一种交通工具，又是一种特殊的公共场所。乘坐客船时，作为一名现代文明人，应该处处以礼仪规范和公共道德来约束自己，这样才能保持良好的社交形象。

上船时，要按先后次序排队。与长者、女士、孩子一起上船时，应请其走在前面，或者以手相扶。不要硬插到前面的队伍中或乱挤，以免产生危害安全的诸多问题。

如果因晕船而发生呕吐，千万不要直接吐在地上，而应当去洗手间进行处理，或是吐在呕吐袋里。万一不小心吐在地上，应立即将其打扫干净。

5. 乘坐飞机礼仪

在现代生活中，飞机已成为普通的交通工具。乘坐飞机，要了解和掌握乘飞机的礼仪。购买机票，必须出示居民身份证或其他有效证件。提前一段时间去机场，这是乘坐飞机的基本要求。民航规定：旅客必须在机票上列明的航班规定离港前 90 分钟到达指定机场，办理登机手续。在航班规定离港前 30 分钟，登机手续停止办理。

乘飞机的行李尽可能轻便些。在国际航班上，对行李的重量有严格限制。一般为 32～64 公斤（不同航线有不同的规定）。如果多带行李，则超重的部分按一定的比价收钱。国内航班的行李如果不超过两件，则对重量没有限制。

上下飞机时，均有空中小姐站立在机舱门口迎送乘客。她们会向每一位通过舱门的乘客热情地问候。此时，作为乘客应有礼貌地点头致意或问好。默默无语、毫无表示都是失礼的。

登机后，不要在通道停留，以免影响他人通行。要根据飞机上座位的标号按秩序对号入座。

在机舱内，乘客可看书看报或与同座交谈，谈话声音不要过高，更不可大声喧哗。飞机上的座椅可调整，但应考虑前后座的人，不要突然放下座椅靠背，或突然推回原位，或跷起二郎腿摇摆颤动，这些做法都会引起他人的反感。

飞行中，空中小姐会为乘客提供服务，不时地送上饮料、食物、报刊等。对空中小姐热情周到的服务要表示感谢，并要认真听从她们的各项建议。在飞行期间，要按空中小姐的指点，系好安全带，收起小台桌，等等。空中小姐们年轻、漂亮、亲切、大方，这是她们的职业特点。对她们讲话要文明，不要缠住她们聊个没完，没有特别的需要，不要乱按座位旁边的按钮去呼叫空中小姐。

三、吸烟礼仪

中国人爱吸烟是闻名的，吸烟也被看成一种重要的社交礼节。随着国际交往尤其是旅游、商务贸易往来的日益加强，了解并能较好地遵守吸烟礼仪规范显得至关重要。在国外，在公共场合吸烟是最容易招惹是非的一件"琐碎小事"。现在，有许多国家明令禁止在商店、机场、博物馆、教室及出租汽车内吸烟。由于专家们不断提出忠告，有许多人相信吸烟有碍身体健康，特别是被动吸烟，危害更大。所以，与外国人打交道时，既不要让烟，也不要我行我素。最要紧的是明白，吸烟并不纯粹是个人的私事，它也与你周围的人有关。

懂礼貌的人在吸烟之前总是先观察，自己所处的场所能不能吸烟。如果在车厢、休息厅、剧院或者其他场所挂着"请勿吸烟"的牌子，那么无论是公开地还是偷偷地吸烟，把烟灰弹在纸片里，或者更糟糕的是弹在地板上——都是不允许的。咖啡馆和餐馆虽不禁止吸烟，但懂礼貌的人在吸烟之前总是能先征得与他同桌就餐的女士的同意。一般情况下，若未得到应允或默认，在结束用餐之前是绝对不能抽烟的。

在别人家里用餐，吸烟的人一定要征得主人的同意才能在餐桌上吸烟。若主人不在餐桌上放置烟灰缸，则告示吸烟者在餐桌上吸烟是不受欢迎的。在宴会上，你想吸烟，只能在吃过了饭菜开始喝咖啡之后。

有人吸烟，喜欢把烟吸到只剩下滤嘴才肯扔掉，也有人还没有吸上几口就把烟熄掉，这两种吸烟方式都不对。不要在桌上顿烟头，烟灰要弹在烟灰缸里。丢烟头时要熄灭，不让其在烟缸中继续冒烟。别人从这些小小的举动中，也会把你的个性摸得一清二楚。同样不好的态度就是根本不注意你手中香烟的烟是否正吹到某位可能不吸烟的人的脸上去。

吸烟的人，不论男女，都应该自己带烟和火。如果别人没有请你抽烟，而你自己也要遵守这样一条规矩：在抽烟之前，应先敬左右。当你敬烟时，要把整包递过去，等别人取出烟后就用打火机或火柴为其点燃，然后自己再取烟点火，而且，每次点烟不要超过两人。不要只从口袋中掏出一支，还装模作样地问别人抽不抽。擦火柴时，不要朝着别人，也最好不要要花式，那样未免有点轻佻。

现在越来越多的调查证明吸烟有碍健康，所以戒烟或禁烟之风在许多国家越刮越猛。不言而喻，相互握手时绝不能嘴叼着香烟，同一位女士谈话叼着香烟也是无礼的。这不是潇洒，而是傲慢。在同别人谈话或在街上行礼时，都要取下烟卷或烟斗。你应该留心自己的所作所为。只要听到有人咳嗽或有人因烟味而感到不舒服时，都该有礼貌地问一声："是不是我的烟熏了你？"只要对方有这样的暗示，就应该即刻把烟熄掉。

女士吸烟是不太雅观的，尤其是年轻的少女，吸烟更会使人侧目。如果是职业女性，或是年纪较长者，身份比较高贵的，抽烟成为一种点缀，可另当别论。

特别值得提醒的是：作为一名在校就读的青少年学生，无论是在校内还是在校外吸烟，都是违反学生守则的行为。

四、购物礼仪

到商店购买物品，如何做一个有礼貌的顾客，也是反映你礼仪修养的一个方面。

在挑选商品的过程中，想了解或咨询有关商品的功用、性能等问题，应礼貌招呼服务员。当服务员正在为别的顾客服务时，应在旁稍等片刻。有的商店声音嘈杂，服务员没有听见你的招呼，这时千万不要用手敲击柜台和橱窗，应耐心等待或继续招呼。

在挑选商品的时候，应事先考虑购买的型号、色彩、样式等。在挑选某些易损、易碎、易污的商品时，应谨慎小心，不要损坏。如果不慎损坏了商品，又没有什么补救的办法，应主动赔偿损失或者把损坏的商品买下来，不要强词夺理不认账。

有时商店里顾客特别多，如双休日、节假日、展销会或出售紧俏商品时，人多必然更拥挤，这时我们应注意礼貌，自觉遵守秩序，排队购物，不要假装不懂规矩，争先恐后，乱挤插队。如果遇到外宾、老弱病残购物者或有急事的顾客时，应该主动让他们先买。

在付款过程中，收银员有时难免发生一些差错，如输入错误、找错零钱等。作为顾客，我们应给予理解，耐心指出，善意提醒，帮助收银员及时纠正。如果收银员不虚心接受，也不要争吵，可以找相关负责人或商店领导人说明情况，要求解决。如果收银员在找你零钱时多给了钱，你应主动退还，不要贪小便宜，据为己有。

有时购买了某种商品，由于事先没有考虑周全，或其他原因，需要调换商品，要耐心到服务台说明原因。当工作人员根据商场规定向你说明，你所购的商品不能调换的时候，不要争论，更不能因为不能调换而大吵大闹。这样，既影响商店的营业秩序，又影响你的个人形象。

购物时，若遇到态度不好的收银员，要耐心说明，也可提出意见，或反映给商店的领导，千万不要以牙还牙，发生争吵。如果是你自己违反了商店规定，或影响了他人，要主动道歉，接受批评。

五、观看演出和比赛礼仪

1. 影剧院礼仪规范

影剧院在每个国家都是社会文化交往的重要场所。去影剧院看电影或演出是人们生活中一种高雅的娱乐活动。人们都不仅仅把这看作娱乐消遣，而且当作一种艺术享受。因此，出入这些公共场所更应讲究文明礼貌，共同维护影剧院中的典雅、和谐的气氛，体现当代人的素质与礼仪修养。

（1）提前入场

去影剧院看电影、看戏或听歌剧时，应提前入场，尽早就座，以免干扰他人。如果自己的座位在中间，应当有礼貌地向已就座者示意，请其让自己通过。通过让座者时要与之正面相对，切勿让自己的臀部正对着别人的脸，这是很失礼的。女士应走在前面，男士随后。如果是几个男士和几个女士一起进场，首先穿过就座观众的应是男士，接着是女士，最后是男士。坐下后不要将双手占住两边的扶手，因为邻座的人也有权利使用。

（2）保持安静

开演后，应该马上停止聊天，全神贯注于舞台或银幕。需要跟身边的朋友说话时，一定要尽量压低声音。即使自己已了解剧情，也不可喋喋不休地向别人道出结局。除了因剧情有趣引起的笑声外，剧场里需要绝对的安静，万不可大呼小叫，笑语喧哗，更不需要"评论家"。手机最好关闭，勿让铃声扰人。如果必须知道来电，建议利用秘书台或其他留言服务。即使将手机设置为震动，也不宜在电影院或者剧院中接听。即使到门外接听，也会因为起身离座走动和发出响声而影响别人。

（3）不吃东西

有些人喜欢边看边吃零食，如糖果、瓜子之类的食物，或在"禁止吸烟"的提示下，大口大口地吐着烟雾。这些行为不仅是不文明的举止，而且污染环境，同样有失自我形象。

（4）举止庄重

如果在演出中遇到故障或特殊情况应予以谅解，作为观众不要喝倒彩、吹口哨、鼓倒掌，这样不仅失礼，也是缺乏教养的表现。恋人之间不要过分亲昵，行为不雅，不仅污人耳目，还会遭人非议。在观看中，应自觉摘下帽子，以免影响后面观众的视线。坐姿要稳，不要左右晃动，不要把脚伸到前排座位上，也不要脱鞋脱袜，污染空气。不要乱扔杂物，不要随地吐痰，要讲究卫生。

（5）仪表端庄

在国内，观看演出虽然不用穿晚礼服，但应穿着比较正式的服装，注意衣着整洁。即使天气炎热，也不可袒胸露腹或穿短裤、背心、拖鞋前往，那是很不雅观的。

（6）学会鼓掌

观看演出，要尊重演员的劳动，一个节目终了或全场演出结束，应报以掌声。这既是对演出表示赞许，又是对演员辛勤劳动表示致意慰问。一般来说，为演出所打动，不要在演出过程中叫好或鼓掌。如果你观看的是歌剧，那么通常在一曲唱完时鼓掌；在音乐会上，则是在乐队指挥站到乐谱架后时鼓掌。有时候主要演员在演出之前走上舞台时，也应报以掌声。如果你对演奏的乐曲不太熟悉，最好勿为人先，等别人掌声响起之后，再跟着鼓掌，否则会孤掌独鸣。而且，那样做会分散演员的注意力，有碍其他观众的欣赏，引起别人的反感。

（7）有序离场

观看中，一般不要中途退场，确因特殊情况需退场，应轻声离座，走姿要低，速度要快，以免影响他人，最好在演出间隙时退出。电影或演出结束时，为避免出口处拥挤，可稍坐片刻，退场时应有秩序，不要推搡。男士要为女士开道或让路。

2. 体育场馆礼仪规范

体育场馆，既是文化活动场所，又是人际交往场所，在这里，人们之间进行着有意无意的情感交流和社会交往。现在，体育已成为人们生活的一个重要组成部分，越来越受到人们的重视。它反映了时代的文明和进步。在观看体育比赛时应对各队的运动员表示热情友好，要服从裁判的裁决。

（1）体现公平原则

体育竞争的一条原则就是公平，赛场上应遵循这条原则，看台上也应遵循这条原则。因为人们容易带着情感倾向，特别是在观看有本国、本省市、本地区、本单位的运动员参加的比赛更加明显。往往会出现本地的观众一边倒，成为主队的拉拉队，向客队一方喝倒彩、吹口哨、发怪声或喊出不文明的语言，这些都是严重的失礼。礼仪修养好的观众，必须抹掉感情色彩，对各队的运动员都表示热情友好，只为比赛中的精彩之处鼓掌呐喊，而不管是哪一方的精彩之处。

（2）维护观看秩序

观看时，要自觉维护看台秩序，看到激动的场景时，不要得意忘形，站起身来挥舞手臂，狂呼乱叫，妨碍他人观看；看到不尽如人意之处也不要愤愤不平。尽可能不要破坏别人观看的兴致，更不要品头论足、眉飞色舞地向别人介绍评说场上的运动员或裁判员的轶闻、隐私等，这样显得自己太轻浮无知。比赛进行得紧张激烈，对运动员的表演要持鼓励和友好的态度。对于竞技水平出现反常、失误的运动员，要给予谅解，不可发出嘘声、怪声或讥笑声，要激励他们发挥出最佳的水平，而不可以失礼的行为来影响运动员的情绪；对于竞技水平发挥出色的运动员，可鼓励和赞扬，但不可发展为狂热，应把握分寸，合乎正常的礼仪，不要有过激的行为。

（3）注意场内卫生

体育场馆容纳的人员较多，维护场内公共卫生是每个人的职责，不可随地吐痰，乱丢瓜皮果壳、碎纸片、汽水瓶、饮料罐等。室内体育场馆不许吸烟，不可乱踩座位，或翻越栏杆。

（4）有秩序地退场

比赛结束后，应按秩序退场，不要争先恐后，推挤碰撞，潮涌而去。也不要在出场口围堵体育明星和运动员，或拦截他们的车辆。要做一名文明知礼的体育爱好者。

六、沙龙聚会礼仪

沙龙，是法语之中"客厅"或"会客室"一词的音译。

在实际生活中，时下最流行，同时也是对各界人士的实际工作最有影响、最有帮助的，则当属交际沙龙、联谊沙龙和休闲沙龙。其中，交际沙龙与联谊沙龙的区别，主要在于其参加者有所不同，前者一般是老友聚会，后者往往是新朋聚会居多。除此之外，在具体活动内容与活动形式方面，交际沙龙、联谊沙龙和休闲沙龙三者之间大体相似。

1. 交际、联谊性沙龙

交际、联谊性沙龙，主要的目的是使参加者之间保持接触，进行交流。因此，它的具体活动形式可以灵活多样。平日，人们经常有机会参加的座谈会、校友会、同乡会、聚餐会、庆祝会、联欢会、生日派对、节日晚会、家庭舞会等，实际上大都属于交际性沙龙。

（1）举办交际、联谊性沙龙的礼仪

在通常情况下，交际性沙龙的地点、形式、时间、主人和参加者，均应事先议定。它可以由一人发起、提议，也可以由全体参与者群策群力，共同讨论决定。

（2）参加交际、联谊性沙龙的基本礼仪

1）要恪守规定。所谓恪守规定，就是要求人们在参加沙龙时，遵守时间、按时赴约，不得无故迟到、早退或违约。

参加交际、联谊性沙龙，通常不宜早到。准时到场或迟到 5 分钟，是比较规范的。万一临时有事难以准点到达，或不能前往，需提前通知主人，并向其表示歉意。迟到太久了，一定要向主人或其他人说声"对不起"。

2）要尊重妇女、长者。人们在包括交际、联谊性沙龙在内的一切场合，都要主动自觉地尊重、照顾、体谅、帮助、保护妇女和长者，并积极地为其排忧解难。

3）要体谅主人。所谓体谅主人，就是要求人们在参加沙龙活动时，应设身处地地多为主人着想，并尽可能地对其进行帮助。至少应该做到，不为主人忙中添乱。

参加沙龙之初，不要忘了去问候主人；在沙龙举办期间，可以找机会向主人询问一下"我能做些什么"；在沙龙结束时，在向主人道别之后，方可告辞。

在沙龙举办期间，即使有些事情不一定尽如人意，也要保持克制，别说怪话。不要对主人所做的安排，品头论足，说三道四。

在主人家中参加沙龙时，不要自以为与主人交往甚密，便可以不讲公德。例如，不管主人有无要求，都不可吸烟、随地吐痰或乱扔东西，不允许擅自闯入非活动区域，乱拿或乱动主人的物品。

在非专题型交际、联谊性沙龙上，即在无讨论主题的交际、联谊性沙龙上，自己的表现相对而言要更自由一些。然而，不与任何人交谈，有意显得与众不同，也未必合适。参加这种沙龙时，同样需要自己主动与他人进行交流。可以主动地与身边的人进行攀谈，可以旁听他人的交谈，也可以加入他人的交谈。在同他人交谈时，应当表现得诚恳、虚心。同时，有可能的话，还应扩大一下自己的交际范围。除了与老朋友交谈之外，还应尽量借此良机去认识更多的新朋友。介入异性的交际圈时，一般不应不邀而至。

参加专题型交际、联谊性沙龙，即有既定的中心或主题的交际、联谊性沙龙，既要真实地发表自己的见解与主张，又要宽容大度，善于向他人学习和请教。在旅游界、商贸界，专题型交际沙龙最受欢迎。人们参加它，不仅是为了就某一问题进行座谈、讨论，以期明辨是非，更重要的是为了集思广益、取长补短、开阔视野、增长知识。

2. 休闲性沙龙

参加休闲性沙龙，应当以玩为主，具体而言，可轻装上阵地去玩、投入地去玩。

任务二 家庭礼仪

【任务目标】

认识: 1. 掌握家庭生活中与长辈、平辈相处必需的礼仪规范。
2. 掌握与邻里友好相处的礼仪技巧。
3. 掌握探望病人的礼仪知识。
4. 掌握宴请的相关知识与礼仪常识。

训练: 1. 自觉养成孝敬父母长辈的良好习惯。
2. 与家庭其他成员友好相处。
3. 与邻里以礼相待，融洽相处。
4. 探望病人时言谈举止得体恰当。
5. 恰到好处地运用家庭宴请礼仪。

家庭是以夫妻关系、血缘关系为纽带组织起来的一个极为重要的集体。在我国是个非常重要的概念。在生活中，我们曾习惯于"家"、"国"并称，视"家"为"国"的基本单位。对这一基本单位的认识与实践也形成过一些优良的传统，如"父慈子孝"、"勤俭持家"等。而从礼仪的角度看，则流行过一句家喻户晓的老话："国有国法，家有家规。"这个"规"就包括礼仪方面的内容，它维系家庭的生存、幸福、延续。作为现代人可以不必全面深入地了解家庭礼仪规范的全部传统与内容，但却必须熟练掌握一些相关而重要的家庭礼仪常识。

一、与长辈相处礼仪

1. 孝敬父母长辈

孝敬父母长辈，具有两个方面的含义：一是要敬重长辈；二是要孝顺长辈。世界上也许没有什么东西能够比父母长辈的慈爱更宝贵了，这种情感无私而博大，具体而永久。在日常生活中，父母长辈为我们付出了一片爱心。孝敬父母长辈是我们每一个人必须学习和实践的一项绝对不可少的基本素质。孝敬长辈，并不只是应当见诸言辞，更重要的是要见诸行动，做到言行一致，表里如一。无论在任何情况下，都绝对不允许自己的言行失敬于长辈。在提及长辈时不论是当面还是背后，务必要使用尊称。

2. 体会父母长辈的要求、希望

在现实生活中，在消费观念、生活方式等方面，长辈与晚辈之间存在着一定的差异。这就是所谓的"代沟"。

由于年龄、经历、时代的不同，两代人之间差异的存在是必然的，没有代沟差异就不可

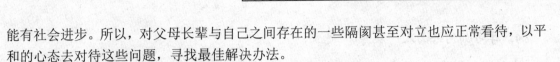

能有社会进步。所以，对父母长辈与自己之间存在的一些隔阂甚至对立也应正常看待，以平和的心态去对待这些问题，寻找最佳解决办法。

平日里，孝敬父母长辈主要应做到：

（1）问候招呼不可少

每天早晨起床后，第一次见到父母长辈应请安问候，晚上就寝前要互道"晚安"。同时应遵循"出必告，返必面"的民族传统。

（2）饮食起居挂心上

在日常生活中，要尽量多做力所能及的家务；用餐时，先请父母长辈入座；对老人要经常嘘寒问暖；父母长辈身体不适，应尽心尽力照顾。

（3）言谈举止有分寸

遇有父母长辈说话啰唆唠叨，也不可当面顶撞；独生子女不可自视为"小皇帝"、"小公主"，把父母长辈的教诲当成"耳边风"，更不能当场顶撞辩驳或在行为上不予理睬。

（4）学习努力求上进

在学习上刻苦钻研，好学上进，争取较好的学习成绩，以使家长放心或少操心，这也是孝敬长辈的一种很好形式。

（5）体恤家长应节俭

在学校生活中，应把精力集中在培养能力、发展个性、锤炼意志、陶冶情操等方面，而不应将精力和兴趣放在比吃穿、比花钱上。即便是家庭经济条件许可，也不宜随便挥霍父母辛苦赚来的钱。适度节俭是对父母长辈的体恤。

（6）重要日子表孝心

对父母长辈的生日、结婚纪念日等，不要忘记，届时要根据父母长辈平时的喜好，送点小礼品，并以恰当的方式帮助父母长辈举行庆贺活动。例如，有所中学曾设立"孝敬日"，教育学生回家要帮助父母做家务，关心体贴父母，在父母生日的时候，不要忘了送件小礼物，加深与父母的感情。

3．掌握中外尊老与敬老的传统习惯

中国一贯以尊敬老人为美德，以"老"字为尊称，见了老人称"老先生"、"老太太"、"老大娘；对年高德重的长者称"郭老"、"谢老"，等等。但是西方人却完全相反，他们晚年与儿女分居，最怕别人称老。西方社会是个竞争的社会，只有年轻人才有竞争力。"老"总和"老不死的"、"老没用的"相联系。所以绝不可以把中国习惯套用于西方老人，甚至不要在言谈举止中对他们的年龄有什么暗示，如不必要的搀扶，或者说"按您的岁数说您可真结实"这类话，都会引起老人的不快。

在中国，朋友邻居之间喜欢"论资排辈"，孩子们要称与自己父母年纪相仿的人为"叔叔"、"阿姨"，再长一辈的为"爷爷"、"奶奶"。英国人不讲这一套。孩子们对父母的友人称某先生、某女士。他们只对父母的亲兄弟姐妹才称"叔"、"舅"和"姑"、"姨"。在少数现代的家庭中，为了表示亲密，孩子对父母直呼其名的情形也已出现。

4. 学习如何给老人"祝寿"

在我国，老年人的寿礼一般不自己操办，多由子女家人出面举行。为此，学习为老人祝寿的礼仪知识很有必要。我国的生辰纪念呈现两头重的趋势，即年龄小和年纪老的比较隆重。按传统说法，老年人过生日叫"做寿"，向老年人祝福叫"祝寿"。一般情况下，年纪五六十岁以上的老人才有资格在过生日时接受祝寿，而且逢五逢十的祝寿活动更隆重一些。在某些地区，为了避讳"十全为满，满则招损"的说法，改为逢九做寿，如六十九岁时做七十大寿。

（1）寿礼的安排

在寿礼之前一段时间，应预先通知亲朋好友，可以发请柬，也可以发短信，或打电话，找别人捎信（直系亲属不请也应到）。

寿礼一般安排在寿辰当天，但也可前推后移，与寿星的某个重大纪念日合并祝贺。亲友如因故不能当天前往，则可携寿礼在前一天去"预祝"或后一天"补祝"。

（2）寿宴

祝寿活动往往以寿宴形式展开，可在家设宴，也可以在饭店包席。不论在哪里，都要加以布置，正中悬挂"寿"字，可以张灯结彩，布置一些花篮、寿桃等。如果有客人送的寿联、寿幛，则可以挂出，既表示对客人的尊重，又增添了祝寿气氛。子女要在门口迎接客人，引导入席。安排坐席时，寿星如贵宾，要安排在显要舒适的位置。

寿宴开始，有家人和重要贵宾致词，大家举杯向老人祝寿。致词可长可短，表达出美好的祝福即可，特别对于年高体虚的寿星，仪式要简短。最后大家分吃"长寿面"。现代的寿宴中，有时往往以精美的寿糕（大生日蛋糕）代替寿面。宴后可以安排舞会或其他娱乐活动。

（3）祝寿舞会

如果为老人办生日舞会，一定要布置得雅致、祥和。可摆放一些花草、盆景，灯光柔和，宜采用金黄的暖色调，点缀些红色以显喜庆，宜选用舒缓优美的舞曲或老歌。

如果是自家小型的寿宴，则可简易一些，以叙家常、自娱自乐为主，唱唱歌、做做游戏也可。

要注意的一点是，选择祝寿形式一定要考虑寿星的性格脾气和习惯特点。例如，年事已高的不宜办舞会，有的老人忌讳点生日蜡烛（含"吹灯拔蜡"之意）。安排活动要事先征求老人的意见。

（4）祝寿礼节与礼品

祝寿的宾客或亲朋好友要衣装整洁，最好穿着色调明快的服装，忌穿全黑、全白或只有黑白图案的服装。说话要恭敬，避免不吉利或易引起不快的语言。祝词可以是对老人祝福庆贺，也可以是赞美老人取得的成绩或做出的贡献，还可以是表达尊敬或友谊之情。常用的祝词有"福如东海、寿比南山"，"寿星高照、松鹤遐龄"，"日月同春、天地同寿"等。

来客都应当选择好祝寿礼品，应以祝贺老人健康长寿为中心，可以送寿桃、寿糕、寿面、寿烛、寿屏、寿幛、寿联等，字画多以松、鹤为内容，可以送对方喜欢的工艺品，也可送好酒好茶、手杖等老年用品或服饰等。现代生活中，又十分时兴送花，送花篮或盆花均可，一般送代表长寿的文竹、万年青、小榕树、罗汉松及菊花等。还有的可以购置保健器材作为祝寿礼，如电子按摩仪、健身球或其他保健用品等。

二、与平辈相处礼仪

平辈就是同一辈人，大体有四种：一是亲属同辈，如兄弟姐妹等；二是戚属同辈，如姨表兄弟姐妹等；三是朋友同辈，如朋友、同学等；四是一般的同辈。随着家庭结构的变革，亲戚的关系有了很大的变化。前两种同辈关系有的正在逐步消亡，而将来的同辈人，只有夫妻、朋友和一般交往的同龄人。

兄弟姐妹之间的交往要和睦礼让，热情体谅，互相关心。由于年龄不同，性格各异，交往起来不可能完全和谐一致，但又是家人、亲戚，彼此往来又是经常的，这就需多体谅对方。我国传统习惯讲究兄友弟恭，哥哥姐姐年龄大些、能力强些，有条件也有责任对年纪小、能力弱的弟弟妹妹多加关心。姨表兄弟姐妹中有人受到奖励、考上学校或者过生日等喜庆的时候送上一张贺卡；生病的时候、失意的时候，发一条短信、送一支鲜花表示慰问。这些看起来是小事，但它的感情影响是巨大的，能使人在失意的时候振作起来，在高兴的时候更加欢乐。

例如，有一位小姑娘高考落榜了，她一时很消沉，但哥哥送来了学习资料，姐姐送来了习题解答，弟弟妹妹们也对她很关心，使她在精神、物质方面的需求都及时得到了满足。落榜的阴影被冲淡了，学习的热情很快提高，她自学效果很好，第二年考上了理想的学校。家里兄弟姊妹向她祝贺时，她深情地说："是你们关心我，给我鼓励，胜利的欢乐应该属于咱们家所有的兄弟姊妹们。"同辈人常有些困难需要依靠兄弟姐妹帮助解决。就如考学校这样的事，有些家长也着急，但却帮不上忙，常常是年龄相近的兄弟姊妹最能提供有效的帮助。

平辈之间的交往应平等相待。对方重礼致意，不宜轻礼相还。不要不打招呼就贸然闯进别人的房间，应先敲门或以询问的方式，取得对方同意后才能进屋。进屋前应稍作等待，室中人未说"请进"，不要过快地进屋。

同辈人在一般场合相遇，互道"您好"、"再见"时，态度要诚恳，语气要充满感情，不要冷漠。关系密切的称"你"，疏远点的称"您"。即使非常要好的，在非玩笑场合，也忌油腔滑调，更忌用不文明的语言。

同辈人远远互相打招呼时，多用点头、举手，不要有粗野举动。点头或举手时，目光不要斜视或散视，也不要有心不在焉的表情。互相接近时，可多用握手礼。

平辈称名，一般多用辈分模糊的称呼，或称"老钱"、"小赵"，或"周先生"、"武小姐"、"孙师傅"等。关系密切或交往频繁的，或称名而不带姓，或称字、号或称有亲切感的昵称，等等。总之，根据对方身份、相互关系，选择合适称呼。不要粗声大气地叫"喂"、"那个人"，或叫对方不愿意接受的外号，或不符对方身份的名称，更不要把私下的爱称或小名用于公开场合。

平辈交往时，忌行为粗暴、语言恶毒污秽、举止野蛮。关系亲密者，忌互不信任、互相怀疑和失礼的言行。

平辈人发生争论时，要心平气和地以理服人，不要以势压人、冷嘲热讽、揭短谩骂，也不要以拒绝来往相威胁，更不要发展为斗殴。

平辈之间逗笑忌庸俗，如说话时语涉对方的配偶、儿女，编造低级笑料等。不要以揭对方伤疤、拿别人的痛苦逗乐，也不要拿对方的私生活取笑。

平辈之间交往中如果发生矛盾，如兄弟分家、夫妻离异、朋友绝交等，应在法律和道德范围内妥善处理。应努力避免故意刁难、造谣诽谤、反目成仇、无礼伤害、违法陷害等不道德的行为。

三、与邻居友好相处礼仪

俗话说"远亲不如近邻，近邻不如对门"，"九个远亲抵不上一个近邻"，"金乡邻，银亲眷"。善待左邻右舍是家庭礼仪规范的重要内容。那么，善待左邻右舍应该掌握哪些礼仪常识呢？与邻里相处，必须相互尊重、相互关心、相互体谅，同时还要严于律己、宽以待人、尊老爱幼、热爱公益。而必要的礼仪，也就建立在这些基础上。

1. 严于律己、宽以待人

长期紧邻而居，生活又如此具体，邻居间难免有些矛盾或磕磕碰碰的现象。这时要严于律己、宽以待人。当家庭装修时，尽量避免给邻居带来损害与麻烦。在室内活动，脚步要轻，照顾到下层邻居。夜深人静时，家用视听设备的音响不宜过大，注意尽量不扰邻居。反之，如果邻居使用音响声音过大，或者脚步沉重干扰了自家，绝不要找上门去，兴师问罪，而应宽容忍让。倘若干扰的时间长，可选择合适的时机，礼貌客气地向对方委婉提出。在阳台上浇花或晾晒衣物，要注意角度，不要洒在楼下阳台上，不要将纸屑果皮、垃圾污水从阳台或窗户往下倒。如果邻居方面有失检点，要给予谅解，出面干涉时要讲究方式方法，以免小事化大，伤了和气。

2. 尊老爱幼、热爱公益

现在的居民住房大多以单元、独户为多，邻里之间往来相对减少，但即使这样，也还有见面的机会，如出门工作学习、平时散步锻炼、上街购物等。凡是认识的邻居，都应主动打招呼问安问好。对邻居的长辈按照亲属称谓称呼是我们民族的优良传统。我们民族一向把邻居关系当作亲属关系的一种延伸，大人从小就教育我们把邻居中年纪大、辈分高的人称作"爷爷"、"奶奶"；把比父亲年长的男子称作"伯伯"，年轻的称作"叔叔"，等等。这种亲切的类似家人的称呼，有助于左邻右舍的和睦。加上一句"您好"，或者其他礼貌用语，标志着彼此间相互的尊重，能缩短双方感情距离，增进必要的了解。

四、探望病人礼仪

家人、亲戚、朋友或同事如果生病住院，你免不了去探望，给他们带去安慰和祝他们早日康复的意愿。探望病人的方式得当，会给病人增添战胜疾病的信心和精神上的安慰。那么，如何探望病人才是正确的呢？

1. 把握探望时间

当听到关系亲密的熟人或朋友得病或负重伤的消息时，马上想去探望，这种心情乃是人之常情，然而，探望病人并非越早越好，不是恰当时候的探望，反而会给病人增添麻烦。例如，病情严重、亟须绝对安静或病人刚做完手术，暂不去探望才符合礼仪。一般来说，上午10点至11点，下午2点至4点是探望病人的最佳时间。如果是住院的病人，还要注意医院规定的探望时间。

2. 举止得当

由于特殊的心理状态，人在患病期间会显得相当敏感。因此探望病人时，如果言语不慎或举止不当，往往会给病人增加思想负担，甚至更大的精神压力。因此，探望时要注意以下几点。

1）进房时要先敲门，让病人感到自己仍然受别人的尊重。

2）看到病床周围的医疗器械或药品时，不要大惊小怪，那样会使病人增加一种无形的压力。

3）见到病人要像平时一样握手（不宜握手的病除外），亲昵的表示常能传达出言语不能表示的感情。

4）尽快落座。站在床前会使人产生一种紧迫感，因此，要尽快找一把椅子挨着床边坐下。

5）在与病人相见时，探望者的神态应自然、和蔼、亲切，让病人感到他与探望者之间仍然像他健康时一样正常。说话时要看着病人的眼睛，不要东张西望，使病人感到你在真心实意地关心他。

6）注意问话及谈话内容。不要问："你怎么啦？"最好问："今天感觉好多了吧？"在与病人交谈时，如果病情很严重，或是不治之症，应尽量回避涉及病情。如病人尚不知自己的病情，探望者不仅在交谈时不能告知，而且在表情上也不能有所流露，否则不仅严重失礼，还可能造成无法挽回的后果。

7）闲谈中，始终要让病人处于主导地位，有时可让病人多说几句。

8）多鼓励。要有分寸地用乐观的话语鼓励病人，不可提及使病人不愉快或伤害自尊心的事情，因为病人需要的是安慰和鼓励。

9）提供帮助。要主动询问病人："我能帮你什么忙吗？"这能使病人感到高兴。

10）不宜拖沓探望时间，一般以15分钟左右为宜。若病人已在康复中，并有较强兴致与人交谈，那么探望者可与其多谈些时间，但不应毫无节制，通常也应在20～30分钟后起身告辞。对初交或不太熟悉的朋友，问候几句便可退出。如病人有亲属在场，通常探望者也不便久留。

3．注意服饰

身患重病的人，往往有某种心理倾斜，或隐或现地感受到社会的某种不公平。故探望病人时不要穿过于刺目、新奇的服装，女士也不宜浓妆艳抹，以免刺激病人。一般来说，探望病人时的服装以色彩淡雅为宜，力求给病人清新、柔和、平稳的感觉，这样有利于病人情绪的稳定，加速康复。

4．携带礼物

按照日常的习惯，探望病人总是需要带去一些礼物。探望病人时，可以带一些鲜花或书，最好选择香味淡雅的鲜花，因为浓郁的花香会使体弱的病人感到头晕。

探望病人时，还可以送一些食品。送食品时，要了解清楚病人得的是什么病，哪些食品有利于他战胜疾病，他又愿意吃；哪些食品不宜食用，他又不愿意吃。

5．注意防病

探望病人之前，应当对病人所患的疾病和病情有所了解。例如，探望患传染病的病人，像传染性肝炎、伤寒、痢疾或流行性脑膜炎、流感、肺结核等呼吸道传染的病人时，要尽量避免接触病人的用具、衣服，更不要带小孩去医院。

五、宴请礼仪

宴请是指人们为了社交的需要，按一定规格用菜点酒水招待宾客的一种形式。恰到好处的宴请，会为双方的友谊增添许多色彩。在商务活动中，宴请是与合作伙伴联络和增进感情的重要途经。在社交活动中，迎来送往，拜贺致意，也常常离不开各种宴请。许多重大的喜庆、婚丧、应酬等，通常都安排成宴会形式，在饮食之中进行交流沟通，这也是中国传统文化的重要特点。

无论是宴请活动的组织者还是宴请活动的参与者，都应该对宴请礼仪有所了解，只有这样才能应付自如。

1．宴请的种类

宴请的种类复杂，名目繁多。

1）按规格分：国宴、正式宴会、便宴、家宴。
2）按餐型分：中餐宴会、西餐宴会、中西合餐宴会。
3）按用途分：欢迎宴会、答谢宴会、国庆宴会、告别宴会、招待宴会。
4）按时间分：早宴、午宴、晚宴。
5）其他：鸡尾酒会、冷餐会、茶会、工作餐等。

2．宴请的准备

由于宴请的种类不同，宴请的准备及组织安排工作也有所不同。工作餐比较简单，而正式的宴请就有严格的礼仪要求,所以主办单位或主人一定要认真、周到地做好各种准备工作。

(1)确定宴请对象

宴会之前,应按照宴请所要达到的目的,认真列出被邀请宾客的名单。谁是主宾,谁是次主宾,谁做陪客都要一一列清。做到该请的请,不该请的不请。一般每次宴请的客人,都是为了一个目的,或洽谈业务,或签订合同,或接风迎客,或饯行话别,等等。按照常规,不宜把毫不相干的两批客人合在一起宴请,更不得把平时有芥蒂的客人请到一起吃饭、饮酒,以免出现不愉快的尴尬场面。

(2)确定宴请时间

宴请时间的确定,可以按照主办方的实际需要而定,如企业开张、朋友聚会等;也可以按照客人的活动安排而定,如接风送行;还可以按照事情的进展情况而定,如谈判成功。如果条件允许,时间确定之前,可以先征求一下主宾的意见,原则上要考虑客人方便,以多数宾客能来参加宴会为准则。

(3)确定宴请地点

选择宴请地点,应依据交通、宴会规格、主宾喜好等情况而定。有时为显示主客之间亲密无间的情谊,可选择在家中进行;有时为表现对客人的敬重,则宜在星级宾馆中宴请。总之,要选择那些交通方便、环境幽雅、食品卫生、菜肴精美、价格合理、服务优良的饭店作为宴请场所。

(4)拟订菜单和酒水

菜单的确定,总的原则应考虑宴请的规格、客人的身份及宴请的目的,做到丰俭得当。整桌菜应有冷有热,荤素搭配。一桌菜要有主菜,以显示菜的规格,也要有一般的菜,以调剂客人的口味。具体菜肴的确定,还应以适合多数客人的口味爱好为前提,尤其是要特别照顾主宾的饮食习惯、口味好恶、宗教禁忌、健康状况等具体情况。规模较大的宴请,酒水最好准备三种以上。

(5)安排桌次、座次

宴会通常是8～12人一桌,人数多时则平均分为几桌。桌次有主次之分,主桌的确定应以"面门、面南、观重点"为原则,其中"观重点"最主要,即将主桌安排在餐厅的重要位置。其他桌次按照离主桌近为主、远为次,右为主、左为次的原则安排,如图2-1所示。

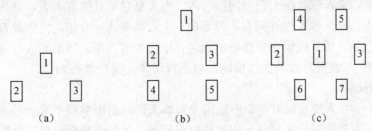

图 2-1 宴会桌次

各桌的主位可与主桌主位的方向相同，也可以方向相对。

在同一桌上，座位有主次之分。一般情况下，对着门口的座位是主位，离门口最近的为次位。其他位以离主位的远近而定主次，右主左次，也可以穿插安排，即主人的对面安排第二主人，其余的座位分别以离主人和第二主人远近而定主次，右主左次。以圆桌和方桌的座次为例，分别如图 2-2 和图 2-3 所示。

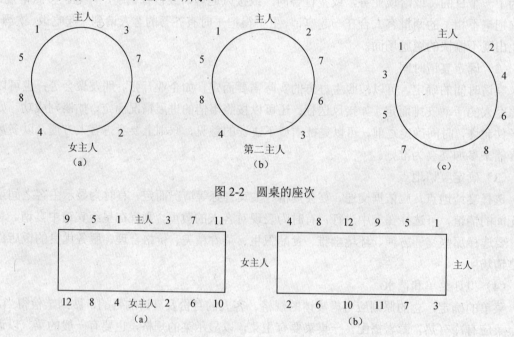

图 2-2　圆桌的座次

图 2-3　方桌的座次

按照我国习惯，公务宴请一般以职务高低安排座次。如果夫人出席通常把女方排在一起，即主宾坐在男主人右上方，其夫人坐在女主人右上方。家庭宴请则是按照"先朋友，后亲戚，再宗族"的原则安排，这其中又以年龄的长幼为序。

3．宴请时主人的礼仪

（1）迎宾引座

宴会开始前，主人应站在大门口迎接客人。主人要对所有的客人表示热烈欢迎，不能冷落任何一位客人。如果客人相互间有不熟悉的，主人需要逐一介绍，使彼此有所了解，以增进宴会的友好气氛。然后按预先安排好的座位，依次引客入座。如果客人有坐错位置的，一般应"将错就错"，或很巧妙地加以换座，以不挫伤客人的自尊心为宜。

（2）按时开席

客人入座后，主人要按时开席。不能因个别客人误时而影响整个宴会的进行。如是主要客人或是主宾，到开席时尚未到达，应尽快取得联系，在弄清楚原因后，根据情况采取应急措施，并向其他客人表示歉意。一般来说，宴会开席延误 10～15 分钟是允许的，万不得已时最多不能超过 30 分钟，否则将冲淡宾客的兴致，影响宴会的气氛。

（3）致词敬酒

宴会开始时，主人应起立向全体宾客敬酒，并致以简短的祝酒词。致词内容随宴会的性质而定。在宴会进行过程中，主人一般要按桌依次向所有宾客敬酒，不能顾此失彼，冷落一方。为客人斟酒只需至酒杯 2/3 即可。

（4）亲切交谈

在宴会进行过程中，主人要不时寻找彼此都感兴趣的话题亲切交谈。从增进友谊来考虑，对一方避讳的事情，特别是涉及个人隐私的，切不可在席间谈起。对一些要达到一定目的的宴会，不宜深入谈判具体、实质性的问题。一般宴会要做到只叙友情，不谈工作，切不可把餐桌变成谈判桌，以免陷入僵局，使双方不快。

（5）话别送客

在宴会结束前，主人要征求多数客人的意见，适时结束。话别时，主人要真诚感谢众宾客的光临。若有礼物相赠，应统一规格，以免产生误会。

4. 出席宴请的礼仪

（1）应邀

无论接到任何方式的邀请，都应尽快明确地表明自己是否应邀，以便主人掌握出席人数。宴请时间临近还未通知主人自己是否出席是不符合礼仪要求的。是否接受邀请的态度要明确，不能态度暧昧、语意含糊。接受邀请后，不要随意变动，确有意外不能前往，要提前解释，并深致歉意。作为主宾不能如约的，更应郑重其事，甚至登门解释致歉。绝不能在同一天里拒绝一个后又赶赴另一个邀请，这会使人产生厚此薄彼的感觉。

（2）修饰

出席比较正式的宴会都应精神饱满、容光焕发，提前适度修饰自己的仪表。男士要修整须发，女士要美容化妆。无论男女，都要换好既符合自己在宴请场合的身份，又突出自身气质的衣服。一般认为穿背心和西装短裤、宽松式上衣配健美裤赴宴都是不妥的。另外，对皮鞋和袜子的搭配协调也要给予足够的重视，因为宴会上这些部位常常被人关注。

（3）守时

赴宴既不要迟到，又不要过早抵达。到场太早，主人尚未做好接待准备，容易为主人添麻烦；过迟，则会使宴会受到影响，不仅会给主人带来不便，还会使其他宾客感到不悦。出席宴请，迟到、早退或逗留时间过短，会被认为是有意冷落，都是失礼的，要尽量避免。到达后，应先到休息室等候，在主人引导下与其他宾客一起入席。如没有休息室，可直接进入宴会厅，但切忌提前到餐桌旁落座。

案例思考

电视台曾讲述过一个高中生的故事：故事的主人公名叫蒋伟，母亲患了不治之症，在父亲寸步不离地守候在病床前陪伴了十六个月后，母亲还是匆匆而去了。母亲的逝世，给年仅42岁的父亲的打击过于沉重了，父亲由过去有说有笑的一个人成了极其沉默的人，身体也一天天消瘦。

这一切，儿子蒋伟的眼睛看得再清楚不过，儿子知道，父亲是一位有情有义的丈夫，父亲对母亲已竭尽了全力。蒋伟失去了母亲，眼看巨大的哀痛正在吞噬着父亲的健康，他心急如焚，不能不为父亲的命运而担忧。

母亲离去，转眼又是几年。一个男子汉操持着残缺的家，实属不易。父亲虽然有儿子相伴，懂事的儿子也私下劝过父亲，再组建一个新家，可父亲一再婉言拒绝。但父亲的孤独逃不过蒋伟的眼睛，在一次日记中，蒋伟写了《爸爸需要一位新妈妈》，文中把父亲疼妻爱子的深情厚谊写得感人至深。教师把这篇打动人心的文章寄到某报社，不久就被刊登出来。没料到文章一发表，就先后收到许多单身阿姨天涯飞鸿，以表心曲，愿意与这样一位重情义的男子汉结成百年之好。这些阿姨也都非常喜欢蒋伟这个懂事孝顺的孩子。蒋伟和父亲一起，认认真真地从中选择了一位下过乡、插过队、吃过苦的吴阿姨。父亲在蒋伟的劝说和催促下，终于拿起笔，给吴阿姨回了信。

在父亲与吴阿姨的感情日益成熟的时刻，蒋伟在日记中写道："我庆幸父亲终于不再孤独，我深为父亲重新获得幸福而喜悦，我希望自己不会成为父亲与吴阿姨之间的多余，即便有一天成了多余，我也会照顾自己了。"

拥有这样的儿子，是父亲最大的幸事。

在现实生活中，要求每个人都能像蒋伟一样为父母分忧解愁，是不客观的。但最起码的要求应是不让父母再为自己操心费力，做到这一点，也并不是很容易的。

现实生活中的这个真实故事给你带来了什么启示？

 **知识链接**

守时惜时

加强时间观念。"时间就是金钱"这个观念已被现代的人们所公认。所以，现代交际，必须有约在先，有约在先就必须遵守时间。早到是浪费自己的时间，晚来则无疑是浪费别人的时间。准时赴约是西方人社交中极为重要的礼貌，参加各种活动，应按约定时间到达。

不少名人把严守时间当作工作、生活的座右铭。美国第一任总统华盛顿（1732～1799）在任职期间，常于下午四时宴请国会议员，计议国事。只要规定时间一到，他不管人是否到齐，便按时开宴，哪怕只有他一个人也是如此。往往弄得迟到者十分难堪，而华盛顿却不客气地说："我的厨师只问预约的时间到了没有。"

拿破仑（1769～1821）也是一个时间观念很强的人。有一次请手下的几位将军用餐，时间到了，那几位将军还未到，拿破仑便一个人大吃起来，等到那些将军来到后，他已经吃完了。他对他们说："诸位，聚餐的时间过了，现在咱们开始研究事情吧。"弄得那些将军下不了台，以后再也不敢迟到了。

西方人士惜时如金，他们的观念是：守时是立业之本。那么怎样才算守时呢？了解下面几种守时方式对你与西方人士交际是很有帮助的。

（1）集会约会，按时到达

在西方，大多数的公共集会，如演讲会、音乐会、演戏、做礼拜，都是准时开始的。在集会开始前就座才是符合礼节的行为。如果你与某人约定某时相会，不管是业务约会还是个人约会，你都应当按时到场。人们经常用来提醒自己的一句话是：一分钟也不要迟到。

（2）参加宴会，提前几分

西方人举行家宴，主人通常都是按照请帖中预定的时间准时开宴。应邀参加的客人怎样才算守时呢？客人应当计划好比预定的时间提前5分钟左右到达，恰好有时间脱去外套和帽子，并在开宴前与别的客人寒暄几句。假如提前太多时间，会打乱主人的计划，使主人难堪；假如迟到，会使其他客人等得不耐烦，让人感到扫兴。

（3）沙龙舞会，迟到几分

非常有趣的是，在某些场合的"迟到"却成为西方人公认的"守时行为"。假如应邀参加文艺沙龙、家庭舞会等，比请帖上的时间迟到几分钟是合适的。这是因为，到预定时间一切工作已准备就绪，主人也就"万事俱备，等候客人"了。

交际中的守时原则，是尽人皆知的。与任何人交际都应该注意守时守约，迟到、拖延等总是令人不快的。这样说来，如约守时也并非与西方人士打交道特有的要求。不过，我们在交际实践中发现，西方人似乎比我们更重视时间观念。新加坡社区组织理事会调查了153场华裔婚宴，结果发现，十之八九要从原定的7时半拖至9时才开始。不守时所产生的社会效应受到新加坡朝野关注，新加坡中华总商会推动守时运动已有十多年。新加坡酒楼餐馆业工会会长周颖南指出："一个人损失一个半小时也许是小事，但群体合起来算，所浪费的时间就非常严重。"新加坡宗乡会馆联合总会秘书长蔡锦淞也说："迟到的坏习惯一定要革除。这种不良现象，跟政府强调生产力的政策是不协调的。"

世界上时间概念最强的是日本人、德国人和英国人，他们在正式交往中都严守时间。雅加达人有句口头禅："雅加达如果不塞车，那就不算雅加达。"以至约会的时间往往得推迟，当地人碰上这种事情便开玩笑说是"橡皮时间"，意即可长可短，不准时。工作上，印度人最让人感到惊异的应首推不守时，没有时间概念。和印度人即使约好时间，迟到一小时、两小时在他们看来是理所当然，所以绝不会说"对不起"。

与阿拉伯人约会要有足够的耐心，因为他们姗姗来迟是司空见惯的。不管是官员、学者还是企业家，迟到半小时是常事。在他们看来，这似乎不算迟到，因而也难得听到他们表示道歉。同阿拉伯人一样，世界上还有一些国家的人时间观念不强，如巴基斯坦、爱尔兰等国。菲律宾、葡萄牙人也不太强调准时赴约，但是客人最好准时赴约。

 综合练习

一、名词解释

宴请

二、填空题

1. 多人并排行走，其规则是：两人时，以_____为尊，以_____为尊；并行者多于三人时，以_____为尊；多人单行行走时，以_____为尊。所以，要尽量让_____与_____走中间和内侧。

2. 有专职司机驾驶轿车时，以_____为首位，_____次之，_____再次之，_____殿后。

3. 火车上座位的尊卑是：靠_____为上，靠_____为下；靠_____为尊，靠_____为卑；面向_____为上，_____前方为下。

4. 与熟人同乘电梯，尤其是与尊长、女士、客人同乘电梯时，应视电梯类别而定：进入有人管理的电梯，应主动_____进_____出；进入无人管理的电梯时，则应当_____进_____出。

5. 宴会通常是 8～12 人一桌，人数多时则平均分为几桌。桌次有主次之分，主桌的确定应以"_____、_____、_____"为原则，其中"_____"最主要，即将主桌安排在餐厅的重要位置。其他桌次按照离主桌_____为主、_____为次，_____为主、_____为次的原则安排。

三、判断改错题

1. 由主人亲自驾驶轿车时，一般前排座为上，后排座为下；以右为尊，以左为卑。

（　　）

改正：

2. 民航规定：旅客必须在机票上列明的航班规定离港前 80 分钟到达指定机场，办理登机手续。在航班规定离港前 20 分钟，登机手续停止办理。　　　　（　　）

改正：

3. 吸烟者，可连续为别人点烟，直至手中的火柴熄灭。　　　　　　（　　）

改正：

4. 作为一名在校就读的青少年学生，无论是在校内还是在校外吸烟，都是违反学生守则的行为。　　　　　　　　　　　　　　　　　　　　（　　）

改正：

四、简答题

1. 问路必须讲究哪些礼节？
2. 乘坐公共汽车不适宜穿哪些服饰？
3. 在火车上，应当注意哪些礼仪规范？
4. 在影剧院观看电影或演出时应注意哪些礼仪规范？
5. 平日里，孝敬父母长辈主要应做到哪几点？
6. 宴请有哪些种类？
7. 宴请前应做哪些准备工作？
8. 出席宴请有哪些礼仪要求？

四、简答题

1.
2.
3.
4.
5.
6.
7.
8.

专 业 篇

项目三　旅游服务礼仪

【学习目标】

1. 掌握现代饭店服务礼仪的基本要求。
2. 理解现代饭店的前台、餐厅、客房这三个主要部门的服务礼仪。
3. 理解现代饭店业处理投诉的礼仪要求。
4. 理解旅行社工作人员岗位礼仪。
5. 掌握导游人员基本服务礼仪规范。
6. 了解景点、景区基本服务礼仪规范。
7. 理解旅行社处理客人投诉的礼仪要求。
8. 掌握空中乘务及机场地面服务的礼仪与技巧。
9. 认识服务必须具有规范性和亲和力。
10. 了解机场各岗位的工作程序。

【礼仪小故事】

某日中午，一位住店客人下了电梯直奔总台，手里拿着一张房卡。此时，总台只有一名服务员，不巧的是她正握着话筒和别人通电话。于是，客人只得耐心地站在一旁等候。时间一分一秒地过去了，仍不见服务员有结束通话的迹象，客人的脸上渐渐露出了不满的神情，但他并未说什么，只是用手里的房卡在服务台上不轻不重地敲了几下。这时，服务员似乎醒悟过来，忙搁下电话，接待客人……

我们常把"客人就是上帝"挂在嘴边，把"使客人满意"作为我们服务的指南，难道这些仅仅是停留在表面的东西吗？如何真正地以客人为中心，使客人满意而归，往往是从一点一滴的细节中体现出来的。在目前激烈的市场竞争中，服务细节方面的竞争有着举足轻重的作用。案例中的那位服务员通电话错了吗？没错。但不管这个电话有多么重要，都可以暂时把电话移开，对客人道一声"对不起，请稍等！"。如果那个电话不是非打不可的，那就应当立即结束通话，接待眼前的客人。在总台服务礼仪中，明确指出工作忙时，应"办理第一个，接待下一个，招呼后一个"。何况眼前只有一位客人呢？

任务一 现代饭店服务礼仪

【任务目标】

认识： 1. 掌握现代饭店服务礼仪的基本要求。
2. 理解现代饭店的前台、餐厅、客房这三个主要部门的服务礼仪。
3. 理解现代饭店业处理投诉的礼仪要求。

训练： 1. 自己对着镜子，按照饭店工作者的要求，训练20分钟的站姿及各种坐姿。
2. 对着镜子，分别训练自己的走姿、蹲姿、各种手势及微笑。

在旅游服务中，掌握相应的礼仪规范和沟通技巧，是旅游服务人员必备的条件之一。本任务通过介绍现代饭店的服务礼仪，将指导我们如何去做，如何与客人进行良好的沟通，怎样才能真正做到"顾客至上"、"宾至如归"。

一、现代饭店服务礼仪的基本要求

礼仪贯穿饭店接待服务的全过程，也贯穿宾客从入店到离店的始终；礼仪是在饭店所有岗位的各环节的服务中最终得到落实与体现的。

1. 仪容礼仪

饭店服务工作者的个人仪容是最易被客人关注的部分。由于饭店服务工作是与客人直接面对面的一种互动，工作者的仪容对客人产生重要的影响，因此大有重视之必要。饭店工作者的仪容礼仪规范的总体要求是卫生、洁净、自然、姣美，具体主要体现在以下几个方面。

（1）个人卫生

个人卫生是饭店向客人提供优质服务的基础和前提，饭店工作者应时刻注意个人的卫生健康状况，勤洗澡，勤换衣袜，自觉保持身体清洁、体味清新，注意领口、袖口、上衣前襟等易脏处的清洁；牙齿无异物，口腔无异味；头发爽洁，并梳理整齐；双手洁净，指甲剪短剔净。另外还应特别注意眼部的保洁，预防眼病。若患传染性眼病，如"红眼病"等必须及时治疗，绝不可直接与客人接触。

（2）头发修饰

饭店工作者应经常修剪头发；发式大方，梳理方便；长度适中，以短为主。切忌彩染头发，发型过于前卫，工作中发饰以不戴或少戴为宜，而所戴之物也仅是意在谨防头发凌乱。

（3）面容修饰

对于饭店工作者来说，适当的面容修饰可以扬长避短，使自己容光焕发，充满活力。饭店工作者应始终保持面容的洁净、姣美且自然，无任何不洁之物。上岗前，男士应剃须修面，剪短鼻毛；女士应根据自身的工作特点，略施淡妆，要求做到自然大方、素净雅致、适可而止，以展现服务工作者良好的精神面貌。就一般而言，工作妆切忌离奇出众、色彩浓艳、残妆示人及岗上补妆。

（4）手部修饰

双手是工作中运用最为频繁的身体部位，是饭店工作者的"第二张脸"，应悉心加以保养和修饰，不蓄长指甲，不涂抹有色指甲油或进行艺术美甲。工作中双手应注意清洁，谨记做到"六洗"：上岗之前洗手；弄脏之后洗手；接触精密物品或入口之物前洗手；规定洗手之时洗手；如厕之后洗手；下班之前洗手。

（5）脚部修饰

饭店工作者脚部的修饰应该注意两个方面：首先，勤洗脚、勤换袜，不穿不易透气的袜子，以保持脚部无异味；其次，注意腿脚的遮掩，不随意光脚露腿。饭店工作者在直接面对客人工作时，绝不允许赤脚穿鞋和穿露趾或脚跟的凉鞋或拖鞋。

2. 仪表礼仪

整洁、美观、大方的服饰是饭店工作者整体形象的重要组成部分。工作期间，饭店工作者的服饰穿戴应按本部门的规范要求，这不仅是对客人的尊重，也易激发穿着者的职业自豪感和工作责任感，同时也是工作者"爱岗敬业"在服饰上的具体表现。

（1）遵纪守规

作为饭店的工作者，应按所在饭店乃至所在部门的规定统一着装。一般的星级饭店都明文规定：每天上岗前，工作者必须身着制服，并自觉保持制服的整洁、美观，以充分发挥制服在饭店服务中所特有的作用。

（2）清洁美观

保持制服的清洁，是对制服穿着者最基本的要求。工作时，制服无污垢、无油渍、无异味，领口与袖口尤应保持干净。同时注意工作鞋的洁净，皮鞋则应定期上油，使其锃亮光洁。

（3）整齐挺括

制服穿着的整齐主要体现为大小合身，穿着合体。要求内衣不外露；不挽袖卷裤；不缺扣短带；领带、领结系端正；工号牌或标志牌应佩戴在上衣左胸的正上方。同时衣裤不起皱，做到上衣平整、裤线笔挺。

（4）饰物佩戴

饭店工作者在工作岗位上选戴饰物时，因其职业的特殊性而多有局限。饰物的佩戴应力求做到符合角色身份，以少为佳。上岗时工作者可佩戴戒指一枚；耳饰品以耳钉为宜；发饰的选择应强调其实用性，色彩鲜艳、花哨的发饰不宜在上班时选用；不提倡工作者在工作中佩戴脚链；工作时不得佩戴耳环、手链、手镯等妨碍个人工作的饰物。

3. 举止仪态礼仪

饭店工作者在工作时间的站姿、坐姿、步态、蹲姿及手势等，都应当恰当、正确，要美、要感人。而且这种美的创意性应该是发自内心的。服务人员正如整个酒店大交响乐的每一个乐章，一个乐章演奏失败，整个乐曲都会失色。可见，酒店的每位员工的一言一行是与整个酒店的服务质量、整个酒店的形象息息相关的。

（1）站姿

站姿是一个人的全部仪态的根本之点，在工作的过程中自觉地运用标准的站立姿势服务于客人，是饭店工作者尤为重要的基本功之一。饭店工作者站姿的基本要求是端正、自然、亲切、稳重。

1）在饭店服务中的站姿主要有三种：侧放式（图 3-1）、前腹式（图 3-2）和后背式（图 3-3）。

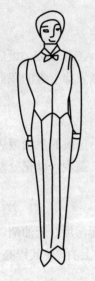

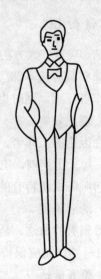

图 3-1　侧放式站姿　　　　图 3-2　前腹式站姿　　　　图 3-3　后背式站姿

2）相关禁忌。饭店工作者不良的站姿不仅有碍个人的健康，而且会影响客人对饭店的总体评价，故应多加避讳。站姿"八忌"：一忌身躯歪斜；二忌弯腰驼背；三忌趴伏倚靠；四忌双腿大叉；五忌脚位不正；六忌手位不当；七忌半坐半立；八忌全身乱动。

（2）坐姿

坐姿是饭店工作者常用的工作姿态之一。在旅游接待服务中，大多数岗位要求站立服务，也有少数岗位可以坐着，但必须讲究坐姿。

1）女士的九种优美坐姿如图 3-4～图 3-12 所示。

2）男士的优美坐姿如图 3-13 所示。

图 3-4 标准式坐姿

图 3-5 前伸式坐姿

图 3-6 前交叉式坐姿

图 3-7 屈伸式坐姿

图 3-8 后点式坐姿

图 3-9 左侧点式坐姿

图 3-10 右侧点式坐姿

图 3-11　左斜放式坐姿　　　图 3-12　右斜放式坐姿　　　图 3-13　开膝合手式坐姿

（3）步态

人的行走姿态是一种动态的美，服务员在餐厅工作时，经常处于行走的状态中。如果能给客人一种标准的动态美感，可以说是让客人得到了精神上的享受。

（4）蹲姿

饭店工作者有时需要捡起掉在地上的东西，或取放在低处的物品。如果不注意蹲姿，可能会显得非常不雅观，也不礼貌，而采取优美的下蹲姿势会雅观很多。饭店工作者常见的蹲姿主要有高低式蹲姿（图 3-14）和交叉式蹲姿（图 3-15）。

图 3-14　高低式蹲姿　　　　　　图 3-15　交叉式蹲姿

（5）手势

手势是仪态的重要组成部分，是通过手和手指活动来传递信息的体态语言。它不仅能对口头语言起到加强、说明、解释等辅助作用，而且能用手势来表情达意。规范、恰当、适度的手势，有助于增强人们表情达意的效果，并给人一种优雅、含蓄、礼貌、有教养的感觉。

反之，不规范、不恰当、不适度的手势将影响人们表情达意的效果，并让人感到缺乏教养。

　　饭店工作者主要的手势有引领手势（图 3-16）、"请"的手势（图 3-17～图 3-22）和介绍的手势（图 3-23）。

图 3-16　引领手势（直臂式）

图 3-17　"请"的手势（横摆式）

图 3-18　"请"的手势（前摆式）

图 3-19　"请"的手势（双臂横摆式）

图 3-20　"请"的手势（双臂侧摆式）

图 3-21　"请进"的手势

图 3-22　"请坐"的手势

图 3-23　"介绍"的手势

4. 表情仪态礼仪

（1）眼神

对初次见面的宾客，应微微点头，行注目礼，表示出尊敬和礼貌。

在与宾客交谈时，应当不断地通过各种目光与对方交流，调整交谈的气氛。交谈中，应始终保持目光的接触，随着话题、内容的变换，做出及时恰当的反应，用目光流露出或喜或惊、或微笑或沉思等会意的情思，使整个交谈融洽、和谐、生动、有趣。

（2）微笑

微笑可以表现出温馨、亲切的表情，能有效地缩短沟通双方的距离，给对方留下美好的心理感受，从而形成融洽的交往氛围。因而微笑不仅是一种外化的形象，也是内心情感的写照。

5. 服务语言礼仪

（1）与客人谈话态度要诚恳、自然、大方

与客人交谈时必须起立，语气温和耐心，双目注视对方，集中精神倾听。处理问题时，语气要委婉。有事要打扰客人，应说："很抱歉，打扰您了……"对客人提出的问题，在业务范围内能够解决的要及时解决，不能解决的不要允诺，可表示向有关人员反映或研究后答复；一时答不上来的，须先致歉意后查询。当客人向你表示感谢时，应谦虚地说："别客气。"

（2）服务称呼礼仪

国外常用的称呼是"先生"、"夫人"、"小姐"、"女士"。一般对男人可称××（姓氏）先生，如对方有职衔、学位，则冠之以职衔、学位，如"博士先生"、"上校先生"、"经理先生"。对大使和政府部长以上的负责官员，在官衔之后往往还要加上"阁下"二字，以示尊重。但美国、墨西哥、德国等国则习惯称"先生"，不称"阁下"。

对于女子，已婚的称"夫人"，未婚的称"小姐"。欧美人凡举行过宗教结婚仪式的，都在无名指上戴一枚铜制戒指，男子戴在左手，妇女戴在右手，一般易与装饰戒指区分。不了解对方是否已婚，可使用通用的称呼"Ms"（女士）。对于无法判断是否已婚的法国妇女，也可称之为"Madame"（夫人、女士），因为它除含"夫人"、"太太"之意外，尚可解释"贵妇"、"女士"。但须注意，对外国老年妇女不可称呼"老太太"，西方人视此为污辱。

欧美人的姓名一般由两个或三个字组成，即名—姓，或名—名—姓，如约翰·亨利·史密斯。欧洲、北美洲、大洋洲等国的人名，一般是名在前，姓在后。但是匈牙利人的姓名是姓在前，名在后。西班牙人和拉丁美洲讲西班牙语人的姓名除父姓外，还有母姓，即名—父姓—母姓。葡萄牙人和巴西人，则是母姓在前，父姓在后，即名—母姓—父姓，一般情况下都不用母姓。西方女子出嫁后，一般改姓丈夫的姓，但著名的演员、作家等，则常保留自己的姓。西方人初次见面称呼姓，熟人之间称呼名，服务人员一般应称呼客人的姓，如史密斯先生。

二、现代饭店岗位礼仪

1. 前台服务礼仪

前台服务工作处于酒店接待工作的最前列，是每一位客人抵离酒店的必经之地。前台工作是酒店最先迎接客人及最后恭送客人的窗口，是带给客人第一印象及留下最后印象的服务环节。前台服务始终贯穿客人在酒店居留的全过程，员工的言行举止、待人接物会给客人留下深刻的印象，体现酒店服务质量的高低，影响酒店的总体形象。因此，对前台服务人员的素质和礼貌服务有较高的要求。

（1）门童服务礼仪

1）在岗时。门童在岗时，着装要整齐，穿迎宾服装，包括迎宾制服、迎宾帽、白手套、皮鞋等，仪容要端庄大方，精神要饱满，站立要挺直，不可叉腰、弯腰，走路要自然、稳重、雄健，面带微笑，仪表堂堂。

2）车辆到店时。

① 欢迎。载客车辆到店时，负责外车道的门童应迅速走向车辆，微笑着为客人打开车门，向客人表示欢迎。

② 开门。凡来酒店的车辆停在正门时，必须趋前开启车门，迎接客人下车。一般应一手拉开车门，一手挡住车门的上方，提醒客人不要碰头。但注意有两种宾客是不能遮挡的，一是信仰伊斯兰教的，二是信仰佛教的。因其教规、习俗所致，不能为其护顶。

③ 热情问候。见到客人后要主动问候，表示热情的欢迎。问候客人要面带微笑，热情地打招呼，并躬身15°致礼。对常住客人切勿忘记称呼其姓氏，如"李先生"、"史密斯小姐"等。微笑、点头、问好要同时协调进行。对老弱病残及女客人应予以帮助，并注意门口台阶。

④ 处理行李。遇到车上装有行李，应立即招呼门口的行李员为客人搬运行李，协助行李员装卸行李，并注意有无遗漏的行李物品。如暂时没有行李员，应主动帮助客人将行李卸下车，并携行李引导客人至接待处办理登记手续，行李放好后即向客人交接及解释，并迅速到行李领班处报告后返回岗位。

⑤ 牢记车牌号和颜色。门童要牢记常来本店客人的车辆号码和颜色，以便提供快捷、周到的服务。

⑥ 雨天。逢雨天，客人到店时，要为客人打伞。

3）客人进店时。客人进店时要为客人开启大门，将客人迎进大厅，并说："您好，欢迎光临。"在为客人拉门时应向前跨一步，身体微前倾，伸手拉门，然后退回原处，眼睛注视着客人，微笑地向客人打招呼，并做"请"的手势。

4）客人离店时。

① 送客。客人离店时，负责送客的门童应主动上前向客人打招呼并代为客人叫车。待车停稳后，替客人打开车门，请客人上车；如客人有行李，应主动帮客人将行李放上车并与客人核实行李件数。待客人坐好后，为客人关上车门，但不可用力过猛，不可夹住客人手脚。车辆即将开动，门童躬身立正，站在车的斜前方一米远的位置，上身前倾15°，双眼注视客人，举手致意，微笑道别，说"再见"、"一路平安"、"祝您旅途愉快"等道别语。

② 送团队。当团队客人、大型会议、宴会的与会者集中抵达或离开时，要提高工作效率，尽量减少客人的等候时间。对重点客人车辆抵达或离店要先行安排，重点照顾。

③ 特殊情况。当候车人多而无车时，应有礼貌地请客人按先后次序排队乘车。载客的车多而人少时，应按汽车到达的先后顺序安排客人乘车。

（2）总台接待服务礼仪

总台是饭店的"橱窗"，也是饭店管理的"神经中枢"。总台服务主要设订房员、分房员、问讯员、函电员、代办员等多名人员，其服务礼仪大体有接待住宿、收发邮件等代办服务。

1）接待住宿礼仪。

① 站立服务，精神饱满，举止大方，做好随时接待客人的准备。

② 热情主动，笑脸相迎，尽可能根据客人的需要安排房间，并敬请客人填写住宿登记单，按先后顺序依次办理住宿手续，做到"办理一个、接待另一个、招呼下一个"，工作熟练、高效。

③ 将住房钥匙交给客人时，应双手呈递，同时清楚告知其所住客房的房号，并真诚祝福，如可说："李小姐（先生），这是您的房间钥匙，房号为 1102。请您拿好，祝您愉快。请慢走！"

④ 全神贯注，恭候宾客光临。答复宾客的问讯，应做到有问必答，百问不厌，口齿清楚，用语得当，言简意赅。

⑤ 客人对饭店进行的投诉，应耐心听取，及时报告。

2）收发邮件等代办服务礼仪。

① 应及时将信件、电报等邮件准确迅速地交给客人，递送时应微笑致意，敬语当先。

② 为客人代购各类机、船、车票，应做到准确无误，尽量帮助宾客解难，为宾客提供其所需的便利，提高宾客对饭店服务的满意度。

2. 餐厅服务礼仪

（1）认真准备

餐厅服务人员应对个人的卫生状况给予高度的重视，按照餐饮服务标准的规定要求为客人提供安全、卫生的用餐服务。

营业之前应将餐厅的地面、桌椅、布件、餐具等认真予以清洁和布置整理，使之达到清洁、美观、整齐、完备无缺的标准。

全体当班服务人员应在营业之前提前到岗，各就各位，仪态大方，面带微笑，精神抖擞，站立恭候来宾。

（2）迎客入座

宾客进入餐厅时，应主动上前表示欢迎，并问清预订情况与用餐人数，以便合理安排席位。引领入座时应充分考虑客人的用餐心理，做到有的放矢。

当宾客走近餐桌时，应协助其拉开座椅，帮其脱衣摘帽，使客人坐好、坐稳。待客入座后，应尽快送上茶水和香巾。

（3）恭请点菜

适时而恭敬地为宾客递上菜单，帮助客人了解菜肴信息，掌握客人的用餐禁忌和特殊要求，努力为宾客当好用餐参谋。

在宾客点菜的过程中，服务人员应始终全神贯注，认真倾听，仔细记录，必要时还应做耐心的解释与说明。

宾客点完菜后，应当立即向宾客确认菜单，核对无误后开单进厨。

（4）餐厅服务规范礼仪

征得客人同意之后，方可为客人斟酒。凡是客人点用的酒水，开瓶前，应将商标面向主人，请其辨认。斟酒时，应注意顺序：先主宾、再主人，而后按顺时针方向依次绕台斟酒。

取菜、送菜时应做到端平走稳，汤汁不洒、不滴；注意"菜盘放桌不往上推、撤菜直接端起不拉盘"。

上菜时，服务人员应双手将菜盘放在餐桌中央，同时报上菜名，然后请宾客品尝。撤菜前，应事先招呼，待宾客应允后再端走菜盘。上、撤餐具动作要轻，尽量不损坏餐具，也不得将汤汁洒在客人身上。

服务员在对客服务过程中，应把工作做得细致些，不可有半点马虎，力求达到"尽善尽美"。

（5）结账送客

用餐完毕，为客人呈上账单之前应仔细核查，如发现差错应及时处理。账单核实无误后，应将其放在收款夹里，送至宾客面前，以示敬意。

宾客起身时，服务人员应主动为客拉椅，方便其离席，并提醒客人不要遗忘随身携带的物品。

最后，应礼貌地将客人送至餐厅门口，同时送上祝福，欠身施礼，目送客人离去。

3. 客房服务礼仪

酒店客房部是酒店的一个重要的部门，其工作重点是管理酒店所有的客房，通过接待服务，加快客房周转。酒店客房服务水平的高低不仅是衡量酒店等级水平的标准，而且直接影响客房的销售和整个酒店的经济效益。客人在酒店的日常生活服务大部分是由客房服务员承担的。要提高客房服务的水平和质量，给宾客提供舒适、温馨、安全、安静、清洁的居所，客房服务员就必须要十分注意礼仪礼节。

（1）迎客的准备工作礼仪

准备工作是服务过程的第一个环节，它直接关系后面的几个环节和整个接待服务的质量，所以准备工作要做得充分、周密，并在客人进店之前完成。

1）了解客人情况。为了正确地进行准备工作，当班服务员要做到"七知"、"四了解"。"七知"：知道客人到店的时间，知道客人的国籍、身份、人数和团队的名称，知道客人的生活标准和收费办法，知道其接待单位。"四了解"：了解客人的意见和要求，了解客人的风俗习惯和生活特点，了解客人的活动日期，了解客人退房和离店的时间。做到"七知"、"四了解"，以便制订接待计划，安排接待服务工作。

2）房间的布置和设备的检查。根据客人的风俗习惯、生活特点和接待规格，对房间进行布置整理。根据需要，调整家具设备，为客人准备各种生活用品。对贵宾房还应按接待规格，准备相应的鲜花、水果及总经理名片等。

如果客人在风俗习惯或宗教信仰方面有特殊要求，凡属合理的均应予以满足。对客人宗教信仰方面忌讳的用品，要从房间撤出来，以示尊重。

房间布置好之后，要对房内的家具、电器、卫生设备进行检查，如有损坏，要及时报修。要试放洗脸盆、浴缸的冷热水，如发现水质混浊，须放水，直到水清为止。

3）迎客的准备。客人到达前要调好室温，如果客人是晚上到达，要拉上窗帘，开亮房灯，做好夜床。完成准备工作后，服务员应整理个人仪表，站在电梯口迎候。

（2）客人到店的迎接礼仪

1）梯口迎宾。客人由行李员引领来到楼层，服务员应面带笑容，热情招呼。如果事先得知客人的姓名，在招呼时应说"欢迎您!王先生"，然后引领客人到已为客人准备好的房间门口，侧身站立，行李员用钥匙打开房门，请客人先进。

2）介绍情况。客人初到酒店，不熟悉环境，不了解情况，行李员首先向客人介绍房内设备及使用方法，同时向客人介绍酒店服务设施和服务时间。

3）端茶送巾。客人进房后，针对接待对象按"三到"，即"客到、茶到、毛巾到"的要求进行服务。如客人喜欢饮冰水、用冷毛巾，也应按其习惯送上。

4）陪客人到餐厅。对初次来店的客人，第一次用膳时要主动陪送到餐厅并向餐厅负责人介绍客人的饮食特点及收费标准和办法等。

（3）住客的服务工作礼仪

为了使客人住得舒服、愉快，有"宾至如归"之感，日常的服务工作必须做到主动、热情、周到、细致。

1）整理房间。无论客人是否在房间，进入客房前都一定要先敲门、通报，这是酒店的规定，也是客房服务员必须养成的良好习惯。进门前先轻扣三下，自报家门"Housekeeping"（房务），如果没有人答应，稍等片刻再轻扣三下，并报"Housekeeping"。如再无回音，便可开门进房。若敲门后房间内有客人的问话声，应报明来意，得到客人同意后方可进入房间，并用温柔的语调对客人说："对不起，打扰您了。"

打扫时按照客人的接待规格、要求和酒店"住房清扫程序"进行整理。工作时，注意"三轻"，即走路轻、说话轻、操作轻。动作要敏捷、轻稳、讲究效率，尽量减少出入客人房间的次数。要养成"眼里有活"、"眼尖手快"的好习惯。

如果房门口的"请勿打扰"的灯亮着，尽量不要敲门打扰客人，更不得擅自闯入。如有事可通过电话方式联系客人。但如果在确定客人确实在房间的前提下，客人到下午还未开房间，打电话也没人接，房间内也无声音，客房服务员应立即报告上级。

2）委托代办和其他服务。要认真、细致、及时、准确地为客人办好委托代办的事项。

① 叫醒服务。客人提出叫醒要求时，一定要记录客人的姓名、房号、叫醒时间，并切记实施。如要求叫醒的时间在下一班，则交班时一定要特别强调，以免耽误客人。

② 洗衣服务。住客要求洗衣时，要做到"五清一主动"：房号要记清，要求要写清，口袋要掏清，件数要点清，衣料破损、污渍要看清，主动送客衣到房间。

3）要有安全意识。酒店首先应对客人的生命财产负责，确保客人的安全是客房部的一项极其重要的职责。如果因措施不力或工作疏忽，使客人的人身或财物受到损害，不仅酒店在经济上要受到损失，更严重的是酒店的声誉也要受到严重影响。因此，必须在每个服务环节上有安全措施。

具体应注意以下几点：

① 随时注意往来和进出客房的人员。尽量记住客人的姓名、特征等。对不熟悉的住客，一定要请其出示有效证件才能为其开门。

② 有关住客的姓名、身份、携带的物品等不得告诉他人，尤其对重要客人的房号和行踪更不能随意泄露，以防意外。

③ 未经客人同意，不得将访客引入客房内。

④ 客人不在或没有亲自打招呼、留下亲笔书面指示的情况下，即使是客人的亲属、朋友或熟人，也不能让其拿走客人的行李和物品。

⑤ 对出现在楼层的陌生人，必须走近询问，必要时打电话给保安部处理。

⑥ 当班期间，钥匙随身携带，保管好客房钥匙。

（4）离店结束工作礼仪

1）做好客人走前的准备工作。首先，要了解客人离店的日期、时间、所乘交通工具的车次、班次、航次；其次，仔细检查客人所有委托代办的项目是否已办妥，各种账单是否已结清，有无错漏；最后，要问客人还有什么需要帮助做的事情。如果有的事情在本部门不能完成，应与有关部门联系，共同协作，做好客人离店的准备工作。

2）定时的送别工作。检查客人有无物品遗留在房间，如有要提醒客人。客人离开楼层时，要热情地送到电梯口，有礼貌地说"再见"、"欢迎您再来"。要有服务员帮助客人提行李，并送至大厅。对老弱病残客人要有专人护送下楼，并搀扶其上汽车。

3）客人走后的检查工作。客人走后要迅速进入房间，检查有无客人遗忘的物品，如有应立即派人追送，如送不到应交总台登记保管，以便客人寻找时归还。同时，要检查房间小物品如烟灰缸或其他手工艺品有无丢失，电视机、收音机等设备有无损坏，如有应立即报告前台收银员，委婉地请客人退回或赔偿。

4. 酒吧服务礼仪

酒吧是旅游饭店为客人提供酒水饮料和供客人休息娱乐的场所，也是交际和私人聚会的场所。酒吧往往具有高雅、幽静的气氛，为了烘托酒吧的气氛，接待人员在为客人提供服务时，接待服务礼仪显得尤为重要，主要体现在酒吧服务员和调酒师的服务礼仪上。

（1）酒吧服务员接待服务礼仪

1）上岗前，做好仪表仪容的自我检查，做到仪表整洁、仪容端庄大方；上岗后坚持站立服务，精神饱满，思想集中，随时准备为客人服务。

2）客人到来时，必须先微笑后礼貌接待、亲切问候，为客人引路和请客人入座，殷勤地招待客人点酒。

3）恭敬地为客人递上清洁的酒水单，站于客人的右侧听候客人吩咐，认真听清、记录客人的各项具体要求，并适时、恰当地向客人推荐酒吧的特色酒水饮料，最后要向客人复述一遍。

4）上酒水、饮料及小食品时，均用托盘从客人的右侧上，以便客人使用，如不得已从左侧上时应向客人致歉。操作时轻拿轻放，手指不触及杯口，拿杯子时一般拿杯子的下半部和杯脚。

5）斟酒时，要按先宾后主、先长后少、先女后男的顺序进行，以示尊重和礼貌。当客人需用整瓶酒时，应先让客人看清酒瓶上的商标或进行相应的鉴定，经客人认可后再当面开盖斟倒。撤空杯、空罐、空瓶时需征得客人的同意方可进行。

6）在工作中，要注意站立的姿势和位置。不要将胳膊支撑在柜台上、背靠着柜台或与同事聊天；对于客人之间的谈话应主动回避，不能侧耳细听甚至随意插话；与客人交谈时要注意适当、适量，不能影响其他客人和本职工作。

7）不得当着客人的面使用为客人准备的茶杯或酒具，不得在前台或吧台内饮食、喝酒水饮料，更不可偷拿、偷吃客人的酒水饮料或小食品。

8）对已有醉意、情绪激动的客人，要注意礼貌服务，不可怠慢，要更加沉着、耐心，在任何情况下都以礼相待，如发生意外情况及时报告上级或有关部门妥善处理。

9）客人示意结账时，用小托盘递上账单，请客人查核款项有无出入。收找现金时，尽量当着除酒醉客人外的其他客人的面唱收唱付，避免发生纠纷或误会，但不要大声报账，要小声清晰地唱收。

10）客人在酒吧逗留时间较长，无意离去时，只要不超过营业时间，切不可催促客人结账，更不可因客人喝酒时间太长或消费不高而表现出不耐烦的言行。

11）客人离去时，热情礼貌送别，观察、提醒其是否有遗忘之物，帮助客人穿戴衣帽，欢迎其再次光临。

（2）调酒师接待服务礼仪

1）工作时着装整洁、仪容端庄，保持良好站姿，思想集中，客人来到吧台前，应主动微笑问候："先生（小姐），晚上好！"

2）在调制各种饮品时，要讲究操作举止的规范、雅观，尊重、留意客人的每一项要求并严格按照客人的要求去做。始终坚持站立服务，不背向客人，若需要取背后的物品，应侧身进行，以示对客人的尊重。

3）对常客、熟客要记住其兴趣、爱好，热忱提供他们所喜爱的饮品，但不能过分亲热而引起其他客人的不满，对每一位客人都要一视同仁、热情服务。

4）尽量与每一位客人都保持良好的沟通，能根据客人的不同需要为客人提供个性化的服务，满足不同客人的不同需求。

5）对于独自一人坐于吧台的客人，可适当地陪其谈话、聊天，但要选择好交谈的话题，尽量顺着客人的意思展开。客人之间的交谈，要主动回避。

6）工作空闲时不要将胳膊撑在柜台上、坐在吧台内、与同事聊天、阅读书报或欣赏音乐，不可使用为客人准备的酒杯或在吧台内饮食、喝酒水饮料。

7）营业中时刻保持吧台的干净和整洁，经常清洁整理工作台，时刻注意观察酒吧内客人的情况，随时准备为客人提供服务。

8）客人离去时，要热情道别，虚心听取客人的意见，并致谢意，欢迎其再次光临。

5. 康乐服务礼仪

（1）游泳池服务礼仪

1）服务员应仪表整洁，精神饱满，热情、大方，面带微笑地迎候客人的到来。

2）当客人到来时，礼貌地为客人递上更衣柜的钥匙和毛巾，把客人引领到更衣室，并提醒客人要妥善保管衣物。对带小孩的客人应提醒其注意照管好自己的小孩，根据具体情况，提供救生圈等服务。

3）注意进入游泳池区域的客人，要求其进游泳池前须先冲淋，并经过消毒浸脚池；对喝酒过量的客人或患有皮肤病的客人，则谢绝进入游泳池。

4）热情地为客人提供塑料软包装的饮料（不得使用玻璃瓶装饮料），以确保客人的安全。

5）加强巡视，各救生岗位做到不脱人，救生员应时刻注意水中的情况，特别关注老人和小孩，以免发生意外。

6）客人离开时，主动回收衣柜钥匙，同时根据具体情况向客人说明吹风机的使用方法，并礼貌地提醒客人衣物有否遗忘。

7）主动送客人到门口，向客人表示谢意，欢迎其再次光临。

（2）健身房服务礼仪

1）服务员应笑脸迎客，礼貌问候。

2）当客人到来时，应主动热情迎候，上前问好，发放更衣柜的钥匙，配合专业医师为客人进行体能初检，设计运动计划，建立健康档案。

3）热情主动地为客人介绍各种设备的性能和操作方法，如客人所选的项目已有他人占用，服务员应引导客人做其他相关项目的运动。

4）当客人要求服务人员进行指导时，应立即示范，热情讲解。

5）当客人在操作活动时，应时刻注意客人健身活动的动态，随时给予正确的指导，确保客人安全运动，严格执行健身房规定，礼貌地劝阻一切违反规定的行为。

6）客人健身完毕，要礼貌送客，热情道别。

（3）台球房服务礼仪

1）台球服务员应面带微笑，立直站好，热情招呼客人，并引导客人进入台球房。

2）柜台服务员应根据客人的需要登记、开单，并根据情况收取一定的押金。服务时应语言文明、礼貌热情、准确快捷。

3）台球服务员应根据服务台安排引导客人来到指定的球台，帮客人挑选球杆，并为球杆头上粉，根据客人选定的打法，将球按规定摆好，同时问客人是否需要手套，如客人需要应及时提供。

4）客人开始打球后，台球服务员应站在不影响客人打球的位置上，随时注意客人的其他需求。

5）客人活动时应配合进行计分，注意台球活动的情况，当客人需要杆架时，能及时、准确地服务。

6）热情地询问客人是否需要饮料，注意要将饮料放在茶几上，不能放在球台的台帮上。

7）客人结账后，应向客人致谢、道别，欢迎其再次光临。

（4）保龄球馆服务礼仪

1）客人来到时，要表示欢迎，并把干净完好的保龄球鞋礼貌地递给客人。

2）敬请客人选择适当重量的保龄球，把客人引领到已安排好的球道上，并送上记分单。对记分方法，如客人需要，服务员应做适当的讲解。

3）对于初次打保龄球的客人，服务员应主动讲解简单的保龄球知识和打法，以及保龄球的使用常识，以防初学者因不规范的操作而使球道、扫瓶板或机器有所损坏。服务员应随时注意客人的活动情况，提供合理、规范的服务。

4）热情地询问客人是否需要饮料，准确及时地做好服务供应工作，也可根据客人要求，按餐饮服务标准，提供送餐服务。

5）客人打球结束，服务员应提醒客人将公用鞋交回服务台，服务台应随即关闭机器，向客人致谢，欢迎其再次光临。

（5）歌舞厅服务礼仪

1）服务员应站立于所负责的区域，客人来时，要示以礼让的语言和动作"欢迎光临"，并以手示意。

2）客人进入后，服务员要热情地迎接，根据客人的衣着、装饰、语言、表情等外部形象初步分析，尽量安排适当的座位。谈恋爱的男女青年、情侣安排在僻静幽雅之处或包厢内，衣饰华丽的客人可安排在中央较显眼的位置，一群集体舞客则安排在适当之处，免得客人随意挪动座椅。

3）接待陌生的客人，态度更应热情、诚恳，使他们能很快消除陌生感。

4）当客人入座后，服务员应迅速为客人介绍饮料、茶和小食品，在服务中要做到热情、全面、细致和认真，要以诚待客，处处为客人着想。

5）随时注意客人的服务要求和动态，客人用的饮料罐及小吃碟应及时收走，并询问是否还需添加。如客人要点歌，迅速送上歌单。

6）客人离开时，全体服务员到门口欢送，礼貌地主动道别。

（6）美容院服务礼仪

1）门口的服务员负责礼貌迎宾，热情问候，并帮助客人接挂衣帽，将客人及时安排入座，了解客人的需要，递上服务项目表，让客人选择，以便客人了解所需项目的价格。

2）如已客满，应将客人引领到休息区域，送上茶水及当天的报纸或杂志，并向客人致歉："对不起，请稍等！"

3）严格地按照客人的要求为其提供优质的美容、美发服务，操作时要尊重客人自己的意愿，不要强加于人，以免引起客人的反感。

4）完成客人的服务项目后，应待客人起身，提醒客人带好物品，引客人到收款台结账。

5）送客时，为客人递取衣帽，热情礼貌地告别。

三、饭店业受理投诉礼仪

一家饭店或餐厅无论管理得多么严格、经营得怎么好，客人的投诉都是不可避免的。由于客人来自四面八方、不同国度，每位客人都有各自的生活方式和习惯，加上心情、年龄等因素，总会有使客人感到不满意或处理不当的地方，服务人员在服务工作中要使每一位客人每时每刻都感到愉快也是有难度的，但应随时准备接待投诉。

毋庸置疑，有相当一部分投诉是由服务人员在工作中的失误或服务态度不好所致。

1. 宾客投诉的原因

（1）主观原因

1）不尊重宾客。不尊重宾客是引起宾客投诉的主要原因。对宾客不尊重主要表现在以下几点。

① 对客人不主动、不热情。不主动称呼客人，或以"喂"代替称呼。在工作时间与同事聊天、忙私事、打私人电话等。当客人到来时，态度冷淡、爱理不理，或客人多次招呼也没有反应。有时接待外宾热情，接待中国人冷淡。

② 不注意语言修养，冲撞客人。

③ 挖苦、辱骂客人。对客人评头论足、挖苦客人。有时客人点菜选来选去最后选了低价菜，而服务员却挖苦，如用"早知道你是穷鬼"等粗话辱骂客人。

④ 不尊重客人的风俗习惯。例如，给不吃牛肉的泰国、印度客人用牛肉做的菜品；给伊斯兰教徒送猪肉做的包子；在海员吃饭时将菜盘中的鱼翻身；在法国客人生日时送黄菊花；在日本客人的餐桌上摆放荷花，等等。

⑤ 无根据地怀疑客人取走餐厅的物品，或误认为客人没付清账就离开等。

⑥ 在餐厅里大声喧哗、高声谈笑、打电话等，影响客人就餐。

2）工作不负责。

① 工作不主动。不及时更换餐具、烟灰缸，不及时续添酒水等。

② 忘记或记错了客人交办的事情，如将客人的菜单写错，或遗失客人的菜单，或上菜慢、上错菜、上漏菜、结账拖拉等。

③ 损坏客人的物品。服务人员上菜时不小心，菜汁或汤弄脏客人的文件、衣物等。

④ 清洁卫生马虎，食品、用具不洁。服务人员卫生习惯不好，工作服脏了不换洗，随地吐痰、丢烟头；边工作边吃东西、抽烟；食品不洁、菜品变质，或上桌的菜里有虫子、头发、杂物；服务人员送菜上台将手插入菜里、汤里，等等。

（2）客观原因

引起客人投诉的客观原因有多种，如设备损坏没有及时修好，餐厅中的桌椅不牢固摔倒客人，餐桌椅钉头暴露划伤客人或勾坏客人衣裤，收费不合理，在结账处发现应付的款项有出入，引起客人的误会，在餐厅遗失了物品，等等。

还有由于客人本人情绪不佳，或由于客人出言不逊而引起纠纷，或由于客人饮酒过量，不能冷静、正确地处理问题而引起投诉。

2.　处理投诉的要点与技巧

客人投诉的原因及目的各不相同。例如，一部分客人在遭遇不满后要求在物质上得到补偿以求得到平衡；而另一部分人更注重的是得到精神上的满足，他们渴望得到酒店的重视与尊重。在受理这一类顾客投诉的过程中，应特别注意维护对方的自尊心，每时每刻都让其感觉自己受到重视。总之，服务人员不管处理哪一类客人投诉，都应注意遵守以下三项基本原则。

（1）真心诚意地帮助客人解决问题的原则

客人投诉，说明饭店的管理及服务工作尚有漏洞，服务人员应理解顾客的心情，同情客人的处境，满怀诚意地帮助客人解决问题。服务人员只有遵守真心诚意地帮助客人解决问题的原则，才能赢得客人的好感，才能有助于问题的解决。

（2）绝不与客人争辩的原则

当客人怒气冲冲前来投诉时，首先，应该让客人把话讲完，然后对客人的遭遇应表示歉意，还应感谢客人对酒店的爱护。当客人情绪激动时，服务人员更应注意礼貌，绝不能与客人争辩。如果不给客人一个投诉的机会，与客人争强好胜，表面上看服务人员似乎得胜了，但实际上却输了。因为，当客人被证明错了时，他下次再也不会光临这家酒店。如果服务人员无法平息客人的怒气，应请管理人员来接待客人，解决问题。

（3）不损害酒店利益的原则

服务人员对客人的投诉进行解答时，必须注意合乎逻辑，不能推卸责任或随意贬低他人或其他部门。因为，采取这种做法，实际上会使服务人员处于一个相互矛盾的地位，一方面希望酒店的过失能得到客人的谅解，另一方面却在指责酒店的一个组成部分。

在处理客人投诉的过程中，应该注意掌握一些要点与技巧，这将更有利于问题的解决。无论在什么场合，不要匆匆忙忙做出许诺；不应该对客人投诉采取"大事化小，小事化了"的态度，应该用"这件事情发生在您身上，我感到十分抱歉"之类的语言来表示对投诉客人特殊的关心；在与客人交谈的过程中，注意用姓名称呼客人；可以把客人投诉的要点记录下来，这样，不但可以使客人讲话的速度放慢，缓和客人的情绪，还可以使其确信酒店对他反映的问题是重视的；要充分估计解决问题需要的时间，最好能告诉客人具体的时间，不含糊其辞。饭店的投诉多种多样，如果能够掌握技巧，善于应变，对圆满解决问题是十分有帮助的。

此外，在处理投诉的过程中还可能遇到一些特殊的情况。例如，有些客人爱争吵，无论酒店如何努力也不能使他们满意，对于这类客人应采取什么措施，酒店主管部门应做出明确的决定。另外，有些投诉的问题是没法解决的，如果饭店对客人投诉的问题无能为力，饭店应尽早对所存在的问题给予承认，通情达理的客人是会接受的。例如，某酒店重新装修工程，

敲打等噪声无法避免地给客人带来了不便，客人投诉量大增，酒店采取了大量的补偿措施，让客人明白酒店已经尽力了，多数客人都能够表示理解并给予合作。

总之，正确而有效地处理客人的投诉，是争取更多回头客的有效措施。

案例思考

一天，有 10 位客人来到餐厅就餐，他们点了菜之后边吃边谈，在这顿餐即将进入尾声的时候，客人点了主食，每人一碗豆面。在服务员将豆面送到每一位客人面前后，他们并未立即食用，而是继续交谈着。大约 10 分钟后，有的客人开始吃面，其中一位客人刚吃了一口，便放下筷子，面带不悦地对服务员说："这豆面怎么这么难吃，而且还粘到一起，不会是早做出来的吧？你知道吗？这顿饭对我来说是很重要的。"服务员连忙解释说："先生，我们对客人点的饭菜都是现点现做，一般的面条在做出几分钟后就会粘到一起，而豆面的黏性比其他面的黏性大。如果做出来不马上吃的话，必然会影响到面条的口味和口感。我们通知厨房再给每位客人做一碗面好吗？"客人说："不用了，再做一碗豆面也不能挽回我的损失。"此时恰逢餐厅经理走了过来，服务员当即向她汇报了情况。餐厅经理让领班为客人送上水果并对客人说："对不起，先生。由于我们未能及时向您及您的客人介绍豆面的特性，让您没有很圆满地结束用餐。您如果对于今天的服务感到不满意的话，我将代表饭店向您赔礼道歉。"客人说："服务态度没问题，不过我希望服务员在上菜时能给我们介绍一下。"于是客人结账离去。

经了解，这位客人是请生意伙伴在饭桌上谈生意的，因生意未谈成，所以心情不好，加之豆面的"不可口"，更增添了客人的不快。服务员在上"豆面"时，如果能够向客人介绍豆面黏性大的特性，并提醒客人要立即吃才会有好口味，那么客人的不快是应该而且能够避免的。

上述案例已经告诉我们该怎么做了，想一想：它能给我们日后的工作带来哪些警示作用呢？

实训练习

实训 1
[实训名称] 蹲姿。
[实训目的] 掌握各种正确的蹲姿。
[实训内容] 注意上半身挺直，直腰下蹲，直腰起立，不摇晃，重心稳。
[实训准备] 准备几首舒缓的轻音乐、音乐播放器材，着统一制服。
实训 2
[实训名称] 眼神、微笑。
[实训目的] 正确使用眼神，掌握真诚甜美的微笑。

[实训内容]分组两两相对互视，注意公务、社交和亲密的注视距离与部位。对镜练习微笑，嘴角上扬，调整角度，务求展现自己最完美的笑容并注意微笑与眼神的配合。

[实训准备]准备几首舒缓的轻音乐，各种眼神、微笑的影像资料，多媒体设备，着统一制服。

实训3

[实训名称]手势。

[实训目的]掌握各种常用的手势。

[实训内容]练习请进、里面请、请往前走、请坐、招呼他人、挥手道别、递接和展示物品等手势，相互纠正。

[实训准备]准备几首舒缓的轻音乐、音乐播放器材，着统一制服。

任务二　旅行社（导游）服务礼仪

【任务目标】

认识：1. 理解旅行社工作人员岗位礼仪。
　　　2. 掌握导游员基本服务礼仪规范。
　　　3. 了解景点、景区基本服务礼仪规范。
　　　4. 理解旅行社处理客人投诉的礼仪要求。

训练：1. 自己对着镜子，按照旅行社导游员的要求，训练20分钟的站姿。
　　　2. 对着镜子，分别训练自己的坐姿、走姿及微笑。

旅行社是旅游活动的组织者、安排者和联系者，在整个旅游活动中处于核心地位。要保证旅游活动的圆满成功，旅行社就必须在游览点、饭店、旅馆、交通运输和邮电通信等方面向游客提供规范的礼仪服务，保持良好的关系和无障碍的沟通。

一、旅行社工作人员岗位礼仪

1. 办公室接待礼仪

办公室是旅行社专门用于接待的组织机构，是体现管理水平和精神面貌的窗口。首先，应创造典雅、舒适、幽静的环境气氛，留给来访者良好的"第一印象"。有条件的办公室旁可附设接待室。接待室要注意空气清新，保持适宜的室温、相对的湿度。室内应配备必要的通信和音响设备与宣传资料、接待用品。

对前来造访者，应站起来，用礼貌语言，如"您好"、"请进"、"请坐"，并献上烟、茶水、饮料等表示欢迎。对熟悉的客人还可以适当寒暄，询问一些有关生活、工作等近况，融洽气氛。对初次来访的客人，要采取一定的接待技巧，弄清对方的单位、身份和来意。对涉及重大问题的接待，更要慎重验看对方证件。客人陈述问题要做必要的记录。对来访者的愿望和要求，合理的、能够答复的，要尽快给予明确答复；不合理的或不便马上答复的，应予以委婉推辞，或进行必要的推托。应请示或安排领导接见、解决的问题，要事先和主管领导研究，予以妥善安排。应热情送行，并表示欢迎再来。如果需要，分别时要留下今后相互联系的地址和电话。

电话接待是办公室接待的重要任务之一。电话铃响应立即接通，最好不要让铃声超过三声。拿起话筒要用礼貌、谦和的语气说："您好，这里是××旅行社。"注意不要问"你要去哪儿？"、"你找谁？"这类话，若这样与英美人打电话，对方很可能会觉得你不懂礼貌而挂上电话。讲话清晰、简练、准确、热情，讲话声音适中，忌矫揉造作。注意倾听对方讲话，既不要贸然打断，又不可沉默不语，要根据内容不断发出"是"、"对"或"嗯"的应和声。对重要的电话内容要认真做好记录，内容要周全、准确。涉及时间、地点、款项、人员等问题，一定要记牢。为防止失误，对重要内容予以复述核准，以免搞错。通话结束时，要待打电话一方先挂电话，然后再挂电话，挂电话前要说感谢或欢迎的话。此外，若受话当事人不在，可礼貌地说："对不起，×先生不在，有什么事我能代为转达吗？"若允许代转，就做好记录；若不需代转，可告知×先生大约什么时间在，请再打来电话。为了做好电话接待，接待人员还要特别注意记住熟悉的、常用的通讯电话号码。

2. 迎送接待礼仪规范

(1) 接客人

根据旅游者身份、国籍、性别、年龄等状况安排吃、住、活动日程、交通工具、兑换货币等事项。查明宾客到达时间，提前 15 分钟到达机场、车站或码头，选择醒目合适的地点等候。宾客到达后，应主动热情地迎上前去，寒暄问候，协助提拿包裹（一般帮提大行李，手提包则不必），办理入境手续。若与宾客不相识，则要事先写好迎客牌，工整地写上所接客人的单位、名字。宾客过来时，先行自我介绍，或递上名片，首先解决相互称呼问题。引导宾客乘车，把宾客行李安排好后，立刻打开车门，安排宾客上车。若乘轿车，注意安排尊贵的人坐在司机后排右位，接待人员坐在司机旁边。若乘面包车，则安排尊贵客人坐于司机后双人座上。车启动后，切忌沉默不语，可向来客介绍活动日程、当地民俗风情、旅游景点、物价等。到达目的地需协助宾客妥善安排住宿及就餐时间、地点等事宜。考虑宾客沿途劳顿，需要休息，接待人员不必久留，说好下次见面时间及有事联系的电话号码，即可离去。

(2) 送客人

根据客人离去的时间，安排购票、结算、赠送礼品、摄影留念、欢送宴会等事宜。赠送的礼品要注意携带方便，突出文化内涵和地方特色，具有保存价值。送站人员要尽量帮宾客将行李安顿好，分别时讲些欢迎再来的话，要目送客人飞机起飞或车船开动。

二、导游服务礼仪

1. 导游员的基本礼仪规范

导游员是旅游业最具代表性的工作者，是旅游服务接待工作的支柱力量。导游员是旅游从业人员中与旅游者接触最多、接触时间最长的人，他给旅游者留下的印象也最为深刻。在旅游者心目中，导游员往往是一个地区、一个民族乃至一个国家的形象代表，因此，导游员在不断提高个人综合业务技能的同时，自觉加强礼仪修养的意义非同一般。

（1）守时守信

遵守时间是导游员应遵循的最为重要的礼仪规范。由于旅游者参观游览活动都是有一定的行程安排并有较强的时间约束，因此为了确保团队活动的顺利进行，导游员必须尽早将每天的日程安排明白无误地告知每位游客，并且随时提醒。同时，应按照规定的时间提前到达集会地点，按约定的时间与客人会面。如有特殊情况，必须耐心地向客人解释，以取得谅解。此外，导游员还应该做到诚实守信，答应客人办理的事情，必须尽力帮助处理并及时告知客人处理的结果。

（2）尊重游客

导游员在带团过程中，应尊重旅游者的宗教信仰、风俗习惯，特别注意他们的宗教习惯和禁忌。对游客应一视同仁，不厚此薄彼，但对于旅游团中的长者、女士、幼童及残疾游客等特殊人员应给予更多的关照，做到体贴有加而非同情、怜悯。对重要客人的接待服务应把握好分寸，做到不卑不亢。对随团的其他工作人员（如领队或全陪）也应给予应有的尊重，遇事多沟通，多主动听取意见，以礼待人。

（3）互敬互谅

导游工作只是整体旅游接待工作的一个组成部分。如果没有其他相关人员，尤其是随团的汽车司机、旅游景点、购物商场及酒店等一系列为游客提供直接和间接服务的工作者的大力支持与通力合作，导游服务接待工作就无法圆满完成。为此，尊重每位旅游服务工作者，体谅他们的工作处境与困难，积极配合他们的工作，是做好导游服务工作的前提保障，也是导游员良好礼仪素养的又一体现。

2. 导游员在仪容方面的礼仪

在日常生活中养成讲卫生、爱清洁的习惯，这不仅是导游员个人文明的表现，也是导游员职业礼仪的基本要求。上岗时，导游员更应保持良好的仪容修饰。

1）头发应保持清洁和整齐。注意经常梳洗，不存有头屑，长短适宜，不梳怪异发型。头发被吹乱后，应及时梳理，但不可当众梳头，以免失礼。

2）牙齿应保持洁净。导游员要经常开口说话，洁白的牙齿给人以美感。故此，导游员应坚持早晚刷牙，饭后漱口。带团前忌吃葱、蒜、韭菜等易留异味的食物，必要时可用口香糖或茶叶来减少口腔异味。

3）为保持面容光泽，女士可施淡妆，但不要浓妆，不当众化妆或补妆。男士应修短鼻毛，不蓄胡须。

4）注意手部清洁。指甲应及时修剪，不留长指甲，指甲内不留脏东西，不涂抹有色指甲油。

3. 导游员在服饰穿戴方面的礼仪

在服饰穿戴方面，导游员除了遵循职业工作者的基本服饰礼仪规范要求外，还应该注意以下五个方面。

1）应按照旅行社或有关部门的相关规定统一着装。无明确规定者，则以选择朴素、整洁、大方且便于行动的服装为宜。带团时，导游员的服装穿着不可过于时尚、怪异或花哨，以免喧宾夺主，使游客产生不必要的反感。

2）无论男女，导游员的衣裤都应平整、挺括。特别要注意衣领、衣袖的干净；袜子应常换洗，不得带有异味。

3）男士不得穿无领汗衫、短裤和赤脚穿凉鞋参加外事接待活动。女士可赤脚穿凉鞋，但趾甲应修剪整齐。穿裙装时，注意袜口不可露在裙边之外。

4）进入室内，应摘下帽子，脱掉手套；在室内也不可戴墨镜，如有眼疾非戴不可，则应向他人说明原因。

5）带团时，一般除了代表本人婚姻状况的指环外，导游员的饰物佩戴不宜过多。

4. 导游员的基本仪态礼仪

合乎规范、优雅大方的工作仪态是导游员带团必须达到的礼仪要求。

（1）站姿

导游员的站姿应稳重、自然。站立时，身体直立，挺胸收腹，双肩后展，两臂自然下垂（除手持话筒外），两脚或同肩等宽，或呈"V"字形，身体重心可轮流置于左右两脚之上。手的位置有三种摆法：一为侧放式，即双手分别放置腿的两侧；二为前腹式，即双手相交于小腹前；三为后背式，即双手相握放置腰际处。无特殊情况，双手忌叉两腰，或插在衣裤袋中，或将双臂相绕置于胸前。

（2）坐姿

导游员坐姿的基本要求是端正、稳重。即便是在行进的汽车上，导游员也应注意保持规范的坐姿，双手可搭放在座位的扶手上，或交叉于腹部前，或左右手分放于左右腿之上。双腿自然弯曲，两膝相距，男士以一拳为宜；女士双膝应并拢，切忌分腿而坐。此外，无论男女，坐姿均不可前倾后仰，东倒西歪，不高跷二郎腿，不脚底示众，不随意抖动腿脚。

（3）步态

步态是导游员最主要是一种工作姿态，如前行引导、登山涉水，导游员无不靠行走来完成其导游工作。带团时，导游员的步态应从容、轻快，即上体挺直，抬头含颔，收腹挺胸，身体重心略向前倾；双肩放松，两臂前后自然摆动；步幅适中、均匀，步位平直。行进中，避免弓背、哈腰、斜肩，左右晃动，双手插袋，步伐滞重，更不得随意慌张奔跑。

5. 导游员在语言表达方面的礼仪

语言是导游服务的重要手段和工具，导游员的服务效果在很大程度上取决于其语言的表达能力。导游员驾驭语言的能力越强，信息传递的障碍就越小，旅游者满意的程度也就越高。可见，导游语言的表达事关导游员自身价值的实现。

就一般而言，导游员的语言表达应力求做到达意、流畅、得体、生动和灵活。这是导游讲解最基本也是最起码的要求。

（1）达意

语言的达意即要求导游员所传递的信息不仅应准确，而且要易被游客理解。达意的导游语言，一是发音正确、清楚；二是遣词造句准确、简洁；三是表达有序，条理清晰。切忌空洞无物、言过其实，更不该无中生有、胡编乱造。

（2）流畅

流畅即要求导游员的语言力求表达连贯，无特殊情况，一般言语中间不做较长时间的停顿，语速适中，快而不乱，慢而不滞。口语表达中过多的重复和停顿及不良的习惯无疑都会影响游客的倾听效果。

（3）得体

所谓得体，就是言语运用要妥当，有分寸。得体的导游语言必须符合导游员的角色身份，以做到真正体现对游客的尊重为前提。在带团过程中，应多用敬语和语言委婉、征询的句式与游客交流。此外，还应避免游客的言谈忌讳。

（4）生动

生动是导游语言最为突出的特点。导游员在讲解内容准确的前提下，应以生动、有趣且具感染力的语言活跃气氛，增添游客的游兴，以趣逗人。照本宣科、死板老套不可取，"黄色幽默"和低级趣味的笑话更应杜绝。

（5）灵活

灵活强调的是导游员的语言表达应做到因人、因地、因时而异，导游员在讲解时必须充分考虑游客的文化背景、认知水平、兴趣爱好及职业特点等异同，并据此有针对性地决定内容的取舍和表达方式的选择，以提高游客的接受和理解能力。

6. 导游员在日常的导游活动中应遵守的礼仪

1）带团时，导游员应于出发前 10 分钟到达集会地点；游客上车时，导游员应主动、恭敬地站立于车门口，欢迎每一位游客，并协助其上下车，待客人上齐后方可上车。

2）游客落座后及时清点人数。清点人数时，有条件者可使用计数器清点，也可用默数或标准点人头数法清点，即右手自然垂直向下，以弯曲手指来记数。忌用社旗来回比画，也不能用手拍打客人的肩背部位，更不得用单手手指对游客头部或脸部指指点点。

3）在车上进行沿途讲解时，导游员站姿要到位，表情自然，与游客保持良好的"视觉交流"，目光应关照全体在场者，以示一视同仁。手持话筒，音量适当，规范讲解。手势力求到位，动作不宜过多，幅度不宜过大。

4）到达目的地前，应提前将即将进行的活动安排、集会时间和地点等相关信息明白无误地向全体游客通告，并再次告知旅游车的车牌号码及司机姓名，以方便掉队者的寻找。

5）带团期间，导游员应随时提醒客人注意行路安全，凡遇难以行走或拐弯之处，应及早提醒客人多加注意，对年老体弱者更应及时提供必要的帮助。导游员的行走速度不宜过急过快，以免游客掉队或走失。

6）带客游览过程中，导游员应认真组织客人的活动，做到服务热情、主动、周到。导游员讲解应内容准确、表达流畅、条理清楚、语言生动、手法灵活。此外，还应注意给客人留有摄影时间。

7. 导游员在带团过程中应注意的问题

1）导游员应将表明自己工作身份的胸牌或胸卡，如导游证或领队证，按有关规定佩戴在上衣胸前指定的位置。

2）带团时，导游员应自觉携带旅行社社旗。行进中，左手持旗，举过头顶，保持正直，以便队尾的团友及时跟进。将社旗拖于地面或扛于肩头都是不合乎规范的做法。

3）手持话筒讲解时，话筒不应离嘴过近，也不要遮住口部。

4）团队离开活动场所之前，应及时提醒游客注意人身、财物安全，随身携带自己的贵重物品。

5）带团购物必须到旅游定点商店，客人下车前，要向客人讲清停留时间和有关购物的注意事项。

6）讲解时不得吸烟，进入室内公共场所，应将烟掐灭。

7）带团行走时，不应与他人勾肩搭背；候车、等人时，不宜蹲歇。

三、景点景区服务礼仪

1. 旅游景区景点管理规范

旅游景区景点是旅游业生存和发展的根基，基础好，根底深，旅游业发展必有大的希望。这包含两个方面的内容：一是景点本身如何，如自然山水的清秀、怪石奇事、历史古迹等；二是景点的服务水平如何，如想吃没得吃，想住没得住，觉得窝了一肚子的气，那也会影响景点本身的魅力。所以旅游景点管理的重点是提供全方位的服务和提高服务水平，维护景点的"清、新、古、朴"的特色。

具体包括以下方面：景区周边、景点周围，如广场、道路、停车场等要绿化、美化、净化，公用设施如座椅、垃圾桶等摆放有序，指示牌、宣传牌、护拦等清晰明示、清洁整齐，特别要规范对区内、点内的小商小贩的管理，做到定点销售，不出摊拉客，做好诚信经营，礼貌待客。

门票价格的确定要让大多数旅游者接受，门票价格一旦确定，景区景点内部应畅通无阻，提供全程服务，不能再设置上厕所收费而给游客带来不便。不能因内部的利益分配而影响游客的情绪，给旅游者带来不公或不方便。旅游景区景点内有多个旅游点或者游览项目的，可以分别设置单一门票，也可以设置价格低于单一门票价格总和的联票或者套票，一并向旅游者公示，由旅游者自主选择购买。禁止向旅游者强行出售联票或者套票。旅游景区景点票价的确定或者调整，应当按照价格管理规定报经有关部门批准。价格主管部门在确定或者调整景区景点价格时，应当征求旅游主管部门的意见。旅游景区景点价格上调的，对境内旅游团自批准上调价格之日起延迟 30 日执行，对境外旅游团延迟 90 日执行。城市公园、爱国主义教育基地等公益性旅游景区景点，应当按照国家和省、市规定，对老年人、残疾人、现役军人、教师、学生等特定对象实行免费或者优惠。对具有重要历史、科学、文化、艺术价值的旅游景区景点实行旅游者容量控制制度。

旅游景点管理还包括旅游景点的开发。开发既有原始意义上的开垦的意思，也有扩展开拓的意思。如果一个景点不为人所知，那么它再好也没有人去欣赏它。

2. 景区景点服务人员礼仪

旅游景区景点的各种服务设施应保证处于良好状态，给旅游者提供安全、舒适、优质的服务。旅游景区景点对不同岗位要设置不同的岗位素质要求和标准，经过培训持证上岗，在用工方面切忌地方保护，做到竞争上岗，且对各类人员加强日常考核，不合格者坚决轮换。

3. 景区景点导游服务礼仪

旅游景区景点的导游服务应能根据旅游者的不同需求提供相应的游览方案，供旅游者选择；应根据与旅游者的约定进行安排，不随意改变游览路线、减少解说景点或敷衍行事；不应以明示或暗示的方式向游客索要小费。

4. 景区景点餐饮服务礼仪

旅游景区景点的饭店应公开就餐标准，明码标价，不应降低餐饮标准或克扣旅游者；不应使用对环境造成污染的一次性餐具，餐饮服务卫生应符合《中华人民共和国卫生法》的规定，有预防食物中毒及食品污染的要求和措施，不应为客人提供违反国家有关规定的野生动植物，应能满足广大游客的就餐要求，并着重体现当地饮食文化和地方饮食特色。

5. 其他相关场所服务礼仪

旅游购物场所应管理有序，经营者佩戴胸卡，亮照经营，无尾追兜售和强买强卖现象。购物场所所售商品应质量合格，明码标价，无欺诈行为。

旅游景区景点应设有满足游客需要的厕所、垃圾箱和痰桶等卫生设施。旅游景区景点厕所应为水冲式；厕所内应保持清洁，通风良好，无污水垃圾；厕所门窗应有防蝇措施；还应配备洗手池、衣帽钩等设施。旅游景区景点垃圾箱、痰桶应及时清洗，保持卫生。旅游景区景点出入口、主要通道、危险地段、警示标志等应有照明设备，照明设施应保持完好。旅游景区景点应有畅通有效的广播通信服务网、报警点和报警电话，随时为游客免费提供急事、难事、险事求救服务。

四、受理游客投诉礼仪

1. 旅游投诉处理程序

（1）旅游投诉处理程序的概念

旅游投诉处理程序是指旅游投诉管理机关受理投诉案件后，调查核实案情，促进纠纷解决或做出处理决定所必须经过的程式和顺序。

（2）被投诉者的答复

旅游投诉机关做出受理决定后，应当及时通知被投诉者，被投诉者应在接到通知之日起30日内做出书面答复。旅游投诉管理机关应当对被投诉者的书面答复进行复查。

（3）调解

调解是指旅游投诉管理机关主持投诉双方通过和解决纠纷，达成协议的行为。旅游投诉管理机关处理投诉案件时，对于能够调解的，应当在查明事实、分清责任的基础上进行调解，促使投诉者与被投诉者互相谅解，达成协议。调解达成的协议，必须双方自愿，不得强迫。

（4）投诉处理决定

旅游投诉管理机关处理投诉案件时，应当以事实为根据，以法律为准绳。经调查核实，认为事实清楚、证据充分，可以分别做出如下几种决定：

1）属于投诉者自身的过错，可以决定撤销立案，通知投诉者并说明理由。对投诉者无理投诉、故意损害被投诉者权益的，可以责令投诉者向被投诉者赔礼道歉，或者依据有关法律、法规承担赔偿责任。

2）属于投诉者与被投诉者的共同过错，可以决定由双方各自承担相应的责任。双方各自承担责任的方式，可以由双方当事人自行协商确定，也可以由投诉管理机关决定。

3）属于被投诉者的过错，可以决定由被投诉者承担责任。可以责令被投诉者向投诉者赔礼道歉或赔偿损失及承担全部或部分调查处理投诉费用。

4）属于其他部门的过错，可以决定转送有关部门处理。

（5）《旅游投诉处理决定书》

《旅游投诉处理决定书》是指旅游投诉管理机关对投诉做出处理决定的书面文书。旅游投诉管理机关做出的处理决定应当用《旅游投诉处理决定书》在15日内通知投诉者和被投诉者。如果投诉者或被投诉者对处理决定或行政处罚决定通知书之日起15日内，向处理机关的上一级旅游投诉管理机关申请复议；对复议决定不服的，可以在接到决定之日起15日内，向人民法院起诉。逾期不受理申请复议，也不得向人民法院起诉。对于不履行处理决定和处罚决定的，由做出决定的投诉管理机关申请人民法院强制执行。

（6）行政处罚和其他处罚

旅游投诉管理机关做出投诉处理决定时，可以依据有关法律、法规、规章的规定，对损害投诉者权益的旅游经营者给予行政处罚；没有规定的，由旅游投诉管理机关根据投诉规定单独或者合并给予以下处罚：①警告；②没收非法收入；③罚款；④限期或停业整顿；⑤吊销旅游业务经营许可证及有关证件；⑥建议工商行政管理部门吊销其工商营业执照。

旅游投诉管理机关做出的行政处罚决定应当载入《旅游投诉处理决定书》。凡涉及对直接责任人给予行政处分的，由其所在单位根据有关规定处理。

2．处理旅游投诉的礼仪

旅游者提出投诉的原因是多种多样的，一般多为服务人员对客人不尊重、态度不好、工作不负责任、服务技能低、产品价格高、服务质量差、设施不配套、服务项目少、与他人纠纷等。其心理活动也是复杂多样的。一般地说，旅游者的投诉心理有三种情况：一是要求尊重，二是要求补偿，三是需求发泄。

投诉接待人员应了解旅游者的投诉心理，即使自己成为被投诉者，也应根据其投诉原因，积极配合有关部门合情、合理、合法地处理旅游者的投诉。

当投诉接待人员接到旅游者的口头投诉时，必须认真对待，正确处理。对于处理解决旅游者投诉问题，世界旅游业所采用的方法基本是一致的，其基本出发点是：平息顾客激动情绪，迅速解决顾客问题。

处理的具体步骤如下：

（1）主动与旅游者沟通

投诉接待人员在接到旅游者口头投诉后，应引起高度重视，迅速地与投诉者进行沟通。沟通时避免让旁人参与进来，以免造成更大范围的不良影响。

（2）认真倾听

在与旅游者沟通时，投诉接待人员要耐心倾听投诉者的陈述。

对于宾客所投诉的问题要准确地了解，投诉接待人员必须认真听取宾客的叙述，要注视客人，不时地点头示意，让客人明白"旅行社在认真听取我的意见"，而且听取客人意见的代表要不时附和，如"我理解，我明白，一定认真处理这件事情"。即使投诉者言语过激，或没有正当理由，也不要立即辩解或马上否定，更不得与投诉者发生争吵，应让投诉者满足发泄"怨气"的心理需求。为了使客人能逐渐消气息怒，投诉的接待人或主管应以自己的语言重复客人的投诉或抱怨，若遇上认真严肃的投诉客人，在听取客人意见时，还应做一些记录，以示对客人的尊重及对所反映问题的重视，同时也给旅行社解决投诉提供依据。

（3）态度诚恳，同情致歉

首先要让客人理解，旅行社非常关心并诚心了解哪些服务不能令他满意。如果客人在谈问题时表现得十分认真和生气，作为投诉接待人，就要不时地表示对客人的同情，如"我们非常遗憾，非常抱歉听到此事，我们理解你现在的心情……"

（4）核查、分析投诉的原因

在认真倾听投诉者的陈述后，投诉接待人员应迅速做出判断，或向旅行社及有关旅游部门汇报，认真地调查，客观地分析投诉原因是否属实，若情况属实，则须分析投诉的性质。若因个别旅游者的不合理要求得不到满足而提出投诉，投诉接待人员在了解情况后应认真向其解释，并委婉地指出其要求的不合理性。

（5）认真处理，积极弥补

在核实旅游者投诉的内容后，投诉接待人员首先应向其表示歉意。设法与有关部门商定弥补方案，或对服务缺陷进行弥补，或对服务内容进行替换，或进行经济赔偿，补偿损失一定不要拖延时间。时间和效率就是对宾客的最大尊重，也是宾客的最大需求，力求挽回影响，最大程度地消除旅游者的顾虑和不快。

（6）做好说服、调解工作

若投诉者坚持向旅游管理机关投诉，投诉接待人员应努力做好调解工作，尽可能地说服旅游者与有关单位自行和解，以免事态扩大。当然，如果调解不成，投诉接待人员还应帮助其向旅游管理机构投诉，并协助对投诉的调查核实，实事求是地提供证据。

（7）继续做好服务工作

妥善处理投诉后，投诉接待人员应向旅游者表示谢意，感谢他们对旅行社和投诉接待人员的信任；若能圆满解决投诉问题，应感谢他们的谅解和合作，继续向他们提供热情服务。

必须注意的是：即使个别旅游者的投诉属无理的，或投诉涉及投诉接待人员本身，作为投诉接待人员也都不应冷落他们，而应继续为他们提供各类服务；如果所投诉的是其他服务部门，投诉接待人员切不可以与己无关为由，一推了之或与旅游者一起埋怨，而应认真处理，努力维护双方的利益。

投诉客人的最终满意程度，主要取决于企业对他公开抱怨后的特殊关怀和关心程度。另外，旅游企业所有的管理人员和服务员也应相信：旅游者包括那些投诉的宾客都是有感情的，也是通情达理的；对旅游企业的广泛赞誉及其社会名气来自企业本身的诚信和准确、细致、到位的服务。

案例思考

2012 年北京某旅行社组织的一个旅游团，原计划乘 8 月 30 日 1301 航班于 14:05 离京飞广州，9 月 1 日早晨离广州飞香港。订票员订票时该航班已经满员，便改订了 3105 航班（12:05起飞），并在订票通知单上注明：注意航班变化，12:05 起飞。由于计调疏忽，只通知了行李员航班变化时间而没有通知导游，也没有更改接待计划。8 月 30 日上午 9 时，行李员发现导游留言条上的时间和任务单上的时间不符，经过提醒也没有引起导游的注意。导游也没有认真检查团队机票上的起飞时间，结果造成误机的重大责任事故。

此案例中导游员没有核对团队机票上的起飞时间，又没有重视行李员的提醒，对误机事故负有一定的责任。当然，导游员不应负全责，计调部门也有过错，也应负相应的责任。《中华人民共和国民法通则》第 130 条规定，两人以上共同侵权造成他人损害的，应当承担连带责任。按照我国旅游法律、法规，旅行社在支付了因导游的行为造成的游客损失赔偿之后，有权在内部向有过错的导游进行追偿。

上述案例给我们带来了哪些启示？

任务三　航空乘务服务礼仪

【任务目标】

认识: 1. 掌握空中乘务及机场地面服务的礼仪与技巧。
　　　2. 认识服务必须具有规范性和亲和力。
　　　3. 了解各岗位的工作程序。
训练: 1. 平时注意培养自己的服务意识。
　　　2. 加强对服务岗位的工作性质的理性认识。

航空乘务礼仪是一种行为规范,是指航空服务人员在飞机上及机场的服务工作中应遵守的行为规范。学习航空礼仪的意义在于:有助于提高空乘人员的个人素质;有助于对旅客的尊重;有助于提高航空公司的服务质量和服务水平;有助于塑造航空公司的整体形象;有助于提高企业的经济效益和社会效益。

一、机场（地勤）服务人员岗位礼仪

1. 800（电话订座）服务人员礼仪

800（电话订座）的服务人员应该意识到自己对民航旅客的服务是整个航空服务中的起点,而这一服务环节的好坏,将会影响下一个服务环节工作质量的高低。800（电话订座）服务人员还是服务质量的窗口、公司形象的化身。800（电话订座）的服务方式是指与民航旅客在电话中进行沟通。在这里,我们讲一讲电话中要注意的礼仪及技巧。

（1）服务意识

1）始终维护品牌形象。

2）服务态度始终如一。

3）展现专业性。

4）给予用户问题可以妥善解决的信念。

5）向用户传达的信息要明确。

（2）电话规范

1）电话铃响三声内必须接起。

2）坐姿规范,保持微笑,通过电话展现热情和自信。

3）认真聆听用户话语,不随便打断用户的话。

4）语速、音量和声调平稳适中,吐字清晰。

5）尽量选择积极主动的用语。

6）严禁在通话时吃口香糖、喝水。

7）通话结束严禁比用户先挂电话。

8）接听电话时严禁其他干扰。

2. 售票处服务人员礼仪与技巧

（1）主动热情

一旦旅客进入售票处服务人员的视线，就应该立即微笑相迎，同时主动招呼旅客。应牢记"接一顾二招呼三"，也就是如果同时有几批旅客走进售票处，那么服务人员先接待一位，同时要请其他旅客稍等，另外要向刚走进来的旅客微笑致意，不能让进来的每一个人受到冷落。

（2）操作规范

服务人员按照有关规定出票，一是避免出错票，给旅客造成不必要的损失，同时也影响本公司对外的声誉。二是按规定程序服务让旅客觉得我们的服务人员业务熟练、训练有素，同样对公司的形象有帮助。

（3）认真细致

服务人员一定要认真细致地检查旅客购票的证件及本人身份证，确定无误之后才能出票。在索要相关证件时，一定要用一般疑问句和旅客对话，如"先生，我能看一下您的身份证吗？"等，不能用祈使句与之对话，如"请出示您的身份证"。这种对话方式会让旅客觉得服务人员在命令他，心里会觉得不舒服。

（4）注意复述

售票处的服务人员在出票之前，一定要注意复述旅客的要求，得到旅客准确的答复之后才能出票。在复述之前，要注意说话的方式，如"张先生，我现在把您的要求再重复一遍，请您听一下，看看有没有什么问题，好吗？"，再说："张先生，您想购买的机票……对吗？"

（5）再次表达服务意愿

售票处服务人员出票之后便将出好的票双手呈上，并同时说："张先生，这是您要的票，请您再次核对一下。"完成交易后，还要再次表达服务意愿，如"很高兴为您服务，欢迎您下次光临"。

3. 值机处服务礼仪与技巧

值机处的旅客问题较多，而且要求多，这就要求值机处的服务人员必须要有很强的耐心，并真诚细致地对旅客进行服务。

（1）值机柜台常用礼貌用语

1）您好！

2）请出示您的机票和身份证件好吗？

3）请问您有托运行李吗？

4）请将您的交运行李放在秤上。

5）对不起，您的行李超重了，请交逾重行李费，谢谢。

6）请收好（清点）您的机票、登机牌及行李牌。

7）请您进隔离厅，机场休息室休息。

8）再见，祝您旅途愉快！

（2）针对性的服务

1）针对行李不符合民航规定或超重的旅客。首先要告之不合规定，在旅客提出质疑的时候，应该先说声"抱歉"，然后耐心并简明扼要地解释机场和航空公司做出此规定的原因，让旅客心服口服地按规定将行李进行交运或补交相应的款项。当旅客按规定做出相应的行为时，我们应该对他们说"谢谢您的配合"。切不可对他们不耐烦，甚至说"不可理喻"等话语。

2）针对排错队的旅客。看到排错队的旅客，服务人员应该对其热诚地说："现在是办理去××的登机手续，您可以在旁边稍微休息一下，好吗？"不可以对其生硬地说两个字"××"，让旅客难堪。

3）针对问题特别多的旅客。有些旅客在办理手续的过程中，问题特别多，那么值机处的服务人员对自己知道的问题应该清楚准确地回答，不可用"大概"、"也许"、"可能"等模棱两可的字眼，以免让旅客有一种"问了也白问"的感觉。而对于自己不知道或者拿不准的问题，不能生硬地说"不知道"，而要换一种方式进行回答，如"对不起，这个问题您可以去问××部门好吗？他们更清楚一些"。

4. 候机室服务礼仪与技巧

候机室的服务在整个民航旅客服务过程中，是地面服务的最后一道程序。从服务难度上看，在航班正常时，候机室的服务比较容易；但当航班不正常时，候机室的服务却是整个民航旅客服务过程中最难的服务。因此，我们主要讲航班不正常时候机室的服务礼仪与技巧。

（1）出发航班延误和取消的服务

当出发航班延误和取消时，等候多时的旅客肯定有各种各样的反应，这时应急的事情多，旅客的需要多，此时服务人员的一举一动、一言一行都会对旅客的心理产生一定的影响，旅客与服务人员容易产生矛盾。因此，要求候机室的服务人员必须针对旅客的需要，运用自己的服务技巧来做好航班不正常时的服务工作。特别是看到旅客激动和发怒的时候，我们一定要设身处地地为旅客着想，在旅客中来回走动，回答旅客的问题，并及时地给旅客解释航班延误的原因，耐心地安抚旅客，让旅客理性地等待结果。

当出发航班延误或取消时，根据心理学原理，所有的旅客都会产生时间错觉和新的需要，因为当人在等待时会觉得时间过得很慢，所以这时作为服务人员就应该采取灵活的服务技巧，分散旅客的注意力。例如，在候机室放一些故事情节比较惊险的故事片等，然后再用广播通知旅客航班延误或取消的消息及原因。

在航班不正常时，各位旅客因为共同利益的驱使会形成一个群体，这时就会有个别情绪特别激动的旅客会代表其他旅客"挺身而出"。这时为了避免矛盾激化，我们除了温和地做好解释工作以外，还应该采取各种灵活的方法，让他和其他的旅客进行隔离，一方面是为了让他冷静下来，缓和一下情绪；另一方面是不让他影响其他旅客，以免形成群体力量。

另外，当我们服务人员看到某些旅客情绪特别激动，甚至出现过激行为时，不要逃避，这时我们可以非常客气地请他坐下来再谈，发泄的旅客一旦坐下来，就会不自觉地变得平静许多；我们还可以及时送上一杯茶水或饮料，大家可以想象，当旅客接过茶水时，说话的时候还会有太多的肢体语言吗？

（2）到达航班延误时的服务

延误的航班虽然到达机场了，但是由于旅客不良情绪的持续，有可能依然会有一些抱怨的旅客，这时我们不能因为不是我们的责任而置之不理，依然要耐心地向旅客道歉和给予安抚。

由于航班的延误，很多旅客下了飞机之后都行动匆忙，这样就很容易造成一些差错，这时就要求我们服务人员格外仔细小心，避免旅客再次不满意。

作为服务人员，心里也极不愿意航班出现延误，但是一旦出现到达航班不正常的现象，我们不仅要克服自己因为加班而产生的厌烦的情绪，还要积极、细致耐心地满足旅客的各种需要，并做好迎接照应旅客、及时引领需要领取行李的旅客去行李处等工作。

对联程中转旅客和过站旅客的服务要更加细心，千万不能出差错。对于联程旅客，要迅速办理转乘手续；对于过站的旅客，要更加小心注意其动向，不能因为旅客上、下飞机而走失，从而造成航班的延误或延长航班延误的时间。

二、乘务员服务礼仪与技巧

1. 飞机起飞前

1）着装整齐，仪表端庄，面带微笑，礼貌问候。各岗位乘务员立于规定位置，面对旅客登机方向站立。

2）态度亲切，主动引导旅客入座，并协助安放行李物品。

3）态度和蔼，主动热情地帮助老、弱、病、残、幼旅客入座。

2. 飞机起飞滑行时

1）介绍机上救生设备时，乘务员左手拿氧气面罩，右手拿救生衣。指示紧急出口时要眼、手都示意，而且在用手示意时五指并拢、掌心朝上。

2）进行安全检查时，应该语调轻柔地提示还没做好的旅客，同时动作柔和地给其协助。

3）服务员在致广播欢迎词的时候，语调要亲切、音量适中，发音准确、清晰流畅。

4）所有的乘客按规定就座后，乘务员各就各位系好安全带，必须坐在规定位置上。

3. 飞机起飞后

1）起飞后，分发书报杂志、小吃、饮料等物品，在分发物品时应注意递接物品的礼仪，同时还应注意倒茶水的相关礼仪。

2）咨询乘客喝什么时，应使用选择性的问句，如"请问您是喝矿泉水、咖啡还是果汁？"。

3）在飞机上来回巡视，并用托盘及时回收饮料杯罐等垃圾，同时观察乘客有无异样，如有发现，及时主动地问候"请问我能为您做点什么？"。

4）飞机下降前进行广播，提醒乘客系好安全带。

4. 飞机落地后

1）播欢送词，语调亲切、速度适中，飞机未停稳之前，劝阻旅客不要起立或打开行李箱，禁止点名指责站起的旅客。

2）岗位乘务员交还为旅客保管的限制性物品，在送与旅客的同时还应配上语言，如"先生，这是您的东西，请拿好"。

3）欢送旅客时，应做到礼貌道别，扶老携幼，协助 VIP 和特殊旅客下机，同时要检查各舱有无旅客遗失物品。

4）国内过境站，通知旅客携带贵重物品，下机领取过站登机牌。停站期间，机上应有乘务员值班，注意保管旅客的行李物品。

5）国际过境站，按当地有关规定通知旅客下机办理出（入）境手续。乘务员应用中英文（地方话）反复广播，以避免因过站时间太长而影响航班正常。

三、受理旅客投诉礼仪

1. 正确对待投诉旅客的重要性

（1）绝大部分的顾客是不会来投诉的

大多数旅客在接受服务的过程中不满意时不会选择投诉，因为选择投诉需要花大量的时间和精力，而且大多数不满意的旅客还会担心提出问题会不会得到解决，所以他们总是会安慰自己："算了，大不了下次我不到他们这里消费就行了。"

（2）抱怨即信赖

当旅客不满意时提出异议，他是想能够得到解决，而且他认为服务人员（公司）是能够解决问题，并能够在日后改进问题的。

（3）将顾客投诉视为建立忠诚的契机

据有关调查表明：提出抱怨的旅客比不提出抱怨的顾客，消费意愿高了一倍；迅速处理不满的公司比不善于处理不满的公司，旅客重复消费的意愿也大为提高。所以，只要我们能正确对待这些投诉旅客的问题，并及时地处理问题，这些投诉的旅客大多数就都会成为我们忠实的客户。

2. 投诉旅客的一般心理

（1）求尊重的心理

旅客要求尊重的心理即每个人都有自尊心，都有维护自己利益的本能，当旅客在接受服务的过程中不满意并提出异议时，他需要服务人员尊重他、重视他的问题。

（2）求发泄的心理

当旅客受了委屈或者不满意，会觉得心情很糟糕，当坏情绪积累到一定的程度就会被发泄出来，有些旅客当时就会发泄出来，而发泄对象就是我们服务人员。

（3）求补偿的心理

当旅客受了损失之后，他肯定会希望得到补偿，这样才能保持自己的心理平衡。

3．有效处理投诉的原则

（1）树立旅客永远是对的观念

就算真理掌握在我们手里，我们服务人员也绝不能和旅客争执，因为这种争执是毫无意义的，不要指望旅客会对我们心悦诚服。

（2）牢记自己代表公司形象

虽然我们只是公司的一名员工，但是客户却认为我们代表了公司。如果服务人员激怒了旅客，他们会因此而迁怒于你的公司，从此不再光顾，那么我们也从此少了一名忠实客户。

（3）克服自己，避免感情用事

从心理学上讲，情绪具有传染性。服务人员在与投诉的旅客接触的过程中就很容易受他们的感染，但是如果服务人员也发怒，那么就无法冷静地处理问题，结果是可想而知的。实际上虽然看到客户似乎在对服务员发火，但服务人员仅仅是他们发泄的对象而已。

（4）有诚意

也许服务人员并不一定能帮旅客解决问题，但是服务人员的聆听、尊重和理解会让旅客感到受重视。

（5）迅速

不要口头上说立即为旅客解决问题，身体却一动不动。行动比语言更有说服力，尽早地了解旅客的愿望，尽可能地按照旅客的愿望进行处理，这是解决旅客不满的最完美的方法。

4．有效处理投诉的步骤

（1）让旅客发泄

不先了解旅客的感觉就试图解决问题是难以奏效的，只有在旅客发泄完后，他们才会听服务人员要说的话，让旅客发泄时一定要注意闭口不言，同时还要仔细聆听，这样才能解决冲突。在听旅客发泄的时候一定要注意不能讲这些句子："你可能不明白……"，"你肯定弄错了……"，"这是不可能的……"，"你应该……"，"你别激动……"，"你不要叫，冷静一下……"。如果用以上句子，只能火上浇油，让旅客更加激动。

（2）充分道歉

1）真诚地说声对不起。当服务人员看到旅客发泄时，可能最先想到的是弄清是谁的责任，而不是先真诚地道歉。其实，当服务人员面对心情不安的旅客时，一句道歉就可能平息他心中的怒火。道歉并不是主动承认错误，而是可以让旅客知道我们很在意给他带来的麻烦，并且想尽快改正。

2）让旅客知道我们已了解了他的问题。等旅客发泄完后，服务人员要重复旅客遇到的问题；如果条件允许，可以拿出纸和笔，边问边写。

（3）收集信息

服务人员要通过提问的方式来收集足够的信息，以便帮助对方解决问题。因为旅客有时因为情绪过于激动而省略了一些重要的信息，他们认为这不重要，或恰恰忘了告诉服务人员。服务人员可以提一些了解身份的问题、描述性的问题、澄清性的问题、有答案可选的问题等来更详细地了解旅客所遇到的问题。同时在提问之后，一定要认真听旅客的回答，避免自己下结论。

（4）给出一个解决的方案

明确了旅客的问题之后就要想法解决问题，采用一个双方均可接受的解决方案。处理问题时千万不能一厢情愿，不然有可能会"好心办坏事"，不能让旅客舒畅地接受解决方案。如果问题是服务人员自己造成的，那么服务人员可以运用补偿性关照。

（5）如果旅客仍不满意，征求他的意见

在解决问题的时候，服务人员可以先提一些建设性的意见，如果旅客仍不满意，应该征求他的意见，如"您希望我们怎么做呢？"。如果服务人员有权处理，就应尽快解决；如果解决方法在服务人员的权限范围之外，则应赶紧联系有权力处理这件事情的人。

（6）跟踪服务

问题解决后，通过电话、电子邮件或信函等方式，向旅客了解解决方案是否有用，是否还有其他问题，如果服务人员与旅客联系后发现他（她）对解决方案不满意，则要继续寻求一个更可行的解决方案。在跟踪服务过程中，服务人员可以强调对旅客的诚意，从而打动旅客，也能够增加旅客的忠诚度。

案例思考

销售公关部接到一支日本团队住宿的预订，在确定了客房类型都安排在 10 楼后，销售公关部开具了"来客委托书"，交给了总台石小姐。由于石小姐工作疏忽，错输了信息，而且与此同时，又接到一位中国台湾石姓客人的来电预订。因为双方都姓石，石先生又是酒店的常客，与石小姐相识，石小姐便把 10 楼 1015 客房许诺订给了这位中国台湾客人。当发现客房被重复预订之后，总台的石小姐受到了严厉的处分。不仅因为她工作出现了差错，而且违反了客人预订只提供客房类型、楼层，不得提供具体的房号的店规。这样一来，酒店处于潜在的被动地位。

如何回避可能出现的矛盾呢？酒店总经理找来了销售公关部和客房部的两位经理，商量了几种应变方案。中国台湾石先生如期来到酒店，当得知因为有日本客人来才使自己不能如愿时，表现出了极大的不满。换间客房是坚决不同意的，无论总台怎么解释和赔礼，这位中国台湾客人仍指责酒店背信弃义。销售公关部经理向石先生再三致歉，并道出了事情经过的原委和对总台失职的石小姐的处罚，还转告了酒店总经理的态度，一定要使石先生这样的酒店常客最终满意。这位中国台湾石先生每次到这座城市，都下榻这家酒店，而且特别偏爱住 10 楼。据他说，他的石姓与 10 楼谐音相同，有一种住在自己家里的心理满足；更因为他对 10 楼的客房的陈设、布置、色调、家具都有特别的亲切感，会唤起他对逝去的岁月中一段美好而温馨往事的回忆。因此他对 10 楼情有独钟。销售公关部经理想：石先生既然没有提出换一家酒店住宿，表明对我们酒店仍抱有好感，但住 10 楼比较困难，因为要涉及另一批客人，会产生新的矛盾，只有求得石先生的谅解了。"看在酒店和石小姐的面子上，同意换楼层。但房型和陈设、布置各方面要与 1015 客房一样。"石先生做出了让步。"14 楼有一间客房与 1015 客房完全一样。"销售公关部经理说，"事先已为先生准备好了。""14 楼，我一向不住 14 楼的。西方人忌 13 楼，我不忌，但我忌讳的就是 14，什么叫 14，不等于是'石死'吗？让我死，多么不吉利。"石先生脸上多云转阴。"那么先生住 8 楼该不会有所禁忌了吧？"销售公关部经理问道。"您刚才不是说只有 14 楼有同样的客房吗？"石先生疑惑地问。"8 楼有相同的客房，但其中的布置、家具可能不尽如石先生之意。您来之前我们已经了解您酷爱保龄球，现在我陪先生玩上一会儿，在这段时间里，酒店会以最快的速度将您所满意的家具换到 8 楼客房。"销售公关经理说。"不胜感激，我同意。"石先生惊喜。销售公关部经理拿出对讲机，通知有关部门："请传达总经理指令，以最快速度将 1402 房间的可移动设施全部搬入 806 客房。"

酒店的这一举措，弥补了工作中的失误，赢得了石先生的心。为了换回酒店的信誉，同时也为了使"上帝"真正满意，酒店做出了超值的服务。此事被传为佳话，声名远播。

上述案例是由工作失误而致，你从中悟到了什么？

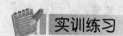

实训练习

实训 1

[实训名称] 综合运用肢体语言引领客人。

[实训目的] 综合运用眼神、微笑及各种手势、站姿、走姿引领客人。

[实训内容] 设计几条线路，分组训练，当一人引领时，其余人作为客人，注意各种姿势与表情、动作的自然运用，师生共同进行评价，选出最佳引领人员。

[实训准备] 按规定着装，找好有楼梯、拐弯和门的路线。

实训 2

[实训名称] 如何避免与处理客人的投诉？

[实训目的] 通过模拟实训练习，掌握相关的服务礼仪和服务技巧，正确对待客人的投诉。

[实训内容] 仔细阅读下列案例，分析案例中的旅客为什么会集体投诉，拒绝下飞机？案例中哪些地方服务人员做得不好？如果你是服务人员之一，你会怎么做？

春节期间，不少市民纷纷外出旅行，但去某地旅行的 100 多名旅客却在某机场遭到冷遇，返回广州的飞机延误了 20 余小时，在待机时，机场及航空公司分公司的服务更令乘客不满。

到达广州后，近百名乘客拒绝下飞机。据参加旅行的叶小姐介绍，八天的旅行本是很开心的假期。2月4日下午，大家兴致勃勃地准备登机回广州过元宵节，这时却被告知航班延误。叶小姐称，飞机原定4日15:30起飞，搭乘该航班的旅客早早到机场等候，谁知，上机的时间一再推迟，从15:30改为18:00，又改为19:40，最后旅客被告知航班取消。乘客要求当地机场和负责人给予合理的解释，但一直到20:30，才有一个自称是分公司的工作人员与旅客联系，并表示尽快答复，但却没了下文。最后，在导游小姐的帮助下，旅客与分公司的另一工作人员谷小姐联系上。旅客得到的答复是，因机械故障航班取消，公司将安排待机旅客的食宿，并于5日上午安排飞机。据叶小姐称，在旅客与航空公司交涉期间，机场服务员态度恶劣，并在 -12℃的情况下，几次打开大门，呼啸的寒风让旅客冻得瑟瑟发抖。有些乘客要求提供热水却遭到服务人员的白眼。旅客张先生拍摄的录像显示，咨询台前空无一人。有几位旅客因长时间坐在冰冷的凳子上，又处海拔3000米的高度，发生高原反应，需送院治疗。

　　[实训准备] 给学生分组，分别模拟各个岗位的工作人员及旅客，然后进行角色互换。

知识链接

国内及国际各航空公司名称及标志如表3-1所示。

表3-1　国内及国际各航空公司名称及标志

公司标志	两字代码	中文名称	英文名称
	CZ	中国南方航空股份有限公司	China Southern Airlines
	CA	中国国际航空股份有限公司	Air China
	MU	中国东方航空股份有限公司	China Eastern Airlines
	MF	厦门航空有限公司	Xiamen Airlines
	3U	四川航空股份有限公司	Sichuan Airlines
	FM	上海航空公司	Shanghai Airlines

公司标志	两字代码	中文名称	英文名称
	HU	海南航空股份有限公司	Hainan Airlines
	ZH	深圳航空有限责任公司	Shenzhen Airlines
	SC	山东航空股份有限公司	Shandong Airlines
	KA	港龙航空有限公司	Hong Kong Dragon Airlines
	NX	澳门航空公司	Air Macau
	AF	法国航空公司	Air France
	BA	英国航空公司	British Airways
	AC	加拿大航空公司	Air Canada
	JL	日本航空公司	Japan Airlines
	KE	大韩航空公司	Korean Air
	KL	荷兰皇家航空公司	KLM Royal Dutch Airlines
	LH	德国汉莎航空股份公司	Lufthansa German Airlines
	NW	美国西北航空公司	Northwest Airlines
	OZ	韩亚航空公司	Asiana Airline
	SK	北欧航空公司	Scandinavian Airlines Systems
	SQ	新加坡航空有限公司	Singapore Airlines
	SU	俄罗斯航空公司	Aeroflot Russian International
	OX	泰国东方航空公司	Orient Thai Airlines

续表

公司标志	两字代码	中文名称	英文名称
	CI	中华航空股份有限公司	China Airlines
	GF	海湾航空公司	Gulf Air
	UN	俄罗斯全禄航空公司	Aeroflot-Russian Airlines
	5J	宿务太平洋航空公司	Cebu Pacific
	TP	葡萄牙航空公司	TAP Air Portugal
	BI	文莱皇家航空公司	Royal Brunei Airlines
	MH	马来西亚航空公司	Malaysian Airline System
	VN	越南航空公司	Vietnam Airlines
	7P	印度尼西亚发达飞航空公司	BATAVIA Airline
	HP	美国西部航空公司	Western Airlines
	BR	长荣航空股份有限公司	EVA Air
	EK	阿联酋航空公司	Emirates Airline
	NZ	纽西兰航空公司	Air New Zealand
	QR	卡塔尔航空公司	Qatar Airways
	LY	以色列航空公司	ELAL
	UL	斯里兰卡航空公司	SriLankan Airlines

综合练习

一、填空题

1. 礼仪贯穿饭店_____的全过程，也贯穿_____的始终；礼仪是在_____的各环节的服务中最终得到落实与体现的。

2. 饭店工作者的仪容礼仪规范的总体要求是_____、_____、_____、_____。

3. _____、_____、_____的服饰是饭店工作者整体形象的重要组成部分。

4. 在饭店服务中的站姿主要有三种：_____、_____和_____。

5. 客房服务中的"三到"："_____、_____、_____"。

6. 住客要求洗衣时，要做到"五清一主动"：_____要记清，_____要写清，_____要掏清，_____要点清，_____要看清，主动_____。

7. 导游员的基本礼仪规范应做到_____、_____和_____三个方面。

8. 800（电话订座）服务人员在接电话时必须在_____之内接听。

9. 800（电话订座）服务人员严禁在客户_____挂电话。

10. 800（电话订座）服务人员在接听电话时应该保持_____的态度，尽量运用_____的词语。

11. 在接听电话时应该善用_____替代_____。

12. 当客人_____时，售票处的服务员应该微笑着打招呼，如果同时来几批客人，应该做到_____。

13. 当售票处的服务员索要客人的相关证件时，要用_____的方式提问。

14. 售票人员在出票之前一定要_____客人的要求，以免出错票。

15. 售票人员出完票之后要再次表达_____，赢得忠实顾客。

16. 当值机处的工作人员看到旅客的行李不符合民航规定或超重时，应该首先说声_____。

17. 当航班延误的时候，候机的旅客会产生_____错觉和_____。

18. 当航班不正常时，候机室的服务员对那些比较激动的旅客应该采取_____的措施；当旅客激动时，还可以倒杯水或者请他坐下再谈，可以缓和一下其情绪。

19. 飞机起飞前，各岗位乘务员应立于_____，并面向_____的方向站立。

20. 面对抱怨或投诉的顾客，我们不该逃避，而是应该把它视为_____的契机。

21. 投诉旅客的心理有_____、_____、_____。

22. 对待旅客的投诉一定要树立_____的观点。

二、多项选择题

1. 饭店工作者的仪容礼仪要求做到（　　）。
   A. 女士应根据自身的工作特点，略施淡妆
   B. 饭店工作者应经常修剪头发；发式大方，梳理方便；长度适中，以短为主
   C. 双手是饭店工作者的"第二张脸"，所以可以进行艺术美甲
   D. 饭店工作者在直接面对客人工作时，绝不允许赤脚穿鞋和穿露趾或脚跟的凉鞋或拖鞋

2. 饭店工作者的仪表礼仪要求做到（　　）。
   A. 制服的穿着忌讳过分裸露
   B. 制服的穿着要求大小合身，穿着合体
   C. 饭店工作者每天上岗前，必须身着制服

D．饭店工作者在上岗时可佩戴戒指一枚，也可以佩戴耳环

3．门童在迎接客人到店时的服务礼仪应做到（　　　）。

A．要牢记常来本店客人的车辆号码和颜色

B．逢雨天，客人到店时要为其打伞

C．为了表示对客人的热情欢迎，应一边热情打招呼，一边向客人躬身90°致礼

D．为了避免客人下车时头碰到车顶，应为每一位客人护顶

4．导游员的语言表达应力求做到（　　　）。

A．达意　　　　　B．流畅　　　　　C．得体　　　　　D．生动

5．景区景点导游服务礼仪应做到（　　　）。

A．不以明示或暗示的方式向游客索要小费

B．不随意改变游览路线、减少解说景点或敷衍行事

C．根据旅游者的不同需求提供相应的游览方案，供旅游者选择

D．导游服务应根据与旅游者的约定进行安排

6．景区景点餐饮服务礼仪应做到（　　　）。

A．公开就餐标准，明码标价

B．为了方便游客，可采用一次性餐具

C．提供违反国家有关规定的野生动植物

D．有预防食物中毒和食品污染的要求与措施

三、判断改错题

1．服务人员在站立时，可以将双手相握、叠放于下腹前，或相握于身后。　（　　　）

改正：

2．服务人员在站立时，不可将手插在衣裤袋内。　（　　　）

改正：

3．餐厅服务人员在斟酒时，应注意顺序：先主人、再主宾，而后按顺时针方向依次绕台斟酒。　（　　　）

改正：

4．客房服务人员在确定该客房无人的情况下，可以不用敲门，直接进入客房。

（　　　）

改正：

5．客房住客的亲友来访，可以直接将其引领到客人的房间。　（　　　）

改正：

6．导游员在带团前忌吃葱、蒜、韭菜等易留异味的食物。　（　　　）

改正：

7．属于投诉者与被投诉者的共同过错，应该由被投诉者承担全部责任。　（　　　）

改正：

四、简答题

1. 何为站姿的"八忌"？
2. 工作中双手应注意清洁，何为"六洗"？
3. 试述步态的基本规范。
4. 何为"七知"、"四了解"？
5. 试述饭店业处理旅客投诉的要点与技巧。
6. 导游员在日常的导游活动中应遵守哪些礼仪？
7. 导游员在带团过程中应注意哪些问题？
8. 试述接待处理旅游投诉的具体步骤。
9. 800（电话订座）服务人员接电话时应该注意哪些操作规范？
10. 800（电话订座）服务人员接电话时如何注意规范用语？
11. 售票处服务人员应注意的工作要点是什么？
12. 值机处服务人员应如何对待问题特别多的旅客？
13. 当航班不正常时，候机室的服务人员应该如何处理？
14. 乘务员在飞机起飞后应做好哪些服务工作？

项目四 商贸销售、会展、物流、信息服务礼仪

【学习目标】

1. 了解销售、会展、物流、信息服务工作中的相关知识。
2. 掌握销售、会展、物流、信息服务等接待工作中常用的基本礼节及礼貌行为规范。
3. 掌握现代推销、商务谈判礼仪知识。

【礼仪小故事】

2012年8月8日，顾客林小姐去某商场购物。她走到二楼日用品区，看见天花板上挂着自己心仪已久的黄色太阳伞，便要求工作人员取一把与此样品相同的伞给她。工作人员回答道："这款已没有黄颜色的，你可以看一下其他的款式。"因为林小姐非常喜欢样品中这把黄颜色的伞，而且在此之前已来看过很多次，便要求工作人员将悬挂的样品拿给她。这时，工作人员说："样品悬挂这么高，拿取不方便，拿下来你不要怎么办？"然后又执意向林小姐推荐其他款式的黄伞，并指着伞具柜台不耐烦地说："这里有这么多黄颜色的伞，你为什么非要那把？"边说边取下其他款式的黄伞，放在林小姐面前，让林小姐哭笑不得。而林小姐就是看上那款黄颜色的伞，所以再次要求工作人员帮其取下来，并说："只要伞没有质量问题，我肯定会买的。"工作人员又说："那万一你不要怎么办？我们还得重新将它挂上去，这不是添麻烦吗？"一边说一边又拿了一把其他款式的黄伞，递到林小姐手里语气强硬地说："这把也是黄色的，难道不漂亮吗？"最后，林小姐等了十几分钟后，该工作人员才慢慢腾腾、非常不情愿地将那把悬挂的黄伞取了下来。林小姐虽然最终买到了自己心仪已久的太阳伞，却窝了一肚子的气，并发誓再不到此商场购物。

从零售商的角度和从消费者的角度来看，竞争的加剧导致越来越多的商家开始重视消费者需求，除了高质量、新鲜和合理价格外，也开始关注服务的质量。许多企业通过培训员工，增强员工礼仪素养来吸引消费者，稳定客户。可见关注商场（超市）礼仪的关键是要求从消费者的需求出发，提供满足消费者需求的商品和服务。

任务一 现代商场（超市）服务礼仪

【任务目标】

认识：1. 掌握商场（超市）礼仪的基本要求；掌握受理顾客投诉的基本原则、处理方法和技巧。

2. 了解商场（超市）各岗位礼仪。

训练：1. 模拟场景进行各岗位礼仪训练。

2. 模拟场景进行处理投诉的训练。

超级市场（super market），简称超市，是一种以顾客自我服务为主，品种多为品牌产品的大型零售业。世界上的第一家超市为1930年创立于美国纽约城的牙买加皇后区。

一、现代商场（超市）服务礼仪的基本要求

1. 仪容仪表要求

（1）着装

1）着装应整洁、大方，颜色力求稳重，且衣服不得有破洞；纽扣须扣好，不应有掉扣；不能挽起衣袖（施工、维修、搬运时可除外）。

2）商场（超市）员工上班必须穿工作服。工作服外不得有其他服装，工作服内衣服下摆不得露出；非因工作需要，不得在卖场、办公场所以外穿工作服。

3）上班时间必须佩戴身份牌，身份牌应端正佩戴在左胸适当位置，或者将其挂在自己胸前，双保险的做法是将其挂在本人颈上，然后将它夹在左侧上衣兜上。非因工作需要不能在卖场及办公场所以外佩戴身份牌。应认真爱护身份牌，保证身份牌的完好无损。凡破损、污染、折断、掉角、掉字或涂改的身份牌，应及时更换。

4）快餐厅、面包房及生鲜熟食区员工上班时间必须戴帽，并将头发束入帽内，其他人员非因工作需要上班时间禁止戴帽。

（2）仪容

1）注意讲究个人卫生。

2）头发应修剪、梳理整齐，保持干净，禁止梳奇异发型。男员工不能留长发，禁止剃光头、留胡须；女员工留长发应以发束系住或发卡夹住。

3）女员工提倡上班化淡妆，不能浓妆艳抹；男员工不宜化妆。

4）指甲修剪整齐，保持清洁，不得留长指甲，不准涂指甲油。食品柜、生鲜熟食区、快餐厅员工不得涂指甲油，上班时间不得喷香水、戴首饰。

5）上班前不吃葱、蒜等异味食物，不喝含酒精的饮料，保证口腔清洁。

6）进入工作岗位之前应注意检查并及时整理个人仪表。

（3）表情、言谈、举止

1）待人接物时应注意保持微笑。

2）接待顾客及来访人员应主动打招呼，做到友好、真诚，给其留下良好的第一印象。

3）与顾客、同事交谈时应全神贯注、用心倾听。

4）提倡文明用语，"请"、"谢"字不离口，不讲"服务禁语"。

5）通常情况下员工应讲普通话，接待顾客时应使用相互都懂的语言。

6）注意称呼顾客为"先生"、"小姐"、"女士"或"您"，如果知道姓氏的，应注意称呼其姓氏；指第三者时不能讲"他"，应称"那位先生"或"那位小姐（女士）"。

7）保持良好的仪态和精神面貌。

8）坐姿端正，不得跷二郎腿，不得坐在工作台上，不得将腿搭在工作台、坐椅扶手上，不得盘腿。

9）站立时应做到：收腹、挺胸、两眼平视前方，双手自然下垂或放在背后。身体不得东倒西歪，不得弓背、耸肩、插兜等，双手不得叉腰、交叉胸前。

10）不得搭肩、挽手、挽腰而行，与顾客相遇应靠边行走，不得从两人中间穿行，请人让路要讲"对不起"，非工作需要不得在工作场所奔跑。

11）上班时间不能吃食物，不能看与工作无关的书报杂志或玩手机。

2. 接待礼仪

1）说话口齿清晰、音量适中，最好用标准普通话，但若顾客讲方言，在可能的范围内应配合顾客的方便，以增进相互沟通的效果。

2）要有先来后到的次序观念。先来的顾客应先给予服务，对晚到的顾客应亲切有礼地请他稍候片刻，不能置之不理，或本末倒置地先招呼后来的顾客，而怠慢先来的。

3）在卖场十分忙碌、人手又不够的情况下，记住当接待等候多时的顾客时，应先向对方道歉，表示招待不周恳请谅解，不宜气急败坏地敷衍了事。

4）有时一些顾客可能由于不如意而发怒，这时员工要立即向顾客解释并道歉，并将注意力集中在顾客身上。这样就能清除思想中的所有杂念，集中思想在顾客的需求上。当他们看到你已把注意力集中于他们的问题上时，他们也就会冷静下来。当然，最好的办法是要克制自己的情绪，不要让顾客的逆耳言论影响你的态度和判断。

5）要擅长主动倾听意见和抱怨，不打断顾客发言，这样被抑制的情绪也就缓解了，使每一位难应付的顾客不再苛求。

6）当顾客提出意见时，要用自己的语言再重复一遍你所听到的要求，再一次让顾客觉得他的问题已被注意，而且使他感到他的困难会得到解决。

二、现代商场（超市）岗位礼仪

1. 商场（超市）迎宾员礼仪

1）迎宾礼仪最重要的是态度亲切、以诚待人。

2）眼睛一定要放亮，并注意眼、耳、口并用的礼貌。

3）面带微笑，并亲切地说"欢迎光临"，以示尊重顾客。最重要的是要用心，千万不能心口不一。

4）作为引导，迎宾员应走在顾客的左侧或前方为其指引，因为有些顾客尚不熟悉卖场环境，切不可在顾客后方以声音指示方向及路线，走路速度也不要太慢或太快让顾客无所适从，必须配合顾客的脚步，将顾客引导至正确位置。

5）不论顾客是何种身份，都应视其为贵宾而诚挚相待，不要厚此薄彼，以怀疑的眼光看人或凭外观穿着来作为是否隆重接待的依据。

2. 商场（超市）服务台工作人员——存包处员工礼仪

1）保持区域内整洁，营业开始和结束时做好清洁卫生工作。

2）应确保每一张存包牌都与存包柜的号码保持一致，营业开始和营业结束时对存包牌进行核对，及时补充丢失、破损的牌子。

3）在顾客存取包时保持面带微笑，态度要热情积极，使用礼貌用语，服务过程中动作要迅速。

4）接待顾客时，要问候"您好！"；送走顾客时，要说"请拿好！"、"欢迎下次再来！"、"谢谢！"等，不能沉默不语，不打招呼。

5）存包牌要递到客人手中，不能放在台面上，包要轻拿轻放，放在客人的面前。

3. 退货、换货处员工礼仪

1）热情接待顾客，主动询问是否需要帮助。询问顾客是否有本商场（超市）的收银小票或发票，并审核购买时间，所购商品是否属于家电商品或不可退换商品。

2）细心平静地听顾客陈述有关的抱怨和要求，判断是否属于商品的质量问题。

3）熟悉退换货流程，结合公司政策、国家的法律及顾客服务的准则，灵活处理，说服顾客达成一致的看法；如不能满足顾客的要求而顾客予以坚持，应请上一级管理层处理。

4）如退货，现场将现金清点完毕后交给顾客，并轻声提醒，如"退您90元整，请收好"。

5）送走顾客要道别。

4. 商场（超市）播音员礼仪

1）播音员必须用标准的普通话进行播音，必须由经过培训的播音员进行播音。

2）播音音量适中，音质明亮柔美，语言流利无错别字。

3）顾客的请求优先播音，紧急事件优先播音。

4）广播词必须先默念几次，以求语句顺畅，内容须连续播音三次。

5）播音的开始、结束必须用文明礼貌用语。

6）播音室内电话铃响在三声内接听。

7）做好播音室内的清洁卫生工作。

5. 商场（超市）售后服务人员礼仪

1）熟悉"三包"的具体要求，认真执行规定，及时承担责任。

2）对来访者要热情、礼貌，并做好来访记录。

3）将用户来电、来信、来访所反映的问题，做好综合分析工作，及时转给有关管理人员。

4）送货服务应遵守承诺，言而有信，不得乱收费用，按时送达，确保安全。

5）安装服务应按约进行，不得随意延期；不得变相收费；不准私自索取财物，要吃要喝；安装要符合标准，并进行当场测试。向顾客具体说明使用过程中的注意事项，认真答复对方为此而进行的询问，事后要定期访查，以减少顾客的后顾之忧，并及时排忧解难。

6. 商场（超市）一线员工礼仪

1）亲切地招呼顾客到店内参观，并让他随意自由地选择，最好不要刻意地左右顾客的意向，或在一旁唠叨不停。应有礼貌地告诉顾客："若有需要服务的地方，请叫我一声。"

2）顾客有疑问时，应以专业、愉悦的态度为顾客解答，不宜有不耐烦的表情或者一问三不知。细心的员工可适时观察顾客的心态及需要，提供好意见，且能对商品做简短而清楚的介绍，以方便有效率的方式说明商品特征、内容、成分及用途，以帮助顾客选择。

3）不要忽略陪在顾客身旁的人，应一视同仁一起招呼，或许也能引起他们的购买欲望。

4）与顾客交谈的用语宜用询问、商量的口吻，不应用强迫或威胁的口气要顾客非买不可，那会让人感觉不悦。当顾客试用或试穿完后，宜先询问顾客满意的程度，而非只一味称赞商品的优越性。

5）员工在商品成交后也应注意服务品质，不要以为服务已结束，而要将商品包装好，双手捧给顾客，并且欢迎下次再度光临，最好能送顾客到门口或目送顾客离去，以示期待之意。

6）即使顾客不买任何东西，也要保持一贯亲切、热忱的态度感谢他来参观，留给对方良好的印象。也许下次顾客有需要时，就会先想到你并且再度光临，这就是"生意做一辈子"的道理。

三、受理顾客投诉礼仪

1. 顾客投诉处理原则

（1）倾听原则

耐心、平静、不打断顾客陈述，聆听顾客的不满和要求。

（2）满意原则

满意原则是处理顾客投诉时的首要原则。处理顾客投诉的最终目的不是解决问题或维护商场（超市）的利益，它的结局关系到顾客在经历这一问题解决后是否愿意再度光临，这一原则和概念应该贯穿整个顾客投诉处理的全部过程。

（3）迅速原则

迅速地解决问题，如果超出自己处理的范围需要请示上级管理层的，也要迅速地将解决的方案通知顾客，不能让顾客等待的时间太久。

（4）公平原则

处理棘手的顾客投诉时，应公平谨慎处理，有理有据地说服顾客，并尽可能参照以往或同行处理此类问题的做法进行处理。

（5）感谢原则

处理结束后，一定要当面或电话感谢顾客提出的问题和给予的谅解。

2. 顾客投诉处理程序

顾客投诉处理有两种形式，一是顾客当面投诉，二是顾客电话投诉。具体内容如图 4-1 所示。

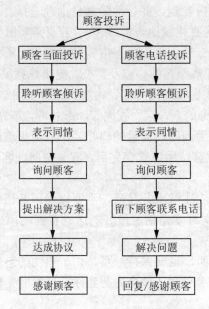

图 4-1　顾客投诉处理程序

3. 顾客投诉处理的基本方法与技巧

（1）聆听顾客倾诉

1）积极主动的态度。

2）面带微笑。

3）保持平静的心情和合适的语速音调。

4）认真听取顾客投诉，不遗漏细节，确认问题所在。

5）让顾客先发泄情绪。

6）不打断顾客的陈述。

（2）表示同情

1）善用自己的举止、语气去劝慰对方。

2）站在顾客的立场为对方设想。

3）对顾客的行为表示理解。

4）主动做好投诉细节的记录。

（3）询问顾客

1）重复顾客所说的重点，确认是否理解顾客的意思和目的。

2）了解顾客的意思和目的。

3）了解投诉的重点所在，分析投诉事件的严重性。

4）告诉顾客已经了解到问题所在，并确认问题是可以解决的。

4. 处理投诉应避免的做法

（1）不耐烦的表情或不愿意接待顾客的态度

1）同顾客争执，激烈讨论，情绪激动。

2）挑剔顾客的态度不好，说话不客气。

3）直接回绝顾客或中途做其他事情、听电话等。

（2）不做记录，让顾客自己写经过

1）表明不能帮助顾客。

2）有不尊重顾客的言语行为。

3）激化矛盾。

（3）重复次数太多

1）处理时间过多。

2）犹豫，拿不定主意。

3）畏难情绪，中途将问题移交给别人处理。

4）听不懂顾客的地方方言。

案例思考

　　正值国庆销售高峰前期，卖场内的各大摊位前都人潮涌动，皮鞋摊位更不例外，各位促销小姐都彬彬有礼地站在摊头前，等待着过往的顾客前来选购。

　　这时传出一个温柔的声音："小姐，您看这双米色的鞋合适吗？"一位梳着短发的促销员正笑意盈盈地拿着一双休闲鞋给一位怀孕的女顾客看，那位顾客看着面前摆放着的各种各样的鞋子，脸上流露出犹豫的神色，嘀咕说："我也不知道该选哪双好。"促销员笑着说："这双米色的比较清爽，这个季节穿刚好，而且今年也比较流行米色，您觉得怎样？"顾客看了看，没有吱声，又随手拿起一双黑色的端详，促销员又耐心地询问："您打算配什么颜色的裤子？您平日深色裤子多还是浅色裤子多呢？"顾客说："我想买一双配黑裤子的。"促销员看了看说："那这双黑色的是不是更好一些？"边说边拿起米色和黑色的鞋子放在一起让顾客比较，然后又说："您要不要先试穿一下，看哪双更好一些？"顾客这时看了看旁边一双高跟的皮鞋，眼里流露出羡慕的神情，善解人意的促销员马上笑着说："现在穿这种不太适合，不过再过一段时间就可以了，是吧？"顾客听完笑了笑，便拿起一双黑色的试穿起来，待穿好后，促销员在一边耐心地询问："合不合脚？感觉还合适吗？"顾客觉得很满意，便点了点头。"就这双吗？那好，我帮您包起来吧。"

促销员边说边动作麻利地把鞋包装好，开好销售小票，双手递到顾客手中，指着前面礼貌地说："麻烦您到前面那个收银台付款好吗？谢谢！"顾客拿着小票愉快地走向了收银台。

你能从这位促销员的成功案例中学到什么呢？

任务二　现代推销、商务谈判礼仪

【任务目标】

认识：1. 了解推销员、商务谈判人员仪表的要求。
　　　2. 熟悉推销、商务谈判工作的相关知识。
　　　3. 掌握推销过程中的原则和技巧。
　　　4. 掌握商务谈判中的技巧。
训练：1. 模拟场景进行推销训练。
　　　2. 模拟场景进行商务谈判训练。

现代推销既是一项复杂的工程技术，又是一种技巧性很高的艺术。推销员从寻找顾客开始，直至达成交易获取订单，不仅要周密计划，细致安排，而且要与顾客进行重重的心理交锋。由此，成功的推销要求推销员必须顺应顾客的心理活动轨迹，审时度势，及时在"促"字上下功夫，设法加大顾客"得"的砝码，不断强化其购买动机，这就需要推销员注意以下原则和要求。

商务谈判是公务活动中一项经常性的工作。了解、掌握、遵守谈判中的一些基本礼仪规范，对于保证谈判的成功具有重要意义。

一、推销礼仪

1. 推销员仪表仪态要求

"第一印象是最重要的印象"，别人对推销员最初的评价是基于他的装束、谈吐和举动。推销员要有适当的仪表，公司产品是一流的产品，需要用一流的仪表去销售它。与客户相见时，不管是立、是坐还是行，一定要具备一种吸引对方的魅力。

关于推销员的站姿、坐姿、走姿等要求可详见基础篇中相关内容。

（1）推销员着装礼仪

进行推销工作时，公司推销员应按公司规定着装。在推销工作中，衣着要适合自己的身材，要整洁、自然、大方，穿在身上自我感觉舒服。服装应当适合自己的年龄，适合自己的职业和身份。服饰应体现一种礼貌。在销售过程中，应选择符合环境和礼节的服饰。西装是目前世界各地最常见、最标准的推销员用服。西装与衬衫、领带、皮鞋、袜子、裤带等是一个统一的整体，它们彼此之间的统一协调，能使穿着者显得稳重高雅、自然潇洒。

（2）推销员眼神礼仪

眼睛是心灵的窗户，是大脑的延伸，大脑的思想动向、内心想法等都可以从眼睛中看出来。推销员能否正确使用眼神往往会直接影响其销售的业绩。以下几点务必注意：

第一，不能对关系不熟或一般的人长时间凝视，否则将被视为一种无礼行为。

第二，与新客户的谈话，眼神礼仪是：眼睛看对方眉眼至嘴巴的"三角区"，标准注视时间是交谈时间的30%～60%，这叫"社交注视"。

第三，眼睛注视对方的时间超过整个交谈时间的60%，属于超时型注视，一般使用这种眼神看人是失礼的。

第四，眼睛注视对方的时间低于整个交谈时间的30%，属低时型注视，一般也是失礼的注视，表明他的内心自卑或企图掩饰什么或对人对话都不感兴趣。

第五，眼睛转动的幅度与快慢都不要太快或太慢，眼睛转动稍快表示聪明、有活力，但如果太快表示不诚实、不成熟，给人轻浮、不庄重的印象，眼睛也不能转得太慢，否则显得非常呆板。

第六，恰当使用亲密注视。和亲近的人谈话，可以注视他的整个上身，叫作"亲密注视"。

（3）推销员手势礼仪

很多手势都可以反映人的修养、性格，所以推销员要注意手势的幅度、次数、力度等。

手势礼仪之一：大小适度。在社交场合，应注意手势的大小幅度。手势的上界一般不应超过对方的视线，下界不低于自己的胸区，左右摆的范围不要太宽，应在人的胸前或右方进行。一般场合，手势动作幅度不宜过大，次数不宜过多，不宜重复。

手势礼仪之二：自然亲切。与人交往时，多用柔和曲线的手势，少用生硬的直线条手势，以求拉近心理距离。

手势礼仪之三：与人交谈，讲到自己时不要用手指自己的鼻尖，而应用手掌按在胸口上；谈到别人时，不可用手指别人，更忌讳背后对人指点等不礼貌的手势。初见新客户时，避免抓头发、玩饰物、掏鼻孔、剔牙齿、抬腕看表、高兴时拉袖子等粗鲁的手势动作；避免交谈时指手画脚、手势动作过多过大。

手势礼仪之四：应运用标准的握手礼仪，注意以下几个方面。

1）注意场合。一般在见面和离别时用。冬季握手应摘下手套，以示尊重对方。一般应站着握手，除非生病或特殊场合，但也要欠身握手，以示敬意。

2）注意谁先伸手。一般来说，和妇女、长者、主人、领导人、名人打交道时，为了尊重他们，把是否愿意握手的主动权赋予他们。但如果另一方先伸了手，妇女、长者、主人、领导人、名人等为了礼貌起见也应伸出手来握。见面时对方不伸手，则应向对方点头或鞠躬以示敬意。见面的对方如果是自己的长辈或贵宾先伸了手，则应该快步走近，用双手握住对方的手，以示敬意，并问候对方"您好"、"见到您很高兴"等。

3）注意握手方式。和新客户握手时，应伸出右手，掌心向左虎口向上，以轻触对方为准（如果男士和女士握手，则男士应轻轻握住女士的手指部分）。时间为 1～3 秒，轻轻摇动 1～3 下。

4）注意握手力量轻重。根据双方交往程度确定：和新客户握手应轻握，但不可绵软无力；和老客户握手应握重些，表明礼貌、热情。

5）注意表情。握手时表情应自然，面带微笑，眼睛注视对方。

总之，公司推销员应尽量避免不良的肢体动作。

2. 推销过程中的原则和技巧

（1）约见的基本原则

约见是指推销员与客户协商确定访问对象、访问事由、访问时间和访问地点的过程。约见在推销过程中起着非常重要的作用，它是推销准备过程的延伸，又是实质性接触客户的开始。务必注意以下原则：

1）确定访问对象的原则。确定与对方哪个人或哪几个人接触。应尽量设法直接约见客户的购买决策人。应尊重接待人员，为了能顺利地约见预定对象，必须取得接待人员的支持与合作。应做好约见前的各项准备工作，如必要的介绍信、名片等，要刻意修饰一下自己，准备好"态度与微笑"。

2）确定访问事由的原则。任何推销访问的最终目的都是为了销售产品，但为了使客户易于接受，推销员应仔细考虑每次访问的理由。根据销售实践，下列几种访问理由和目的可供参考：认识新朋友、市场调查、正式推销、提供服务、联络感情、签订合同、收取货款、慕名求见、当面请教、礼仪拜访、代传口信等。

3）确定访问时间的原则。要想推销成功就要在一个合适的时间向合适的人推销合适的产品。尽量为客户着想，最好由客户来确定时间。应根据客户的特点确定见面时间。注意客户的生活作息时间与上下班规律，避免在客户最繁忙的时间内约见客户。应根据推销产品与服务的特点确定约见与洽谈的时间，以能展示产品及服务优势的时间为最好。应根据不同的访问事由选择日期与时间。约定的时间应考虑交通、地点、路线、天气、安全等因素。应讲究信用，守时。合理利用访问时间，提高推销访问效率。例如，在时间安排上，在同一区域内的客户安排在一天访问，并合理利用访问间隙做与销售有关的工作。

4）确定访问地点的原则。应照顾客户的要求。最经常使用也是最主要的约见地点是办公室，客户的居住地也是推销员选择的约见地点之一，另外还可以选择一些公共娱乐场所。

（2）接近的原则

接近是指在实质性洽谈之前，推销员努力获得客户接见并相互了解的过程。接近是实质性洽谈的前奏。

1）推销员必须以不同的方式接近不同的客户群体。实践证明，成功的推销在很大程度上取决于推销员的推销风格与客户的购买风格是否一致。客户是千差万别的，推销员应学会适应客户。在实际接近时，推销员可以用"角色扮演法"，即根据不同的客户来改变自己的语言风格、服装仪表、情绪和心理状态等。

2）推销员必须做好各种心理准备。因为推销是与拒绝打交道的，在接近阶段可能会遇到各种困难。但推销员要充分理解客户，坦然面对困难，善于调整自己，正确发挥自己的能力和水平。

3）推销员必须减轻客户的压力。多年的推销实践表明，当推销员接近客户时，客户一般会产生购买压力，具体表现为：冷漠或拒绝；故意岔开话题，有意或无意地干扰和破坏推销洽谈。因此，在上述情况下，推销员要成功地接近客户，就必须想方设法地减轻客户的心理压力。

4）推销员必须善于控制接近时间，不失时机地顺利转入面谈。

（3）推销语言的基本原则和技巧

1）推销语言的基本原则。以顾客为中心原则；"说三分，听七分"的原则；避免使用导致商谈失败语言的原则；"低褒感微"原则；通俗易懂、不犯禁忌原则。

2）推销语言的表示技巧。

① 叙述性语言的表示技巧。推销员在叙述内容的安排上要注意：要先说容易解决的问题，然后再讲容易引起争论的问题。如果有多个消息告诉用户，应先介绍令客户喜悦的好消息，再说其他。谈话内容太长时，为了引起客户格外注意，应把关键内容放在结尾或开头。最好用顾客的语言和思维顺序来介绍产品，安排说话顺序，不要将自己准备好的话一股脑说下去，要注意顾客的表情，灵活调整。保持商量的口吻，避免用命令或乞求语气，尽量用以顾客为中心的词句。

② 发问式语言的表示技巧。提出问题发现顾客需要，是诱导顾客购买的重要手段。有人说，推销是一门正确提问的艺术，颇有道理。根据谈话目的选择提问形式。巧用选择性问句，可增加销售量。用肯定性诱导发问法，会使对方易于接受。运用假设问句，会使推销效果倍增。

③ 劝说式语言的表示技巧。运用以顾客为中心的句式、词汇。用假设句式会产生较强的说服效果。强调顾客可以获得的利益比强调价格更重要。面对顾客拒绝，不要气馁，而应分析拒绝的原因，揣摩顾客的心理，然后针对性地进行说服。

（4）处理反对意见的技巧

1）倾听反对意见。第一步是倾听客户提出的反对意见，弄清楚是真正的问题还是想象中的问题。如果是真正的问题，就应该马上着手处理；如果只是一个假想的问题，也仍然要予以处理，只不过我们可以把它推迟到在进行产品介绍时找一个合适的地方予以处理。

2）表示理解。表示理解是指对客户的反对意见表示理解，而不是同意或同情。例如：

购买者："李先生，恐怕你的价格太高了些。"

销售员："我理解您为什么会有这种感觉。"

这种表示理解的表述目的在于承认购买者对价格的忧虑，但却没有表示赞同或表现防卫的意识，在答复人们的反对意见时永远不要使用"但是"或"然而"这样的转折词。用了这两个词有马上否定他们前面的那句话的意味，会在推销员和购买者之间竖起一道障碍。如果一定用连词，则用"那么"。

错误表述："是啊，似乎是贵了点，但是……"

正确表述："陈先生，我理解您的观点，就让我们来谈谈这个问题。"

这样双方就建立起了合作关系，而不是抵触的情绪。

3）让客户对你的反驳做好准备。在这一刻我们的目标是降低客户的紧张程度，从而减少引起冲突的可能性。用"自己去感觉—人家的感觉—发现……"的方法来处理客户的反对意见能有效地引导客户接受我们的条件，同时也可避免发生冲突的潜在危险。下面就分析一下这种方法，并用自己的反对意见穿插到这种方法中去模拟练习。

自己去感觉——"我理解你的感觉……"

目的：表示理解和同感。

人家的感觉——"其他人也觉得……"

目的：这样可以帮助客户不失面子。

发现——"……而且他们发现……"

目的：舒缓推销员面临的压力；使客户做好接受新证据的准备。

这样做，如果双方有分歧，那问题在第三者身上。但如果达成一致，那么你将获利。

4）提供新的证据。至此，既然反对意见已经得到了降温，便可以提出反驳了。根据反对意见的类别，定出最具体的、符合逻辑和确切的答复，接着把它们记住，并一遍遍地使用直到它听起来让你感到自然为止。

5）征求订单。处理反对意见的最后一步是征求订单。在你做出尽可能最佳的答复后，你可以征求客户意见，是否同意购买，如"陈先生，您认为这一服务能解决您送货的困难吗？"，"在您看来这会对贵公司有好处吗？"。

二、商务谈判礼仪

1. 商务谈判礼仪之谈判准备

1）商务谈判之前首先要确定谈判人员，与对方谈判代表的身份、职务要相当。在较为正规、复杂的谈判中，一般不会是一对一的个人谈判，而是以配备谈判班子的组织形式来共同完成谈判任务。因此，组织一个强有力的、高效率的、有权威的谈判班子，是由谈判的客观需要所决定的。而谈判班子组成人员的素质是否适合谈判，谈判班子是否具有配合默契的凝聚力，谈判班子是否具有能够胜任谈判的各类专业人才，是谈判能否获得满意成果的关键性的工作。

究竟一个谈判班子的成员以多少人构成为最佳组合呢？国外有许多专家对此提出了各种看法，其中大多数人认为，谈判班子人数以不超过四人最为理想。理由如下：

　　第一，我们要使谈判人员各显其能，谈判工作卓有成效，谈判人员的人数就不宜过多。多了，不利于沟通，易产生不同意见。另外，就一次谈判而言，所需专业知识也不会超过三四种，因此，过多的人是无用的。

　　第二，从对谈判班子控制的角度看，四个人也是一个适宜的数字。现代管理理论认为，对任何经理人员而言，对谈判这种复杂多变的环境的管理，控制不宜过宽，以三四人为宜。

　　可见，一个谈判班子最恰当的人数不应超过四人。如果谈判时不需有人提供专门知识，则选派两人参加较为理想。当一人主谈时，另一人观察情况，考虑对策，则主谈判者在心理上可以无后顾之忧，而能致力于谈判工作。

　　另外，双方代表的身份要根据对等配备的原则，不仅主谈人如此，其他成员也大致相当。如有不同，应向对方加以说明。了解对方人员的年龄、资历、地位、性格特点，对我方的态度及与我方交往历史等。还要了解对方的文化背景和礼仪习惯。了解这些不仅可以方便我们安排食宿、设计日程，还能起到沟通感情、增加信任的作用。

　　2）谈判代表要有良好的综合素质。谈判前应整理自己的仪容仪表，穿着要整洁正式、庄重。男士应刮净胡须，穿西服必须系领带。女士穿着不宜太性感，不宜穿细高跟鞋，应化淡妆。仪容仪表在项目一已有详细介绍，此处不再赘述。

　　3）布置谈判会场。选择和布置谈判环境，一般要看对己方是否造成压力。如果谈判环境使谈判者感到有思想压力与包袱，说明这是不利的谈判环境。

　　谈判最好安排两三个房间。其中一间作为主要谈判室，另一间作为秘密会谈室。在可能的情况下再配一个休息室。密谈室是双方都可以使用的单独房间，既可供某一方谈判小组内部协商之用，也可供双方进行私下讨论。密谈室要靠近主谈室，室内配黑板、笔、笔记本、桌子和比较舒适的椅子。谈判室内的桌子可以是长方形的，也可以是圆形或椭圆形的，一般以长方形为佳。休息室应该布置得轻松、舒适，以便使双方放松紧张的神经，缓和彼此之间的对立气氛。

　　谈判室的布置以高雅、宁静、和谐为宜，最好选择一个幽静、没有外人和电话干扰的地方。房间的大小也要适中，桌椅的摆设要紧凑但不显拥挤，室内温度适宜，灯光明亮，谈判桌上适当放置一些文具、标志物和少许花草盆景等。具体而言，应考虑以下几种因素。

　　① 光线。可利用自然光源，配备窗纱，以防强光刺目；使用人造光源时，要合理地配置灯具，使光线尽量柔和一点。

　　② 声响。室内应保持宁静，使谈判能顺利进行。房间不应临街，不在施工场地附近，门窗应能隔音，周围没有电话铃声、脚步声、说话声等噪声干扰。

　　③ 温度。室内最好能使用空调机和加湿器，以使空气的温度与湿度保持在适宜的水平上。温度在20℃，相对湿度为40%～60%是最合适的。一般情况下，也至少要保证空气的清新和流通。

　　④ 色彩。室内的家具、门窗、墙壁的色彩要力求和谐一致，陈设安排应实用美观，留

有较大的空间，以利于人的活动。

⑤ 装饰。谈判室应力显洁净、典雅、庄重、大方。宽大整洁的桌子、简单舒适的坐椅（沙发），墙上可挂几幅风格协调的书画，室内也可装饰适当的工艺品、花卉、标志物，但不宜过多过杂，力求简洁实用。

4）安排座次位序。谈判时的座位次序，是一个比较突出敏感的界域问题。谈判中的座次位序包含两层含义，一是谈判双方的座次位置，二是谈判一方内部的座次位置。一个敏锐的谈判行家，会有意识地安排谈判人员的座次位置，并借以进行对己方最有利的谈判。

如何安排双方人员的谈判座位，对谈判结果颇有影响。谈判的座位设置成圆形，不分首席，适合多边谈判；围成长方形，则适用于双边平等谈判。适当的座次安排，能够充分发挥谈判人员最佳的信息传播功能，使双方的言语交往与非言语沟通收到最佳的效果。一般来说，双边谈判人员应当面对面而坐，双方谈判小组的首席代表（主谈者）要坐在台桌的中间，其他人按其职位大小依次排列在主谈者旁边，如果想通过座位的安排暗示地位的高下、权力的大小，可用放名牌的办法标明座位。这样既庄重严肃，也能提高士气，产生较强的凝聚力和约束控制力。

选择什么形式的谈判桌也是一个不可忽略的细节问题。

① 方形谈判桌。设置方形谈判桌的谈判活动，双方谈判人员面队面相向而坐。这种形式看起来很正规，但给人的印象过于严肃，容易形成独立的感觉和情绪，缺少轻松活泼的气氛，而且彼此交谈起来不太方便。

② 圆形谈判桌。采用圆桌进行谈判，双方人员围桌而坐，形成一个圆圈，这种形式常使双方谈判人员感到一种和谐一致的气氛，而且彼此交谈起来方便。

③ 不设谈判桌。在双方谈判人员不多的情况下，大家可以随便坐在一起交谈。在有的谈判场合，不设谈判桌的效果也是很好的，因为双方谈判人员都比较随和，有助于增强谈判桌上友好的气氛。不过，在比较正式的谈判中，还是设置谈判桌比较好。

不论是方桌还是圆桌，或是不用圆桌而围坐成圈，都应注意座位的朝向。一般习惯认为面对门口的座位具有权威，中国人习惯称此座位为"上座"。而背朝门口的座位最不具影响力，因为这样会产生"不知什么时候遭到袭击"的不安全感，所以，西方人一般认为这个座位具有从属感，中国人习惯称此座位为"下座"。

谈判桌和椅子的大小应当与环境和谈判级别相适应。一般来说，级别越高、房间越大，桌子和椅子也应越大，否则，会给谈判者造成一种压抑不适之感。桌子和椅子的大小会给谈判中被动的一方造成心理压力。通常认为，经理面前的写字台越大，越强调他的处境和权力的优越感。而被动的一方坐着远离那张大写字台的一张凳子，则越感到自己的不利。

谈判座位的具体安排可参照图4-2所列形式。

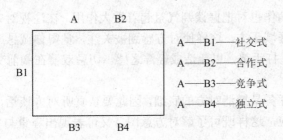

图 4-2　谈判座位示意图

从图 4-2 可以看出，在不同的座位对应关系下，谈判者的心理感受是不一样的。

社交式安排由于只有桌的一角作为部分屏障，因此这种座位安排没有私人交往空间的分隔感。社交式安排给谈判者带来的心理感受是和善轻松的。这样的位置可以让双方有自由的目光接触，带来交换资料的方便，而且可以根据需要运用许多姿势和进行行为语言的观察，是一种比较容易产生亲切气氛与达成协议可能的座次。

合作式安排，即在谈判中谈判者并排而坐。这种方法使谈判者之间无任何妨碍信息传递的间隔存在，所以，谈判可在亲切、随意中进行。

竞争式安排，这种安排会给谈判者造成一种竞争的气氛，它极可能暗示着某种对抗的情绪。因为中间搁着一张桌子，挡住和掩藏了许多传递信息的身体部位，从而使人产生警惕、防御心理。在外交场合出于礼仪上的考虑，这种安排只是意味着正式、礼貌、尊重与平等。而如果在办公室 A 与 B3 是上下级关系，下级如果有意增加上级的优越感，也可采用这种座位安排，甚至采取站立的姿势。在谈判中与人打交道，你必须随时注意对方的心态，使对方感到自在而乐于与你交往。一般地说，竞争式是不会产生这种效果的，所以除非大型谈判，一般在正式谈判或会见中，最好不要采取这种安排式。

独立式安排通常意味着 A 与 B4 二者彼此之间不想与对方打交道，经常见于图书馆、公园或饭店、食堂里。例如，两个互相有成见或有误会的人在食堂相见，当迫不得已要同一张桌子时，通常会这样坐。它预示着尽量疏远甚至敌意。我们通常对于那种在空荡荡的火车上、饭厅中、汽车里、戏院内有意坐到紧靠自己座位旁的陌生人，往往觉得他有"某种企图"。如果是朋友之间谈话，应尽量避免采取这种形式。

5）谈判前应对谈判主题、内容、议程做好充分准备，制定计划、目标及谈判策略。

2. 商务谈判礼仪之谈判之初

谈判之初，谈判双方接触的第一印象十分重要，言谈举止要尽可能创造出友好、轻松的良好谈判气氛。

做自我介绍时要自然大方，不可露傲慢之意。被介绍到的人应起立并微笑示意，可以礼貌地道："幸会"、"请多关照"之类。询问对方要客气，如"请教尊姓大名"等。如有名片，要双手接递。介绍完毕，可选择双方共同感兴趣的话题进行交谈。稍作寒暄，以沟通感情，创造温和气氛。

谈判之初的姿态动作也对把握谈判气氛起着重大作用。在注视对方时，目光应停留于对方双眼至前额的三角区域正方，这样使对方感到被关注，觉得你诚恳严肃。手心向上比向下好，手势自然，不宜乱打手势，以免造成轻浮之感。切忌双臂在胸前交叉，那样显得十分傲慢无礼。

谈判之初的重要任务是摸清对方的底细，因此要认真听对方谈话，细心观察对方的举止表情，并适当给予回应，这样既可了解对方意图，又可表现出尊重与礼貌。

3. 商务谈判礼仪之谈判之中

这是谈判的实质性阶段，主要是报价、查询、磋商、解决矛盾、处理冷场。

报价——要明确无误，恪守信用，不欺蒙对方。在谈判中报价不得变幻不定，对方一旦接受价格，即不再更改。

查询——事先要准备好有关问题，选择气氛和谐时提出，态度要开诚布公。切忌气氛比较冷淡或紧张时查询，言辞不可过激或追问不休，以免引起对方反感甚至恼怒，但对原则性问题应当力争不让。对方回答查问时不宜随意打断，答完时要向解答者表示谢意。

磋商——讨价还价事关双方利益，容易因情急而失礼，因此更要注意保持风度，应心平气和，求大同，容许存小异。发言措辞应文明礼貌。

解决矛盾——要就事论事，保持耐心、冷静，不可因发生矛盾就怒气冲冲，甚至进行人身攻击或侮辱对方。

处理冷场——此时主方要灵活处理，可以暂时转移话题，稍作松弛。如果确实已无话可说，则应当机立断，暂时中止谈判，稍作休息后再重新进行。主方要主动提出话题，不要让冷场持续过长。

商务谈判中重要的一个方面是要注意语言技巧，谈判最好从中性话题开始，不宜开门见山，以免出现冷场。例如，可以先聊天式地谈谈天气、新闻、个人爱好、彼此间往日的友谊等，然后再逐渐地进入正题。

谈判应以协商语调和语气为主，适当运用陈述、发问、答复、倾听和说服等方法和技巧。

（1）陈述

陈述是指谈判者将本次交易的有关情况及本方立场、看法、解决办法等介绍给对方。陈述的最终目的是为说服对方接受，最终为达成协议做铺垫。

陈述的语言应该简洁、准确、婉转得体，切忌词不达意。

陈述的关键在于：只有自己感到对方想听或对方明确要求自己陈述时才开口说话。

陈述的内容取舍标准是：一定要讲那些对方听后第一反应及评价对自己有利的内容，回避或淡化那些对方了解后可能对自己做出消极评价的内容。

总之，陈述的技巧体现在何时陈述、陈述什么和如何陈述三个方面。

（2）发问

商务谈判中的发问是了解对方的立场、观点、态度及心理变化的有效手段，也是引导对方思维最终与自己达成共识的一种技巧。

具体谈判中，谈判者应该注意何时发问和如何发问这两个问题。

首先，只有把提问建立在了解的基础上，才会使提问更有意义。

其次，如果发现对方游离主题或顾左右而言他，这时候可以提问，目的是使谈判更有效率。

最后，在自己陈述完毕或答复完毕后，提出更有利于谈判顺利通向本目标的合适问题。而且，要注意提问要有理、有利、有节，忌用威胁性、讽刺性的语言和盘问式、审问式的语气。避免敌意的提问。提问本身应言简意赅，问完之后要耐心等待对方的回答，切忌自己滔滔不绝。

（3）答复

答复对双方来讲都是很重要的。对答复者来说，答复是一种承诺；对听者来说，答复是做出判断与决策的表示。

回答对方的提问，应处理好三个方面的问题：何时回答、如何回答、回答什么。

首先，要听清楚对方的问题并了解对方提出的问题之后再回答；否则，可能马上会给自己带来麻烦。

其次，对对方的问题可以全部回答，也可以回答一部分；可以立即回答，也可以拖到将来回答。

最后，对对方的问题可以避实就虚，或顾左右而言他。

应答应机敏，同意对方的观点可以明确表示同意，如意见相左，可委婉地提出。

（4）说服

说服不是靠乞讨或引诱来使对方改变自己的想法，而是包含细致的准备、合理的讨论、生动的事实依据，也包含说服者利用自己恰当的情感。谈判中，要让对方改变自己的观点并不容易，但说服却很重要，它是引导谈判走向成功的重要手段。

谈判中，各自的利益并不相同，看问题的角度也不同，难免会产生一些分歧。为了自己的利益，就要善于说服对方接受自己的观点。按照苏格拉底的说服技巧：避而不谈双方的分歧，而只谈双方共同接受的共同点，让对方在对共同点的无数次的认可中自然而然地同意自己的观点。

4. 商务谈判礼仪之谈后签约

一般来讲，凡是比较重要的、规模较大的商务谈判，在协议达成后，都应举行签字仪式。

（1）签字仪式的准备工作

1）确定参加人员。签约仪式上，双方参加谈判的全体人员都要出席。如一方要求让某些未参加谈判的人员出席，应事先征得对方同意。有时为了表示对本次商务谈判的重视或对洽谈结果的庆贺，双方更高一级的领导也可出面参加签字仪式。一般礼貌的做法是：出席签字仪式的双方人数及职位大体相等。

2）准备协议文本。谈判结束后，双方应组织专业人员做好协议文本的定稿、翻译、校对、印刷、装订、盖章等工作。东道主应为这些工作提供准确、周到、快速、精美的服务。

3）签字场所的选择。选择签字仪式的场所，一般视参加的人员规格、人数及协议内容的重要程度等因素来确定。多数是选在客人所住的宾馆、饭店或东道主的会议厅，有时为了扩大影响，也可商定在某个新闻发布中心或著名的会议、会客场所举行。无论选在什么地方，都应取得对方的同意，否则是失礼行为。

4）签字场所的布置。签字场所的布置各国不尽相同。我国举行签字仪式，一般在签字厅内设置一张长方桌作为签字桌。桌后放两把椅子，供双方签字人就座。主方席在左边，客方席在右边。桌上放有会后各自保存的文本，文本前方分别放置签字用的文具。签字桌中间摆有一旗架，同外商签字时旗架上分别挂着双方国旗。

（2）签字礼仪

所有参加签字仪式的人员都应注意服饰，仪表应整洁、得体，还应注意仪态庄重、友好、大方、平等，不能严肃有余，也不应过分喜形于色。双方签字人员共同进入签字厅，相互致意握手。签字人员入座，其他人员分宾、主各一方，按身份高低顺序排列于签字人座位后，双方身份最高者站立中央。双方都应设有助签人员，分立在各自一方代表签约人外侧。

签字仪式开始后，助签人员要协助签字人员打开文本，用手指明签字位置。双方代表各在己方的文本上签字，然后由助签人员互相交换，代表再在对方文本上签字。

签字完毕后，双方应同时起立，交换文本，并相互握手，祝贺合作成功。其他随行人员则应该以热烈的掌声表示喜悦和祝贺。可以安排服务人员用托盘端上香槟酒，供宾主双方全体人员举杯庆贺。一般双方的最高领导及签字人、主谈人员相互碰杯即可，喝酒只是一种象征性的礼仪，不可狂饮。签字仪式结束后，应让双方最高领导及宾客先退场，然后东道主再退场。

案例思考

乔·吉拉德被誉为世界上最伟大的推销员，他在十五年中卖出 13 001 辆汽车，并创下一年卖出 1425 辆（平均每天 4 辆）的纪录，这个成绩被收入《吉尼斯世界大全》。你想知道他推销的秘密吗？

故事一：记得曾经有一次一位中年妇女走进乔·吉拉德的展销厅，说她想在这里看看车打发一会儿时间。闲谈中，她告诉乔·吉拉德她想买一辆白色的福特车，就像她表姐开的那辆，但对面福特车行的推销员让她过一个小时再去，所以她就来这里看看。她还说这是她送给自己的生日礼物："今天是我 55 岁生日。"

"生日快乐！夫人。"乔·吉拉德一边说一边请她进来随便看看，接着出去交代了一下，然后回来对她说："夫人，您喜欢白色车，既然您现在有时间，我给您介绍一下我们的双门式轿车——也是白色的。"

他们正谈着，女秘书走了进来，递给乔·吉拉德一打玫瑰花。乔·吉拉德把花送给那位妇女并说："祝您长寿！夫人。"

显然她很受感动，眼眶都湿了。"已经很久没人给我送礼物了。"她说，"刚才那位福特推销员一定是看我开了部旧车，以为我买不起新车，我刚要看车他却说要去收一笔款，于是我就上这儿来等他。其实我只是想要一辆白色车而已，只不过表姐的车是福特，所以我也想买福特。现在想想，不买福特也一样。"

最后她在乔·吉拉德这里买了一辆雪佛莱，并开了一张全额支票，其实从头到尾乔·吉拉德的言语中都没有劝她放弃福特而买雪佛莱的词句。只是因为她在这里感到受了重视，于是放弃了原来的打算，转而选择了乔·吉拉德的产品。

故事二：一个刚退休的老人回到家乡，在一座小城买了一栋房住下来，想在那里宁静地度过自己的晚年，写些回忆录。

刚开始的几个星期，一切都很好，安静的环境对老人的精神和写作很有益，但有一天，三个男孩子放学后来这里玩，他们把几只破垃圾桶踢来踢去，玩得不亦乐乎。

老人受不了这些噪声，于是出去跟三个男孩谈判。"你们玩得真开心，"他说，"我很喜欢看你们踢桶玩，如果你们每天来玩，我给你们三人每天每人一块钱。"

三个男孩很高兴，更加起劲地表演他们的足下功夫。过了三天，老人忧愁地说："通货膨胀使我的收入减少了一半，从明天起，我只能给你们5毛钱。"

三个男孩很不开心，但还是答应了这个条件。每天下午放学后，继续去进行表演。一个星期后，老人愁眉苦脸地对他们说："最近没有收到养老金汇款，对不起，每天只能给你们两毛钱了。"

"两毛钱？"一个男孩脸色发青，愠色道："我们才不会为了区区两毛钱浪费宝贵时间来为你表演呢，不干了！"

从此以后，老人又过上安静的日子。并且在半年时间内，完成了他的第一部杰作——《打开客户心扉的沟通技巧》。你知道这位老人是谁吗？他就是进入《吉尼斯世界大全》，世界上最伟大的推销员——乔·吉拉德。

上述两个故事，让你感受到了什么？

任务三　会展、物流、信息服务礼仪

【任务目标】

认识：1. 了解国内外会展、物流及信息业发展概况。

　　　2. 熟悉会展、物流、信息业相关知识。

　　　3. 掌握会展、交通运输、发电子邮件和使用手机的基本要求及礼貌行为规范。

训练：模拟场景，进行主持人、发言人和参加会议人员礼仪训练。

会展、物流和信息服务是近些年新兴起来的行业，也是未来前景看好的新的经济增长点。

虽然我国会展、物流和信息服务的起步较晚，但发展是迅速的，对相应从业人员的要求也相应提高，任务三将对这三类行业的礼仪服务要求做一些基本的阐述。

一、会展服务礼仪

会展是一种形象说法，是各种类型交流会、洽谈会、展览会、博览会的总称。它是利用一定的地域优势、经济特色、资源优势，由政府或社会团体组织，召集供需双方按照事先确定的时间和地点，举行以专业性的或综合性的产品布展、宣传、交易和服务为内容的特色型经济活动。

会展经济在国外一直得到政府和实业界的重视，对推动经济发展起到了强大的促进作用。一位外国市长这样评价："如果在我这个城市开一场国际会议，就好比有一架飞机在我的头顶上撒美元。"在国内，迅速崛起的会展经济成为国民经济发展的推进器和新亮点，并已成为众多城市的新景观。成功的会展实例，足以证实会展的"桥梁"作用和它所产生的经济效益。

从会展产业的发展趋势上看，会展的形式更加注重展与会的结合，展中有会，会中有展；以展带会，以会促展。会议与展览之间的关系逐渐地融为一体。国际性的会议一般以会议为主，但是会议的同期总要结合一些商业化的展览活动，而国际性的展览虽然以展览为主，但展出期间的研讨会、专题会等的会议越来越多。

1. 会议礼仪

会议礼仪，是召开会议前、会议中、会议后及参会人应注意的事项，掌握会议礼仪对会议精神的执行有较大的促进作用。

（1）会议前

在会议的种种组织工作中，以会前的组织工作最为关键。它在大体上包括以下四个不同的方面。

1）会议的筹备。举行任何会议，皆须先行确定其主题（包括会议名称）。这是会前有关领导集体已经确定了的。负责筹备会议的工作人员，则应围绕会议主题，将领导议定的会议的规模、时间、议程等组织落实。通常要组成专门班子，明确分工，责任到人。

2）通知的拟发。按常规，举行正式会议均应提前向与会者下发会议通知。它是指由会议的主办单位发给所有与会单位或全体与会者的书面文件，同时还包括向有关单位或嘉宾发的邀请函件。

3）文件的起草。会议上所用的各种文件材料，一般应在会前准备妥当。需要认真准备的会议文件，主要有会议的议程、开幕词、闭幕词、主题报告、大会决议、典型材料、背景介绍等。有的文件应在与会者报到时下发。

4）常规性准备。负责会务工作时，往往有必要对一些会议所涉及的具体细节问题，做好充分的准备工作。

其一，做好会场的布置。对于会议举行的场地要有所选择，对于会场的桌椅要根据需要做好安排，对于开会时所需的各种音响、照明、投影、摄像、摄影、录音、空调、通风设备和多媒体设备等，应提前进行调试检查。

其二，根据会议的规定，与外界做好沟通，如向有关新闻部门、公安保卫部门进行通报。

其三，会议用品的采办。有时，一些会议用品，如纸张、本册、笔具、文件夹、姓名卡、座位签及饮料、声像用具，还需要补充、采购。

（2）会议中

在会议进行当中，我们需要注意以下几个方面。

1）与会人员礼仪。

① 会议主持人。各种会议的主持人一般由具有一定职位的人来担任，其礼仪表现对会议能否圆满成功有着重要的影响。

其一，主持人应衣着整洁，大方庄重，精神饱满，切忌不修边幅，邋里邋遢。

其二，走上主席台步伐应稳健有力，行走的速度因会议的性质而定。

其三，入席后，如果是站立主持，应双腿并拢，腰背挺直。单手持稿时，右手持稿的底中部，左手五指并拢自然下垂。双手持稿时，应与胸齐高。坐姿主持时，应身体挺直，双臂前伸，两手轻按于桌沿。主持过程中，切忌出现搔头、揉眼、抖腿等不雅动作。

其四，主持人言谈应口齿清楚，思维敏捷，简明扼要。

其五，主持人应根据会议性质调节会议气氛，或庄重，或幽默，或沉稳，或活泼。

其六，主持人对会场上的熟人不能打招呼，更不能寒暄闲谈，会议开始前或会议休息时间可点头、微笑致意。

主持会议要注意：介绍参会人员；控制会议进程；避免跑题或议而不决；控制会议时间。

② 发言人的礼仪。发言有正式发言和自由发言两种，前者一般是领导报告，后者一般是讨论发言。

正式发言者，应衣冠整齐，走上主席台应步态自然，刚劲有力，体现一种成竹在胸、自信自强的风度与气质。发言时应口齿清晰，讲究逻辑，简明扼要。如果是书面发言，要时常抬头扫视一下会场，不能只顾自己低头读稿。发言完毕，应对听众的倾听表示谢意。

自由发言则较随意，但要注意发言应讲究顺序和秩序，不能争抢发言；发言应简短，观点应明确；与他人有分歧，应以理服人，态度平和，听从主持人的指挥，不能只顾自己。如果有参加者对发言人提问，应礼貌作答，对不能回答的问题，应机智而礼貌地说明理由，对提问人的批评和意见应认真听取，即使提问者的批评是错误的，也不应失态。

③ 参加者礼仪。参加者应衣着整洁，仪表大方，准时入场，进出有序，按会议安排落座，开会时应认真听讲，不要私下小声说话或交头接耳，发言人发言结束时，应鼓掌致意，中途退场应轻手轻脚，不影响他人。

2）会议座次的安排。

① 小型会议。小型会议，一般是指参加者较少、规模不大的会议。它的主要特征是全体与会者均应排座，不设立专用的主席台。小型会议的排座，目前主要有以下三种具体形式。

一是自由择座。它的基本做法是不排定固定的具体座次，而由全体与会者完全自由地选择座位就座。

二是面门设座。它一般以面对会议室正门之位为会议主席之座，其他的与会者可在其两侧自左而右地依次就座。

三是依景设座。所谓依景设座，是指会议主席的具体位置不必面对会议室正门，而是背依会议室之内的主要景致之所在，如字画、讲台等。其他与会者的排座，则略同于前者。

② 大型会议。大型会议，一般是指与会者众多、规模较大的会议。它的最大特点是会场上应分设主席台与群众席。前者必须认真排座，后者的座次则可排可不排。

a. 主席台排座。大型会场的主席台，一般应面对会场主入口。在主席台上的就座之人，通常应当与在群众席上的就座之人呈面对面之势。在其每一名成员面前的桌上，均应放置双向的桌签。

主席台排座，具体又可分为主席团排座、主持人坐席、发言者席位三个不同方面的问题。

其一，主席团排座。主席团，在此是指在主席台上正式就座的全体人员。国内目前排定主席团位次的基本规则有三：一是前排高于后排，二是中央高于两侧，三是左侧高于右侧。

其二，主持人坐席。一是居于前排正中央；二是居于前排的两侧；三是按其具体身份排座，但应就座于前排。

其三，发言者席位。发言者发言时不宜就座于原处。常规位置一是位于主席团的正前方，二是位于主席台的右前方。

b. 群众席排座。主席台之下的一切坐席均称为群众席，可分自由式择座和按单位就座。

其一，自由式择座，即不进行统一安排，自由择座而定。

其二，按单位就座，可依参加单位的笔画、拼音顺序，也可按平时约定俗成的序列。可自前往后进行横排，也可自左而右进行竖排。同一楼层，应以前排为高，或以左排为高。若楼层不同，则楼层越高，排序越低。

3）其他礼仪。

① 例行服务。会议举行期间，一般应安排专人在会场内外负责迎送、引导、陪同与会人员。对与会的贵宾及老、弱、病、残、孕者，少数民族人士、宗教界人士、港澳台同胞、海外华人和外国人，往往还须进行重点照顾。对于与会者的正当要求，应有求必应。

② 会议签到。为掌握到会人数，严肃会议纪律，凡大型会议或重要会议，通常要求与会者在入场时签名报到。会议签到的通行方式有三种：一是签名报到，二是交券报到，三是刷卡报到。负责此项工作的人员，应及时向会议的负责人进行通报。

③ 餐饮安排。举行较长时间的会议，一般会为与会者安排会间的工作餐。与此同时，还应为与会者提供卫生可口的饮料。会上所提供的饮料，最好便于与会者自助饮用，不提倡为其频频斟茶续水。那样做往往既不卫生、安全，又有可能妨碍对方。如有必要，还应为外来的与会者在住宿、交通方面提供力所能及、符合规定的方便条件。

④ 现场记录。凡重要的会议，均应进行现场记录，其具体方式有笔记、打印、录入、录音、录像等。可单用某一种，也可交叉使用。负责手写笔记会议记录时，对会议名称、出席人数、时间地点、发言内容、讨论事项、表决选举等基本内容要力求做到完整、准确、

清晰。

⑤ 编写简报。有些重要会议，往往要在会议期间编写会议简报。编写会议简报的基本要求是快、准、简。快，是要求其讲究时效；准，是要求其准确无误；简，则是要求文字精练。

（3）会议后

会议结束，应做好必要的后续性工作，以便使之有始有终。后续性工作大致包括以下四项。

1）形成文字结果。可以形成文件，文件包括会议决议、会议纪要等。一般要求尽快形成，会议一结束就要下发或公布。哪怕没有文字结果，也要形成阶段性的决议，落实到纸面上，还应该有专人负责相关事务的跟进。

2）如有必要可合影留念、赠送纪念品和参观游览等。

3）处理材料。根据工作需要与有关保密制度的规定，在会议结束后应对与其有关的一切图文、声像材料进行细致的收集、整理工作。收集、整理会议的材料时，应遵守规定与惯例，应该汇总的材料，一定要认真汇总；应该存档的材料，要一律归档；应该回收的材料，一定要如数收回；应该销毁的材料，则一定要仔细销毁。

4）协助返程。大型会议结束后，其主办单位一般应为外来的与会者提供一切返程的便利。若有必要，应主动为对方联络、提供交通工具，或是替对方订购、确认返程的机票、船票、车票。当团队与会者或与会的特殊人士离开本地时，还可安排专人为其送行，并帮助其托运行李。

2. 展览会礼仪

对常人来说，在日常生活之中所接触最多的商务性会议，大概非展览会莫属了。而对商界单位来说，积极参与各种类型的展览会，则是从事公共关系活动的一种常规的手段。

所谓展览会，对商界而言，主要是特指有关方面为了介绍本单位的业绩，展示本单位的成果，推销本单位的产品、技术或专利，而以集中陈列实物、模型、文字、图表、影像资料供人参观了解的形式，所组织的宣传性聚会。有时，人们也将其简称为展览，或称之为展示、展示会。

展览会在商务交往中往往发挥着重大的作用。它不仅具有甚强的说服力、感染力，可以现身说法打动观众，为主办单位广交朋友，还可以借助个体传播、群体传播、大众传播等各种传播形式，使有关主办单位的信息广为传播，提高其名气与声誉。正因为如此，几乎所有的商界单位都对展览会倍加重视，踊跃参加。

展览会礼仪，通常是指商界单位在组织、参加展览会时，所应当遵循的规范与惯例。在一般情况下，展览会主要涉及展览会的分类、展览会的组织与展览会的参加三个方面的大问题。现分别对其介绍如下：

（1）展览会的分类

严格地讲，展览会是一个覆盖面甚广的基本概念。细而言之，它其实又分为许许多多不尽相同的具体类型。要开好一次展览会，自然首先必须确定其具体类型，然后再进行相应的定位。否则，很可能就会出现不少的漏洞。

站在不同的角度上来看待展览会，往往可以对其进行不同标准的划分。按照商界目前所通行的会务礼仪规范，划分展览会不同类型的主要标准，一共有下列六条。

1）展览会的目的。这是划分展览会类型的最基本的标准。依照这一标准，展览会可分为宣传型展览会和销售型展览会两种类型。顾名思义，宣传型展览会显然意在向外界宣传、介绍参展单位的成就、实力、历史与理念，所以它又叫作陈列会。而销售型展览会则主要是为了展示参展单位的产品、技术和专利，招徕顾客、促进其生产与销售。通常，人们又将销售型展览会直截了当地称为展销会或交易会。

2）展览品的种类。在一次展览会上，展览品具体种类的多少，往往会直接地导致展览会的性质有所不同。根据展览品具体种类的不同，可以将展览会区分为单一型展览会与综合型展览会。单一型展览会，往往只展示某一大的门类的产品、技术或专利，只不过其具体的品牌、型号、功能有所不同而已，如化妆品、汽车等。因此，人们经常会以其具体展示的某一门类的产品、技术或专利的名称，来对单一型展览会进行直接的冠名，如可称之为"化妆品展览会"、"汽车展览会"等。在一般情况下，单一型展览会的参展单位大都是同一行业的竞争对手，因此这种类型的展览会不仅会使其竞争更为激烈，而且对于所有参展单位而言不啻为一场公平的市场考试。综合型展览会，又称混合型展览会。它是一种包罗万象的，同时展示多种门类的产品、技术或专利的大型展览会。与前者相比，后者所侧重的主要是参展单位的综合实力。

3）展览会的规模。根据具体规模的大小，展览会又有大型展览会、小型展览会与微型展览会之分。大型展览会，通常由社会上的专门机构出面承办，其参展的单位多、参展的项目广，因而规模较大。举办此类展览会，要求具备一定的操作技巧。因其档次高、影响大，参展单位必须经过审报、审核、批准等一系列程序，有时还需支付一定的费用。小型展览会，一般都由某一单位自行举办，其规模相对较小。在小型展览会上，展示的主要是代表主办单位最新成就的各种产品、技术和专利。微型展览会，则是小型展览会的进一步微缩。它提取了小型展览会的精华之处，一般不在社会上进行商业性展示，而只是将其安排陈列于本单位的展览室或荣誉室之内，主要用于教育本单位的员工和供来宾参观之用。

4）参展者的区域。根据参展单位所在的地理区域的不同，可将展览会划分为国际性展览会、洲际性展览会、全国性展览会、全省性展览会。应当明言的是，组织展览会不一定非要贪大求全不可，特别是忌讳虚张声势、名不副实，动辄以"世界"、"全球"、"全国"名之。若是根据参展单位所属行业的不同，则展览会又可分为行业性展览会和跨行业展览会。

5）展览会的场地。举办展览会，免不了要占用一定面积的场地。若以所占场地的不同而论，展览会有室内展览会与露天展览会之别。前者大都被安排在专门的展览馆或是宾馆和本单位的展览厅、展览室之内。它大都设计考究、布置精美、陈列有序、安全防盗、不易受损，并且可以不受时间与天气的制约，显得隆重而有档次。但是，其所需费用往往偏高。在展示价值高昂、制作精美、忌晒忌雨、易于失盗的展品时，室内展览会自然是其首选。后者则安排在室外露天之处，它可以提供较大的场地、花费较小，而且不必为设计、布置费用过多，展示大型展品或需要以自然界为其背景的展品时，此种选择最佳。通常，展示花卉、农产品、工程机械、大型设备时，大都选择它，不过，它受天气等自然条件影响较大，并且极易使展览品丢失或受损。

6）展览会的时间。举办展览会所用的具体时间的长短，又称为展期。根据展期的不同，可以把展览会分为长期展览会、定期展览会和临时展览会。长期展览会，大都常年举行，其展览场所固定，展品变动不大。定期展览会，展期一般固定为每隔一段时间之后，在某一特定的时间之内举行，如每三年举行一次，或者每年春季举行一次，等等。其展览主题大都既定不变，但允许变动展览场所，或展品内容有所变动。一般来看，定期展览会往往呈现出连续性、系列性的特征。临时展览会，则随时可根据需要与可能举办。它所选择的展览场所、展品内容及至展览主题，往往不尽相同，但其展期大都不长。

（2）展览会的组织

一般的展览会，既可以由参展单位自行组织，也可以由社会上的专门机构出面张罗。不论组织者由谁来担任，都必须认真做好具体的工作，力求使展览会取得完美的效果。

根据惯例，展览会的组织者需要重点进行的具体工作，主要包括参展单位的确定、展览内容的宣传、展示位置的分配、安全保卫的事项、辅助服务的项目等。

1）参展单位的确定。一旦决定举办展览会，由什么单位来参加的问题，通常都是非常重要的。在具体考虑参展单位的时候，必须注意两厢情愿，不得勉强。按照商务礼仪的要求，主办单位事先应以适当的方式，向参展的单位发出正式的邀请或召集。

邀请或召集参展单位的主要方式为刊登广告、寄发邀请函、召开新闻发布会等。不管采用其中任何一种方式，均须同时将展览会的宗旨、展出的主要题目、参展单位的范围与条件、举办展览会的时间与地点、报名参展的具体时间与地点、咨询有关问题的联络方法、主办单位提供的辅助服务项目、参展单位所应负担的基本费用等，一并如实地告之参展单位，以便对方据此加以定夺。

对于报名参展的单位，主办单位应根据展览会的主题与具体条件进行必要的审核。切勿良莠不分，来者不拒。

当参展单位的正式名单确定之后，主办单位应及时地以专函进行通知，令被批准的参展单位尽早有所准备。

2）展览内容的宣传。为了引起社会各界对展览会的重视，并且尽量扩大其影响，主办单位有必要对其进行大力宣传。宣传的重点，应当是展览的内容，即展览会的展示陈列之物。因为只有它，才能真正地吸引各界人士的注意和兴趣。

对展览会，尤其是对展览内容所进行的宣传，主要可以采用下述几种方式：其一，举办新闻发布会；其二，邀请新闻界人士到场进行参观采访；其三，发表有关展览会的新闻稿；其四，公开刊发广告；其五，张贴有关展览会的宣传画；其六，在展览会现场散发宣传性材料和纪念品；其七，在举办地悬挂彩旗、彩带或横幅；其八，利用升空的彩色气球和飞艇进行宣传。以上八种方式，可以只择其一，也可多种同时并用。在进行具体选择时，一定要量力行事，并且要严守法纪，注意安全。

为了做好宣传工作，在举办大型展览会时，主办单位应专门成立对外进行宣传的组织机构。其正式名称，可以叫新闻组，也可以叫宣传办公室。

3）展示位置的分配。对展览会的组织者来讲，展览现场的规划与布置，通常是其重要职责之一。在布置展览现场时，基本的要求是：展示陈列的各种展品要围绕既定的主题，进行互为衬托的合理组合与搭配，要在整体上显得井然有序、浑然一体。

顺理成章的是，所有参展单位都希望自己能够在展览会上拥有理想的位置。展品在展览会上进行展示陈列的具体位置，称为展位。大凡理想的展位，除了收费合理之外，应当面积适当，客流较多，处于展览会上较为醒目之处，设施齐备，采光、水电的供给良好。

在一般情况下，展览会的组织者要想尽一切办法充分满足参展单位关于展位的合理要求。假如参展单位较多，并且对于较为理想的展位竞争较为激烈，则展览会的组织者可依照展览会的惯例，采用下列方法对展位进行合理的分配。

一是对展位进行竞拍。由组织者根据展位的不同，制定不同的收费标准，然后组织一场拍卖会，由参展者在会上自由进行角逐，由出价高者拥有自己中意的展位。

二是对展位进行投标。即由参展单位依照组织者所公告的招标标准和具体条件，自行报价，并据此填具标单，而由组织者按照"就高不就低"的常规，将展位分配给报价高者。

三是对展位进行抽签。即将展位编号，然后将号码写在纸签之上，而由参展单位的代表在公证人员的监督之下每人各取一个，以此来确定其各自的具体展位。

四是按"先来后到"分配。所谓按照"先来后到"进行分配，即以参展单位正式报名的先后为序，谁先报名，谁便有权优先选择自己所看中的展位。

不管采用上述何种方法，组织者均须事先将其广而告之，以便参展单位早做准备，尽量选到称心如意的展位。

4）安全保卫的事项。无论展览会举办地的社会治安环境如何，组织者对于有关的安全保卫事项均应认真对待，免得由于事前考虑不周而麻烦丛生。

在举办展览会前，必须依法履行常规的报批手续。此外，组织者还须主动将展览会的举办详情向当地公安部门进行通报，求得其理解、支持与配合。

举办规模较大的展览会时，最好从合法的保卫公司聘请一定数量的保安人员，将展览会的保安工作全权交予对方负责。

为了预防天灾人祸等不测事件的发生，应向声誉良好的保险公司进行数额合理的投保，以便利用社会的力量为自己分忧。

在展览会入口处或展览会的门券上，应将参观的具体注意事项正式成文列出，使观众心中有数，以减少纠葛。

展览会组织单位的工作人员，均应自觉树立良好的防损、防盗、防火、防水等安全意识，为展览会的平安进行竭尽一己之力。

按照常规，有关安全保卫的事项，必要时最好由有关各方正式签订合约或协议，并且经过公证，以防出现不必要的麻烦或纠纷。

5）辅助的服务项目。主办单位作为展览会的组织者，有义务为参展单位提供一切必要的辅助性服务项目。否则，不但会影响自己的声誉，而且会授人以柄。

由展览会的组织者为参展单位提供的各项辅助性服务项目，最好有言在先，并且对有关费用的支付进行详尽的说明。

具体而言，为参展单位所提供的辅助性服务项目，通常主要包括下述各项：其一，展品的运输与安装；其二，车、船、机票的订购；其三，与海关、商检、防疫部门的协调；其四，跨国参展时有关证件、证明的办理；其五，电话、传真、计算机、复印机等现代化的通信联络设备的使用；其六，举行洽谈会、发布会等商务会议或休息之时所使用的适当场所；其七，餐饮及有关展览时使用的零配件的提供；其八，供参展单位选用的礼仪、讲解、推销员等。

（3）展览会的参加

参展单位在正式参加展览时，必须要求自己派出的所有人员齐心协力、同心同德，为大获全胜而努力奋斗。在整体形象、待人礼貌、解说技巧三个主要方面，参展单位尤其要予以特别的重视。

1）要努力维护整体形象。在参与展览时，参展单位的整体形象直接映入观众的眼里，因而对自己参展的成败影响极大。参展单位的整体形象，主要由展示之物的形象与工作人员的形象两个部分所构成。对于二者要给予同等的重视，不可偏废其一。

展示之物的形象，主要由展品的外观、展品的质量、展品的陈列、展位的布置、发放的资料等构成。用以进行展览的展品，外观上要力求完美无缺，质量上要优中选优，陈列上要既整齐美观又讲究主次，布置上要兼顾主题的突出与观众的注意力，而用以在展览会上向观众直接散发的有关资料，则要印刷精美、图文并茂、资讯丰富，并且注有参展单位的主要联络方法，如公关部门与销售部门的电话、电报、电传、传真及电子邮箱的号码等。

工作人员的形象，则主要是指在展览会上直接代表参展单位露面的人员的穿着打扮问题。在一般情况下，要求在展位上工作的人员应当统一着装。最佳的选择是身穿本单位的制服，或者是穿深色的西装、套裙。在大型的展览会上，参展单位若安排专人迎送宾客，则最好请其身穿色彩鲜艳的单色旗袍，并胸披写有参展单位或其主打展品名称的大红色绶带。为了说明各自的身份，全体工作人员皆应在左胸佩戴标明本人单位、职务、姓名的胸卡，唯有礼仪小姐可以例外。按照惯例，工作人员不应佩戴首饰，男士应当剃须，女士则最好化淡妆。

2）要时时注意待人礼貌。在展览会上，不管是宣传型展览会还是销售型展览会，参展单位的工作人员都必须真正地意识到观众是自己的上帝，为其热情而竭诚地服务则是自己的天职。为此，全体工作人员都要将礼貌待人放在心坎上，并且落实在行动上。

展览一旦正式开始，全体参展单位的工作人员即应各就各位，站立迎宾。不允许迟到、早退、无故脱岗、东游西逛，更不允许在观众到来之时坐、卧不起，怠慢对方。

当观众走近自己的展位时，不管对方是否向自己打招呼，工作人员都要面含微笑，主动地向对方说："你好！欢迎光临！"随后，还应面向对方，稍许欠身，伸出右手，掌心向上，指尖直接展台，并告知对方："请您参观。"

当观众在本单位的展位上进行参观时，工作人员可随行于其后，以备对方向自己进行咨询；也可以请其自便，不加干扰。假如观众较多，尤其是在接待组团而来的观众时，工作人员也可在左前方引导对方进行参观。对于观众所提出的问题，工作人员要认真做出回答。不允许置之不理，或以不礼貌的言行对待对方。

当观众离去时，工作人员应当真诚地向对方欠身施礼，并道以"谢谢光临"，或是"再见"。

在任何情况下，工作人员均不得对观众恶语相加，或讥讽嘲弄。对于极个别不守展览会规则而乱摸乱动、乱拿展品的观众，仍须以礼相劝，必要时可请保安人员协助，但不允许对对方擅自动粗，进行打骂、扣留或者非法搜身。

3）要善于运用解说技巧。解说技巧，此处主要是指参展单位的工作人员在向观众介绍或说明展品时，所应当掌握的基本方法和技能。具体而论，在宣传型展览会与销售型展览会上，其解说技巧既有共性可循，又有各自的不同之处。

在宣传型展览会与销售型展览会上，解说技巧的共性在于：要善于因人而异，使解说具有针对性。与此同时，要突出自己展品的特色。在实事求是的前提下，要注意对其扬长避短，强调"人无我有"之处。在必要时，还可邀请观众亲自动手操作，或由工作人员对其进行现场示范。此外，还可安排观众观看与展品相关的影视片，并向其提供说明材料与单位名片。通常，说明材料与单位名片应常备于展台之上，由观众自取。

进而言之，宣传型展览会与销售型展览会的解说技巧，又有一些不同之处。

在宣传型展览会上，解说的重点应当放在推广参展单位的形象之上。要善于使解说围绕参展单位与公众的双向沟通而进行，时时刻刻都应大力宣传本单位的成就和理念，以便使公众对参展单位给予认可。

而在销售型展览会上，解说的重点则必须放在主要展品的介绍与推销之上。按照国外的常规说法，解说时一定要注意"FABE"并重，其中，"F"指展品特征，"A"指展品优点，"B"指客户利益，"E"则指可凭证据。要求工作人员在销售型展览会上向观众进行解说之时，注意"FABE"并重，就是要求其解说应当以客户利益为重，要在提供有利证据的前提之下，着重强调自己所介绍、推销的展品的主要特征与主要优点，以争取使客户觉得言之有理，乐于接受。不过，争抢、尾随观众兜售展品，弄虚作假，或是强行向观众推介展品，则不可取。

二、物流服务礼仪

物流是指为了满足客户的需要，以最低的成本，通过运输、保管、配送等方式，实现原材料、半成品、成品及相关信息由商品的产地到商品的消费地所进行的计划、实施和管理的全过程。物流的构成有商品的运输、仓储、包装、搬运装卸、流通加工，以及相关的物流信息等环节。

1. 一般要求

1）驾驶车辆须严格遵守交通规则，方向盘就是驾驶者的形象。

2）道路拥挤或车辆堵塞时，要有等待的耐心，这也是一种涵养。

3）驾车行经人行横道或繁华街道，要减低车速，礼让行人。如遇雨天，则防止将积水溅到行人身上。

4）路上如有磕碰，应理智处理。俗话说："退一步海阔天空。"

5）夜晚开车时要适时交换远近灯光，避免干扰对方司机。

6）进出轿车时，替女士开（关）门是男士应有的风度。

7）保持车容的整洁，也是为都市增色。

8）做到：礼貌行车、文明驾驶；转弯做到五件事（减速、拨转弯灯、鸣号、靠右行、随时准备停车）；在制动、转向灯光及信号装置有故障时不勉强行驶；狭窄路段减速行驶，集中精力，注意来车动向；通过交叉路口、铁道路口，做到"一看、二慢、三通过"；行驶中道路复杂心不急，遇到障碍设施时，车多、人密多注意；积极协助公安交通机关做好交通秩序维护和事故调查处理工作。

2. 驾驶车辆禁忌

1）反"三超"：超速、超载、超时疲劳驾驶。

2）驾驶员配备及驾车时间：单程在公里（高速公路 600 公里）以上的客运汽车，必须配备两名以上驾驶员。客运驾驶员一次连续驾车不得超过 3 小时，24 小时内实际驾驶时间不得超过 8 小时。夜晚 22 时至次日晨 6 时运行的客运班车必须避开三级以下（含三级）山区公路。

3）安全行车"十二想"：出车之前想一想，带病车辆勿出场；马达一响想一想，集中精力别乱想；起步时候想一想，观察鸣号再前往；会车时候想一想，先慢后停多礼让；超车之时想一想，前车未让勿勉强；倒车调头想一想，注意行人与物障；通过村镇想一想，减速鸣号切勿忘；过桥之前想一想，狭路相逢怎避让；转弯时候想一想，预防左右有车辆；自行车前想一想，他不避时我先让；冰雪路上想一想，低速驾驶最妥当；收车进场想一想，查看车况勤保养。

4）九不开：道路宽阔，视线良好，不开英雄车；行人车辆，违规挡道，不开赌气车；经验丰富，技术熟练，不开骄气车；视线受阻，情况不明，不开冒险车；交叉路口，情况复杂，不开抢道车；城镇工矿，人车稠密，不开麻痹车；精神疲倦，神态恍惚，不开疲劳车；机件不全，发生故障，不开带病车；任务繁重，时间紧迫，不开急躁车。

5）十不准：不准无证驾车；不准疲劳驾车；不准酒后驾车；不准没有消防设备和安全装置的车辆上路；不准随便乱停车上、下旅客；不准让车不让速、让速不让道；不准穿拖鞋、高跟鞋、赤脚、赤背驾车；不准在雨雾视线不清，不按规定使用灯光雨刮器、车辆涉险载客通过；不准强行超车，在弯道、坡道、桥梁、繁华路段严禁超车；不准驾车时看传呼、打手机、戴耳塞听音乐。

三、信息服务礼仪

一般而论，信息产业是指从事信息产品制造、开发及信息生产、加工、存储、流通与服务的新兴产业群体，通常包括信息产品制造业、软件业和信息服务业三大部分。

我国信息产业持续快速成长，已成为国民经济的支柱产业和基础产业。信息产业的高速增长和信息技术的广泛应用推动了国民经济和社会事业的发展。

1. 商务电子邮件礼仪

近年来，在诸种电子通信手段中跑出来一匹"黑马"，它就是电子邮件。自从诞生以来，它的发展可谓突发飞进，日新月异，令人刮目相看。当前，它已经在商界得到了越来越广泛的使用。

电子邮件，又称电子函件或电子信函。它是利用电子计算机所组成的互联网络，向交往对象所发出的一种电子信件。使用电子邮件进行对外联络，不仅安全保密，节省时间，不受篇幅的限制，清晰度极高，而且可以大大地降低通信费用。

商界人士在使用电子邮件对外进行联络时，应当遵守的礼仪规范主要包括以下四个方面。

第一，电子邮件应当认真撰写。向他人发送的电子邮件，一定要精心构思，认真撰写。若随想随写，则既不尊重对方，也不尊重自己。

第二，电子邮件应当避免滥用。在信息社会中，任何人的时间都是无比珍贵的。对商界人士来讲，这一点就显得更加重要了。所以有人才会说："在商务交往中要尊重一个人，首先就要懂得替他节省时间。"

第三，电子邮件应当注意编码。编码的问题是每一位电子邮件的使用者均应予以注意的大事。由于中文文字自身的特点加上一些其他的原因，我国的内地、台湾省、港澳地区，以及世界上其他国家里的华人，目前使用着互不相同的中文编码系统。因此，当一位商界人士使用中国内地的编码系统向生活在除中国内地之外的其他一切国家和地区里的中国人发出电子邮件时，由于双方所采用的中文编码系统有所不同，对方便很有可能只会收到一封由乱字符所组成的"天书"。

2. 正确使用手机

除遵守电话礼仪外，还应该注意以下几个方面。

1）在会议、影剧院等明显影响他人的环境下，应关机或将铃声处于静音状态。

2）如需要电梯内、车厢中、餐厅里等公共场所、正式活动过程中使用手机，应起身迅速离开，在不影响他人的地方接听。不得不当众使用时，应向周围的人道歉。不能一边与别人交谈，一边接听手机。

3）遵守加油站、医院、飞机上等场所不得使用手机的规定，在驾车时应按规定使用耳机接听电话，确保安全。

4）若接到他人电话，应及时回复，更换了手机号要及时告知自己的重要交往对象，确保联络畅通。

5）不用手机讨论机密事件或私人隐私。

6）不通过手机短信传播低俗、污秽、虚假、违法的信息。

7）手机一般应放在公文包、坤包或上衣口袋中，不宜握在手里、挂在衣服外边或挂在腰带上。

3. 上网的十个基本礼节

（1）记住别人的存在

互联网给予来自五湖四海的人们一个共同的地方聚集，这是高科技的优点，但往往也使我们面对计算机荧屏，忘了我们是在跟其他人打交道，我们的行为也因此容易变得更粗劣无礼。因此，网络礼节第一条就是"记住别人的存在"。如果你当着面不会说的话，在网上也不要说。

（2）网上网下行为一致

在现实生活中大多数人都是遵纪守法的，在网上也应同样如此。网上的道德与法律与现实生活是相同的，不要以为在网上与计算机交易就可以降低道德标准。

（3）入乡随俗

同样是网站，不同的论坛有不同的规则。在一个论坛可以做的事情在另一个论坛可能不宜做。最好的建议是：先爬一会儿墙头再发言，这样你可以知道坛子的气氛和可以接受的行为。

（4）尊重别人的时间

在提问题以前，先自己花些时间去搜索和研究。很有可能同样的问题，以前已经问过很多次了，现成的答案随手可及。不要以自我为中心，别人为你寻找答案需要消耗时间。

（5）给自己在网上留个好印象

因为网络的匿名性质，别人无法从你的外观来判断，因此你的一言一语成为别人对你印象的唯一判断。如果你对某个方面不是很熟悉，找几本书看看再开口，无的放矢只能落个灌水王的帽子。同样，发帖之前仔细检查语法和用词，不要故意挑衅和使用脏话。

（6）分享你的知识

除了回答问题以外，还包括当你提了一个有意思的问题而得到很多回答，特别是通过电子邮件得到的，以后你应该写份总结与大家分享。

（7）平心静气地争论

争论与大战是正常的现象。要以理服人，不要人身攻击。

（8）尊重他人的隐私

别人与你用电子邮件或私聊（ICQ/QQ）的记录应该是隐私的一部分。如果你认识某个人用笔名上网，在论坛未经同意将他的真名公开不是一种好的行为。如果不小心看到别人打开计算机上的电子邮件和秘密，不应该到处广播。

（9）不要滥用权利

管理员、版主比其他用户有更多权利，应该珍惜使用这些权利。

（10）宽容

我们都曾经是新手，都会有犯错误的时候。当看到别人写错字，用错词，问一个低级问题或写一篇没必要的长篇大论时，你不要在意。如果你真的想给他建议，最好用电子邮件私下提。

 **案例思考**

自展览会与博览会问世以来，国际展览业有了极大的发展。据不完全统计，目前世界上定期举行的大型展览会与博览会达 8000 多个。这些展览会、博览会涉及社会各个领域，与经济生活息息相关，为促进世界经济、科技的发展和人民的相互了解起到了积极的作用。国际展览业作为世界经济的一个组成部分，每年不仅直接创经济效益 5800 亿美元，还对其他行业（旅游、交通等）起着强大的拉动作用。正是这种对世界经济的推动作用，使国际展览业受到世界各国的高度重视。

会展经济被认为是高收入、高赢利的行业，其利润率为 20%～25%。据专家测算，国际会议的产业带动系数大约为 1∶9，即会议展览场馆的收入如果是 1，相关的社会收入为 9。正因为其赢利且又是无烟的绿色产业，不仅可以培育新兴产业群，而且可以带动服务、交通、旅游、餐饮等相关产业的发展。正因为如此，国内许多城市都盯上了这块诱人的"蛋糕"，北京、上海、大连等城市都把会展业列为当地经济发展新的增长点。

会展带来的社会效益也被世人所共睹。昆明世界园艺博览会仅投资场馆建设就达 16 亿元，而相关基础设施和环境治理的投资多达 200 余亿元，新建和扩建城市街道 690 条，建成 20 多座立交桥和 10 座行人天桥，超前 10～20 年完成了昆明市城市网络规划。至于城市居民所受的潜移默化的精神陶冶，增进文明素养，更是无法计算。

据中国会展经济研究会和境外办自办展数据统计，举办和参加会展的数量不断增多，2012 年我国会展项目数量超过 7000 个，出国办展近 70 个；参展企业 500 多万家，参会专业观众近 2000 万人次；节庆活动 5000 多个，参与观众达数亿人次。会展收入增幅明显，目前举办各类展会直接收入超过 100 亿元，间接带动的旅游、餐饮、交通、广告、娱乐、房产等行业收入高达数千亿元。随着经济全球化程度的日益加深，会展业已发展成为新兴的现代服务贸易型产业，成为衡量一座城市国际化程度和经济发展水平的重要标准之一。

看完这篇资料，你有什么感受？它能给我们带来哪些启迪呢？

📖 **知识链接**

我国常用鲜花代表的寓意

丁香——初恋、相识。

玫瑰——爱情之花，纯洁的爱（粉红：初恋；红色：热恋；白色：纯洁的爱；黄色：失恋）。

梅花——高洁、坚贞不移。

秋菊——清雅、高节、长寿、清廉。

郁金香——爱的告白、祝福永恒（红色：宣布恋爱；粉红：热恋幸福；紫色：忠贞的爱；白色：没有希望的恋情）。

长寿花——福寿康宁、青春永驻。

红掌——热情豪放、天长地久。

百合花——百年好合、百事如意。

勿忘我——理想的恋情，永恒的友谊。

月季——爱美常新（红色：纯洁的爱；粉红：初恋；白色：尊敬和崇高；黄色：道歉）。

蝴蝶兰——幸福、快乐、我爱你。

金橘（桔）——有金有吉、金银满堂。

牡丹——富贵、繁荣、昌盛、美丽。

兰花——永恒的爱、青春永驻。

满天星——青春高雅、淡泊名利。

向日葵——爱慕、活力、崇拜、忠诚。

君子兰——高贵、宝贵、有君子之风。

芍药——美好、惜别。

康乃馨——母爱、慈祥、温馨、清纯的爱慕之情。

山茶花——美满、英勇顽强（红色：谦让；白色：可爱；粉红：克服困难）。

荷花——坚贞、高雅、脱俗、纯洁的爱。

综合练习

一、名词解释

1. 会展
2. 展览会
3. 展览会礼仪
4. 物流

二、填空题

1. 商场（超市）顾客投诉处理原则有_____、_____、_____、_____和_____。

2. 推销员约见的基本原则有_____、_____、_____和_____。

3. 推销语言的基本原则有_____原则；_____的原则；_____的原则；_____；_____原则。

4. 大多数人认为，谈判班子人数以不超过_____最为理想。

5. 根据展览会的目的，展览会可分为_____和_____；根据展览品具体种类的不同，可以将展览会区分为_____与_____；根据具体规模的大小，展览会又有_____、_____与_____；若以所占场地的不同而论，展览会有_____与_____之别；根据参展单位所在的地理区域的不同，可将展览会划分为_____、_____、_____和_____。

6. 信息产业通常包括_____、_____和_____三大部分。

三、单项选择题

1. 使用手机的不正确做法是（　　）。
   A. 一边与别人交谈一边接听手机
   B. 在会议或影院等场合，应关机或将铃声置于静音状态
   C. 手机不宜握在手里或挂在腰带上

2. 文明驾车的正确做法是（　　）。
   A. 向车外吐痰或扔杂物
   B. 慢车抢占快车道
   C. 夜间驾车要远、近光灯使用

3. 在国际性贸易展览会方面，（　　）是第一号的世界会展强国。
   A. 美国　　　　　　B. 德国　　　　　　C. 英国

4. 有经验的谈判专家都知道，一般谈判时座位的具体安排应该采用（　　）。
   A. 社交式　　　　B. 合作式　　　　C. 竞争式

四、判断改错题

1. 谈判室内温度在 24℃，相对湿度为 60%～80%是最合适的。　　　（　　）
改正：

2. 谈判时，要针锋相对，强调自己的利益。　　　（　　）
改正：

3. 引导时，超市迎宾员应走在顾客后方以声音指示方向及路线，不要遮挡顾客的视线，将顾客引导至正确位置。　　　（　　）
改正：

4. 小型会议如果面门设座，一般以面对会议室正门之位为会议主席之座。　　　（　　）
改正：

5. 开会时，中途退场应轻手轻脚，不影响他人。　　　（　　）
改正：

五、简答题

1. 顾客投诉处理的基本方法与技巧有哪些？

2．推销员处理反对意见的技巧有哪些？

3．谈判室的布置，具体而言应考虑哪几种因素？

4．谈判时座位次序应如何安排？

5．简述商务谈判中的语言技巧。

6．一般可用哪些方法对展位进行合理的分配？

7．驾驶车辆时有哪十不准？

六、思考题

仔细阅读下列案例，结合商务谈判的语言技巧谈谈苏代说服西周的关键之处是什么。

春秋战国时期，东周为了发展农业，提高农作物的产量，准备改种水稻。西周在高处掌握着水的资源，知道东周改种水稻的消息，坚持不给东周放水。东周非常着急，于是发出话来，谁能去说服西周放水，国家要给予重奖。这时，苏秦的弟弟苏代就自告奋勇地去说服西周。他到了之后就对西周人说："我听说你们不给东周放水，这个决定可是不高明啊。"西周人问："怎么不高明呢？"苏代说："你们不给东周放水，他们就没有办法改种水稻，只能改种小麦。这样，他们就再也不用求你们了。你们和东周打交道也就没有主动权了。"西周人问："苏先生，以你的意见怎么办好呢？"苏代说："要听我的意见，你们就给东周放水。让他们顺利地改种水稻。改种水稻就常年都需要水，这样，东周的经济命脉就掌握在你们手里了。你们一断水他们就难以生存。他们时刻都得仰仗你们，巴结你们。"西周人听了觉得有道理，不但同意给东周放水，还重重奖励了苏代。

求　职　篇

项目五 求职面试礼仪

【学习目标】

1. 了解求职面试的基本要求。
2. 熟知求职面试的相关常识。
3. 掌握参加求职面试的基本礼仪规范。

【礼仪小故事】

毕业生赵鹏到一家公司应聘，接连几轮面试都一路顺利过关，最后一轮面试，公司的副总当主考官，问了一大堆问题后，突然对他说："对不起，我们公司不需要学旅游的。"小赵听了差点没晕过去，心想：你问了我一堆问题都没难住我，现在又说不需要学旅游的，这不是成心要我吗！转而一想，这可能是个"圈套"！于是微笑着对那位副总说："虽然我无缘成为贵公司的一员，但我仍然十分感谢您给了我这次宝贵的面试机会，如果可以的话，请您指出我的不足之处，以便我以后加以改正。"这时，那位副总紧绷的脸上绽出了笑容，走上前握住小赵的手说："小伙子，公司欢迎你！"

在"双向选择，自主择业"的今天，求职应聘不仅是各类毕业生走向社会的开始，也是一些社会人员再就业和变换职业的必要途径。求职者一半是为了生存，另一半则是责任。就在这生存与责任中，人们找到了自己的位置，实现了人生的价值。求职是一个过程。求职者的求职过程，就是一个"推销"自己的过程。戴尔·卡耐基说："推销自己是一种才华，是一种艺术。有了这种才能，你就能安身立命，使自己处于不败之地。"然而职业难求，好职业更难求。有人苦于信息不灵，有人不善于自我推销，在面试场上阵前落马，千载难逢的机遇与自己擦肩而过。

任务一 面试及面试前的形象准备

【任务目标】

认识：1. 了解面试的含义及面试的主要内容。
　　　2. 了解面试的常见形式。
　　　3. 理解面试形象准备的重要性。

训练： 1. 熟悉面试前需做的主要工作。
　　　 2. 掌握进行自我形象设计的方法与技巧。
　　　 3. 遵循 TPO 原则，提高鉴赏、审美能力。

现实告诉我们：在求职的整个过程中，不仅应聘技巧影响求职效果，而且在不同的环节中都有各自的礼仪要求，求职者在求职过程中，在语言、文字、仪容、仪表、仪态等方面的表现，是体现其内在素质的窗口，它将影响求职的最终结果。本任务将从求职礼仪的角度为求职者求职成功提供一些方法和技巧。

一、面试概述

1. 面试的含义

面试是一种经过组织者精心设计的在特定场景下以考官和考生面对面的观察和交谈为主要手段的，由表及里测评考生的知识、能力、经验等有关素质的一种考试活动。

2. 面试的主要内容

面试一般包括应聘者的仪表风度、专业知识、工作经验和能力、口头表达能力、综合分析能力、反应能力和应变能力、人际交往能力、自我控制能力和情绪稳定性、工作态度、上进心、求职动机、业余兴趣和爱好等。

3. 面试的常见形式

面试的形式有单独面试和集体面试两种。在集体面试中多位应试者可以同时位于考场之中，但考官不是同时面向所有的应试者，而一般是逐个提问逐个测评，即使在面试中引入辩论、讨论，评委们也是逐个观察应试者的表现。另外，面试还有持续性，考官可以自主决定面试的时间及次数。

二、熟悉面试地点

如果你从没去过面试地点，为避免前去面试时迷路，面试的前一天最好先到面试地点去一趟，弄清楚到那里的路线，怎么进入大楼，哪里可停车。粗略估算一下途中需要的时间。选择能使你从容按时到达面试地点的交通工具，同时准备一些必备的东西，如现金、车票（公交卡）等。

三、进行自我形象设计

在求职面试活动中，主考官往往通过外表来判断求职者的身份、地位、学识、个性等，并形成一种特殊的心理定势和情绪定势，这种心理定势和情绪定势就称为"第一印象"。 专家指出，一个人对另一个人的印象和观感，在初次见面时的短短几秒内已经形成，那么，看的是什么呢？有研究表明，人与人之间的交流有时往往是在尚未开口之前，只需迎面走来，只需相向而立，只需稍加打量，彼此就会发现双方眼中一个真实的你我，因为在这最初的几秒内，每个人都会自觉或不自觉地用眼睛、面孔、身体和态度来表达自己的真正感觉，简而言之，看的就是一个人的仪表仪容和仪态。由此可见，在关键场合，一个人的仪表仪容和仪态如何能决定你留给别人一个什么样的"第一印象"。而在面试这个特殊的场合，一个人的"第一印象"往往又在无形中左右着主考官的判断。那么，如何在仪表仪容和仪态上给主考官以美的享受，为你打上一个满意的分数呢？

面试前自我形象设计就显得至关重要。自我形象设计是一个人对自己的外在形象，主要是发型、容貌、服饰等进行的整体设计。求职面试是用人单位和应聘者的一次面对面的交流。应聘者良好的形象对于成功应聘是至关重要的。形象设计是一门艺术。成功的形象设计体现一个人内在的品质、良好的素养，可以提升一个人的档次，让应聘者在众多的竞争者中脱颖而出。成功的形象设计应在仪容仪表、衣着服饰的选择与搭配上注意扬长避短，做到大方、整洁、自然、协调、得体，既体现时代精神，又符合自身特点。

同时要遵循求职形象设计的 TPO 原则。所谓 T，是指 time，即根据不同的时间来确定自己的形象设计；所谓 P，是指 place，即根据不同的地点、场所、场合、职位选择自己的形象设计；所谓 O，是指 object，即根据自己不同的目标、目的来选择自己的形象设计。

1. 仪容

仪容主要指一个人的容貌，包括身体、头发、面部、手部及个人卫生等方面。面试时要讲究仪容清洁，这是人与人顺利交往，并获得面试成功的必要条件。

（1）身体的清洁

面试时，求职者和主考官的距离一般不会很远，如果你身上发出汗臭味，主考官闻到了肯定会不舒服，这就会影响面试效果。因此，面试前一定要洗澡，换上干净的衣服和鞋袜，保持体味清新，这样也可以使你精神抖擞。

另外，可以在身上适度地抹些香水，香水既可驱散其他体味，又可沁人心脾，醒脑提神。然而，在使用香水时，要注意正确适当。

（2）脸部的清洁

脸是人体经常外露的部分，脸是每个人对外的"窗口"，通过观察一个人的脸，可以判断出是此还是彼。主考官在观察的同时，不仅看到脸蛋和高耸的鼻子，还能观察出求职者脸部的卫生状况。因而，求职者在面试前要清洁掉脸蛋上的污垢和汗渍，还要注意清洁"卫生死角"，即耳朵、脖颈和眼角，不能敷衍了事。如果你不注意脸部的清洁卫生，主考官一定会毫不留情地扣分，因为这很难与专业化、严肃、认真的工作形象相联系。

注意脸部的清洁，必须掌握正确的洗脸方法。先用温水湿润脸部，再抹适量的清洁剂在手心，如香皂、洗面奶等，两手心相互揉化，用手掌往脸颊、额头、脖颈、下颚处涂抹，然后用手由下颚向上搓揉，手指打圈，手经过鼻子两侧至眼眶正反打圈，然后从上额至颧骨下颚部位反打圈，从颈部至左、右耳根反复多次。这是借助光滑的洗面用料，以达到对皮肤的清洁、按摩的目的。最后用温水冲净面部的洗面用料，用凉水冲洗干净，拧干毛巾，抹净脸、耳朵和脖子。

（3）口腔的清洁

注意养成良好的口腔卫生习惯。面试前不要吃洋葱、大蒜、韭菜等带有强烈异味的食物，也不要抽烟、饮酒，以免口腔烟味刺人，酒气熏天，引起主考官的反感。有些人有口臭的毛病，同人面对面讲话时，口腔里发出难闻的气味，致使对方不悦，自己也很难堪。通常情况下，口臭可能是内脏疾病引起的，也可能是由口腔疾病或不注意口腔卫生引起的，应该查明原因进行治疗。若是单纯性口臭而没有其他毛病，就应多注意口腔卫生，坚持早晚认真刷牙，饭后漱口，不暴饮暴食，多吃清淡食物，戒掉烟酒。每日早晨，空腹饮一杯淡盐水，平时多以淡茶水漱口，可以清除口腔中的异味。必要时，可以用咀嚼口香糖来减少口腔异味。不过应提醒的是，在主考官面前边说话边嚼口香糖是不礼貌的，应该避免。

（4）鼻子的清洁

鼻子是面部最突出的部分，居于五官中心部位，对整个面部的形象起着不可忽视的作用。如鼻毛过长、过旺，甚至长到鼻孔外面看上去不够整洁，有碍美观，影响"面容"，可以在面试前用小剪刀剪短，不要去拔，以免损伤。另外，不要在人前用手剜鼻孔，这样既不文明也不卫生。

（5）头发的清洁

头发要干净，不要有异味，特别是夏季出汗较多，头发上散发着馊味是不文明的，应及时洗发。女士如果要烫发，最好在面试前提前一个星期左右做，以免带着浓烈的烫发药水味。平时头发要梳理整齐，不要给人以油光发亮、湿漉漉的感觉，不可以披头散发，不可以留怪异发型。肩背上不应有散落的头发与发屑。

拥有健康秀美的头发，同样需要保持愉快的心情、平衡的营养和良好的生活习惯，还需要科学的养护。

（6）手部的清洁

有人说手是人的"第二张面孔"，的确，手也是能显露人体高雅度的器官。手部的美体现在手的外形、指甲的外形、皮肤的状况、脂肪和静脉血管的状态等方面。指甲要及时修剪整齐，理想的指甲是平直而顶端稍圆。不留长指甲，不对指甲过于修饰。涂指甲油时应考虑指甲油的色彩与你所穿服饰、化妆、风格、职业、场合的协调问题。

（7）胡须的清洁

我国当代风俗习惯是，男人如果不是老人或职业上的特殊需要，一般不蓄胡须。男子求职面试时要把脸刮干净，使其容光焕发，充满活力。

（8）眼镜的清洁

求职者如果是戴眼镜的，面试前，应该让眼镜保持清洁。

2. 衣着服饰

面试时一定要注意衣着服饰礼仪。恰到好处的衣着服饰会体现求职者的修养和内在的品质，同时也会为求职者在竞争过程中增加获胜的砝码。总的要求是给人整体感、和谐感、明快感。

（1）着装

许多职业专家不约而同地认为：面试时对着装不可掉以轻心，应当精心选择。精心选择并不是极端地求新求异，而是选择自己在正式场合最合适的服装。

1）男士着装需注意以下问题：

一般来说，男士穿两件套西装，内穿浅色衬衣，系丝质领带为宜。在选择西服时，不一定选择非常昂贵的西服，但是一定要熨烫平整、挺括。服装只要完好合身，即使已穿了两三年也关系不大，过大或过小的着装都不符合规范的礼仪，会让你的形象大打折扣。

另外要注意衣服的颜色。应选择那些黑色、灰色、蓝色等深色素的色调。这种颜色的西服给人稳重的感觉和让人放心的信任感。

配套的衬衫，应该是白色或浅色的硬领长袖，最好是白色的，这样的衬衫非常容易搭配领带。另外，特别要注意领子的干净。

领带的选择是很重要的，选错了领带会使昂贵的衣服大打折扣，而合适的领带能使一般的服装看上去更好。领带选择不要太花哨，以单色或条文的真丝领带为宜。要注意领结的饱满及与衬衫领口的吻合紧凑。

鞋子最好是硬底的黑色皮鞋，不论鞋子的新旧，都要保证光亮、干净。黑色的皮鞋很好搭配西服。另外，特别要注意袜子的选择，颜色要和所穿西装颜色相配，长短合适，黑色或深灰色的西装，一定不能配白色袜子。

2）女士着装需注意以下问题：

女士的面试服装最好与时代同步。衣着要合身，不能太暴露，不能太紧身。要以内在的素质取胜，先从严肃的服装入手。一般来说，套装适合于多数面试场合。剪裁得体的西装套裙、色彩相宜的衬衫和半截裙使人显得稳重和自信。合身的职业套装也非常受欢迎，往往会给人留下干练的印象。

女士选择颜色的范围较广，服装颜色以淡雅或同色系的搭配为宜，颜色勿过于花哨，衣服的样式，简洁点最好。裙装长度应在膝盖左右或以下，太短有失庄重。

没有带子的中跟船形鞋是面试最稳妥的选择。面试时，要选择与你的套装及配饰相配的鞋，避免穿过高的高跟鞋或平跟鞋，不然，走起路来会使你不自信。袜子不要太显眼，穿颜色淡的或者肉色的连裤袜最为适宜。

（2）须发

无论应试者喜欢什么发型，无论是男性还是女性，面试的发型有一条基本原则：梳理整齐，干净，有光泽，能够显露出应试者的整个面庞。

（3）化妆

化妆可以起到强化优点、掩饰缺点、显现个性的作用，参加面试进行适当的化妆是必要的，目的是使自己看上去身体健康，精神焕发。能做到"妆而不露、似有若无"为最佳。切记不可浓妆艳抹，那样会适得其反。

（4）饰物

面试时，佩戴饰物需要慎重，因为饰物可能会引起面试考官对应试者本身的猜想。总的原则是珠宝饰品越少越好。特别要避免一只手上戴多个戒指。

总之，衣着服饰应谨守给人留下"信得过"印象的原则。

 **案例思考**

静芬是国内一所名牌大学的毕业生，某天她到一家大型集团公司去面试求职，恰好是总经理亲自出马，静芬以为天赐良机，便滔滔不绝地"自我推销"起来。

正在兴头上时，总经理突然来了一句："小姐，你的'庐山真面目'我还未见到呢。"原来，静芬长发披肩，"刘海"把清秀的脸遮去一大半。这样的一种"犹抱琵琶半遮面"的形象，怎么能让主考人员下结论呢？

最后，总经理说："我尊重人才，才亲自面试，可人才也得尊重我呀，像你这种只见人不见脸的求职者，连形象我都难下结论，我怎么能把你放到重要的职位上呢？所以，我建议你把头发弄清爽了再来求职。"

你知道静芬为什么没有获得总经理的认可吗？

任务二　面试前的心理准备和材料准备

【任务目标】

认识：1. 了解面试前做好充分心理准备的必要性。
2. 理解面试前应做好所需材料的充分准备的重要性。
3. 了解简历的各种类型。
4. 掌握简历与自荐信的联系与区别。

训练：1. 磨炼自己的意志，陶冶自己的情操，培养健康心理品质。
2. 平时坚持做有心人，做好求职面试知识与语言的积累工作。
3. 学写自荐信及简历的制作。
4. 多向他人学习、请教，从中获取有益的经验与信息。

面试其实也就是一次约会，一次和你未来的老板、未来的直接领导的一次带有目的的、询问式的约会。多数要参与面试的人对即将到来的面试会产生一种十分自然而且不可避免的紧张感。虽然大多数的招聘者不会因面试人选的一点紧张行为就对该人选的评价很低，但他们仍会仔细观察面试者在压力下的表现。表现得过度紧张的面试者很容易从招聘者的进一步考虑中淘汰出去。

一、面试前的心理准备

1．克服紧张感

一种战胜面试前紧张的好办法是练习积极地思考，可以详尽地想象一下整个面试的过程是什么样的；想象一下你会面对什么样的招聘者（面试官），你会被问什么问题，你会怎么去回答这些问题；想象你镇静地作答甚至是高水平的超常发挥的场面。这种心理上的演练虽不能保证成功，但它能有助于你变得更乐观和自信，因为你在心里每演练一次，你的回答就会更完美。这将毫无疑问地提高你最后出场的概率。

2．知己知彼、有的放矢

要做到知己知彼、有的放矢，首先要"知己"，即全面了解自己，明确自己胜任某项工作的条件、优势，找出自己的"闪光点"，同时也要分析自己的薄弱点，以求扬长避短，选择适当的就业目标，择业目标要和自己所具备的实力相当或接近。"知彼"中的"彼"，主要指应聘单位、应聘岗位的基本情况。重点是对应聘岗位的工作内容、岗位要求、工作职责等具有一定的了解，做到心中有数，有备而往，但不能有理想主义，针对社会、企业的需求要及时调整就业期望值，不要刻意追求最满意的结果。

3．克服避免多种消极心理

1）负担心理，就是把面试看得过重，心理负担过大，总是患得患失。在求职过程中遇到挫折，不能消极退缩，要采取积极的态度。

2）自卑、胆怯心理，就是指对自己的能力、实力的评价过低，不能正视自己与别人之间的差距，认为自己处处不如别人，一旦有了自卑、胆怯心理，就会影响自己正常水平的发挥。

3）自大心理，就是认为自己的条件、水平都比其他应试者有明显优势，对自己过于自信，一旦有了自大心理，遇到挫折，往往不容易正确看待和对待。太强的表现欲和过分地害怕在别人面前出丑的心理，也不利于在面试时发挥最佳水平，应力求避免，要学会放松自己，也要能正视挫折，并把它看作宝贵的人生经验。

4）从众心理，就是在择业问题上不要这山看着那山高，或一味跟着别人走，在舆论或群体的影响下，放弃自己的意见，也不要不合实际地与他人攀比，这样不利于根据自己的实际情况，捕捉到适合自己的就业途经。

5）依赖心理，就是在求职、面试过程中，依赖学校、教师、家长，一旦脱离了他人的帮助，会因缺乏自主竞争精神而坐失良机。

4．增强自信心

应该注意的是，增强自信并不是盲目自信，更不是不能正视挫折，而是应对自己的学识、特长、能力等有一个清楚的认识，相信自己可以战胜目前的困难，最终获得成功。

5. 争做讲原则、有主见的人

求职者要有主见、有原则，不能因为他人的好恶或急于得到某个职位而改变自己做人行事的准则。不能卑躬屈膝、刻意逢迎，也不能贪图虚荣、刚愎自用，应该在人生的艰难旅途中，力求使自己磨炼成堂堂正正的人。

二、面试前的材料准备

1. 个人简历（履历表）及其书写礼仪

面试前要准备的书面材料中，简历最重要。什么是简历？简历是一个人向组织交代自己经历或有关部门向上级、公众介绍一个人的经历时所用的一种实用文体。

一份好的简历应做到个性突出、结构严谨、朴实简洁、设计精巧，让用人单位一看就能留下深刻的印象。一份有吸引招聘者注意的简历能增加面试的机会，所以求职者必须在制作简历上费心思雕琢，下一番功夫。必要时可以借鉴别人的经验与教训，有时写完简历也可以先让别人看一下，给自己提出修改建议。那么，简历有哪些形式内容？撰写简历又要注意哪些事项呢？

（1）个人简历的内容

1）个人基本情况。个人基本情况主要指姓名、性别、出生年月、家庭住址、政治面貌、身高、视力等，一般书写在简历最前面。

2）学历及工作经历。用人单位主要通过学历情况来了解应聘的知识及专业能力水平，而工作经历又往往表现出应聘者的工作能力，所以学历和工作经历一般要比较详细地写出来。可按时间顺序依次列出就读学校的名称，在学校时期的主修科目，获得的文凭、学位或学分，取得的学术成就及获得的特别奖励或荣誉等。对于刚毕业、走出校门的学生，工作经历可简要叙述在校期间的专业实践、定向实习及所参与的其他社会活动情况，以供用人单位参考。

3）特长和技能。求职者的特长和技能是招聘单位最关心的项目之一，罗列自己的特长是非常必要的。这里包括应聘者获得的各种技能等级证书（如计算机应用、会计、外语水平）、体育特长、音乐特长，要写出最高成绩。

4）兴趣、爱好与性格。要展示你的品德、修养或社会能力及与人合作的精神，注意最好写一些你有所研究并具有个性的爱好。如没有兴趣爱好也可不写，可直接描述你的性格特点。性格特点与工作性质关系密切，所以用词要贴切。

（2）常见个人简历的形式

1）一般来说，简历并没有固定的格式，但从撰写形式上来区分，常见的主要有完全表格式、半文章式、小册子式、提要式（节略式）、时序式、技能式等简历。它们互相之间可交叉重叠。例如，完全表格式的简历可以是时序式的，也可以是技能式的，技能式的简历也可有时序式的特征。采用何种形式要因人而异。

① 完全表格式简历综合了多种资料，易于阅读。这一格式通常适用于年轻、缺乏工作

经历，但具有各种诸如所学课程、课外活动、业余爱好和临时工作等资历的求职者。

② 半文章式简历中只有较少的一部分资料使用表格设计，而其余部分则通过几项长资料的记载来完成。表格的长度可由所述内容的长短决定，而所述资料的数量则根据应聘者的经历而定。通常，这种半文章式简历对资料丰富的应聘者更有利。

③ 小册子式简历是一种多页的、半文章式的活页格式简历，可以表述更多的资料。同时可以在小册子简历的封面上容纳一份分开打印或专门设计的求职信。但它需要一些专门的技能去撰写和设计。这种格式的简历，容易给招聘者留下较深的印象，从而增加面试的机会。

④ 提要式简历是一种详细简历的摘要。它总是在应聘者完成了一份较长、较详细的简历后摘编而成的。经验很丰富的求职应聘者一般习惯使用这种简历。他们一般先写一份完整、详细的简历来概括自己的资历，然后摘出要点，编写成提要式简历。这种提要式简历便成了一般接触时使用的简历，而详细的简历只有在招聘方提要求时才递交出去。

⑤ 时序式简历是指按时间顺序排列资料，以及突出一些日期来强调某段时间内业绩的一种简历。这种简历的时间顺序是与我们的习惯倒过来的，一般是从最近的时间开始往前推。例如，写工作经验时，这种简历先写最新近的工作，然后是这工作前面的一份工作，再是再前面的工作，倒推排列。这种简历对那些想找一份与自己以前所从事的职业相类似的人是最适宜的，但对一些转行较多者并不一定有利。

⑥ 技能式简历只强调工作的种类（技能），而不含有特别的时间顺序。它的主要优点是突出实际的成就。对新近经过再培训教育而获得新技能的人来说，是最适合不过的。

2）从制作与发送的形式看，还有电子邮件式简历和视频简历。

① 电子邮件式简历。随着互联网的飞速发展，制作求职网页在高校毕业生中已越来越普遍。大学生们普遍认为，网上求职具有成本低、速度快等优点，是展现个人才华和特色的一个重要途径。但是网络求职的成功率目前并不高，因此利用网页推销自己要注意突出自己的特色，要在简历中设几栏来给对方留下深刻印象。这一点做得好否决定了对方是否给你面试机会。

② 视频简历。网页简历方兴未艾，另一种区别于传统简历的多媒体可视简历却又在各大学悄然兴起。眼下很多人才网站都有学生在应聘工作的时候向招聘方展示自己的"视频简历"。这种简历十分独特，并且成为一种流行趋势。所谓视频简历，就是把个人基本情况和才艺摄录下来，制成光盘或通过网络提供给招聘者。

如今，学生求职就业的渠道正日益多元化，传统的面对面式的招聘会已不能满足日益增多的市场需求。追求高效的就业途径是学生和用人单位双方的共同需求。相对于传统的纸质简历来说，视频简历这一新生事物，有其一定的优点与弱点。

a. 视频简历的优点。

视频简历比纸质简历具备更为便捷的传递性和延展性。作为招聘方，只要打开视频简历，求职者个人的基本信息，包括求职者的姓名、年龄、籍贯、毕业院校与传统简历一样可以得到了解。一些学生还根据自己的爱好展示其在校期间的学习、生活、爱好、实习经历，以及所获得的一些奖励等。应聘者的音容笑貌、技能特长，给人以耳目一新之感。这些声情并茂的表现让招聘方更全面地了解了其求职目标和对生活与事业的价值观念。这样，对招聘方来说，对人才的了解在面试之前就更为直观与详尽了。

b. 视频简历的弱点。

首先，视频简历费时费力、不便浏览。一般来说，浏览一份普通纸质简历只需 1～2 分钟，而浏览一份视频简历的时间少则为 3 分钟，多则需要二十几分钟。另外，很多公司都有专门的简历数据库，并设有浏览、查询等工具，能够迅速地对简历进行分类、筛选，而视频简历不能像文字简历一样实现这些功能。人事部门工作一般很忙，一则招聘广告发出去后，收到的简历往往成千上万，工作人员常常没有时间观看视频简历。

其次，大同小异、主题不突出。有些人事经理表示，刚开始收到这种简历时还比较新鲜，但看多了，就感觉大同小异。大都是应聘者在学校或者某个办公地点做一些自我介绍，内容也多是泛泛而谈，场景切换不多，感觉比较单调。虽然通过视频简历可以看到应聘者的长相、谈吐，但这并不是招聘方最关心的东西。应聘者的能力如何？潜力究竟怎样？即使审阅视频简历花了很多时间，但这些关键点却还是没办法了解。一部分公司的人事经理认为，视频考查不可能代替面试，因为无法核实视频上的人和要应聘工作的人是否一致。

再次，视频简历的成本比一般纸质简历高得多。

特别提醒：并不是所有的岗位都适合用视频简历。应聘一些需要展示个人才艺的岗位，如创意类工作、电视节目主持人、公关工作等人员，视频简历可用来展现个人魅力。而应聘普通的管理、技术类岗位，则没有这个必要。同时，也不是所有的求职者都适合制作视频简历，对那些外表普通、表达能力不够好的求职者来说，视频简历恰恰是把个人的弱点突出了出来，反而对应聘不利。

因此，对这个新鲜事物，我们不能盲目地追赶时髦，要视个人的情况而定，要充分利用其长处展示自己，以最有效地达到自己求职的目的。

综上所述，简历没有固定的形式与写法，全靠八仙过海、各显神通去发挥。

（3）撰写简历的注意事项

要准备一份令人过目难忘、留下良好印象的简历（履历表），在撰写时必须注意以下几个方面的问题。

1）简历最重要、最基本的要求就是真实。诚实地记录和描述，能够使阅读者对你产生信任感，而企业对于求职应聘者最基本的要求就是诚实。阅历丰富的人事经理，一般对简历都有比较敏锐的分析能力，遮遮掩掩或夸大其词的简历比较容易漏出破绽，瞎吹胡侃的话，时间长了迟早要露馅。其实，任何一个有经验的招聘人员只要仔细阅读分析，鉴别履历的真假并不难，过分的渲染、天花乱坠的描述只能更令人反感。所以与其费尽心机地胡吹瞎侃，不如老老实实地表述清楚基本情况。

2）牢记简历的作用。简历的作用在于使一个陌生人在很短的时间内了解你的基本情况，就好像是一个故事梗概，要吸引他（他们）往下看。基本情况要写清楚，如姓名、年龄、学历、专业、外语水平、计算机水平、工作经历、在职培训经历、特长、业余爱好、简单的自我评价，以及其他重要或特殊的需注明的经历、事项等要写得一目了然。写简历如同写文章，不仅仅要求言简意赅，而且要求重点突出。重点应介绍专长，有证书或发表过的作品要附上复印件，资料再多也要摆布得当，要有条理，真正的个性不能被淹没。面对不同的企业、不同的职位、不同的要求，求职者应当事先进行必要的分析，有针对性地设计、准备简历，必要时应中外文对照。

3）要注意突出一个"简"字。简历，顾名思义，写简历时一定要注意简练。招聘人员每天要面对大量的求职简历，工作非常忙。他们在粗略地进行第一次阅览和筛选时，每份简历所用时间一般不超过 1 分钟。如果简历写得特别长，他们阅读时就难免要遗漏部分内容，有时甚至缺乏耐心读完。言简意赅、一目了然的简历是对求职者的工作能力最直接的反映，走到哪里都是受欢迎的。

4）简历要反映学识、有创意。学识应包括学历和学问。学历是对某种专业知识历经研习时间的长短，而学问是对人生道理的领悟和理解的根本。通常认为，你接受教育表明你掌握了一定的专业知识，并提供了你发展的方向。一般越是新近接受的教育，其描述越要完整。切忌不要使用拗口的语句和生僻的字词，更不要有病句、错别字。

5）注意简历的外形包装。现在，很多求职者在简历的外观上挖空心思，弄出不少噱头。有的女孩把自己的写真照片贴在简历上，还有人花费数百元为自己做视频简历。这些简历花费不菲，但未必能得到招聘官的青睐。其实，对简历外形的包装，最高境界是在朴素中见匠心，用细节打动人。如果你有美术功底，不妨在信封上找个适当位置画些漂亮图案；或在信封上贴一两枚精美的特种或纪念邮票……这些细节，都可能令你的简历显得与众不同，给人留下深刻印象。此外，如果在众多的简历中，唯有一份手写的，一定会很引人注目，那录用的概率会比打印的要高，见字如见人。

6）简历中的自我评价要客观。简历中通常都会涉及对自己的评价，这时，你应当力求客观公正，包括行文中所表现的语气都要做到八个字：诚恳、谦虚、自信、礼貌。这样会令招聘者对你的人品和素质留下良好的印象，尤其是现在已经有越来越多的企业，除了重视技能和学历外，更加重视一个人的品行、开拓能力、合作精神等基本素质。在众多高学历应聘者的激烈竞争中，这方面的因素表现得异常明显，最后的优胜者大多是因为这些非技能性的因素脱颖而出。总之，既不能妄自尊大，也不能妄自菲薄，在自我评价这一点上，分寸的把握非常重要。不要夸夸其谈，适当坦陈自己的某些不足，有时反而更能赢得好感。

7）简历需强调爱好。业余活动能反映出你 8 小时之外的时间安排，因此，你必须意识到，在将兴趣爱好写进简历时，你是在为阅读者描述一副自己的画像。例如，喜欢攀岩、蹦极，表示你是一个富有挑战和竞争力的人；而类似考古和阅读之类的爱好，则显示你有很强的求知欲；热衷于自己动手，可能表示你参与意识很强；而在音乐和绘画方面取得的成就，则显示出你的创造力；如果你参加了慈善工作，阅读者可推断你具有爱心和社会意识；如果你主持志愿团体，可展示你潜在的领导才能，等等。

8）简历要突出经验。职场新人、刚刚走出校门的毕业生，面临的很可能是和自己有着相似的学历但却更富工作经验的竞争对手。如果没有足够多与欲申请的岗位相关的经验，应该更着重强调最近的教育与培训，尤其是与正在申请的岗位最直接相关的课程或实践活动。例如，可突出在学校学习期间，为筹集学习费用而利用假期打工的经历；为获得与自己所学专业对口的职场工作信息与经验，积极参与学校组织的社会实践活动的情况；以及定向实习时所学到的专业知识与技能。虽然这些内容表面上看来与你正申请的职位没有太大关系，但是这也是宝贵的经验，它赋予你的是可以广泛应用的工作技巧。

9）提及弱项尽量模糊。很多单位在筛选简历时，是参照硬件标准来进行的，如专业、学历、工作年限、年龄、户口所在地等。当你不符合要求时，可以省略不写，或者提供模棱两可的信息。对方掌握不了你的实际情况，但同时又被你的其他长项所吸引，你就不会过早被淘汰。

10）提及强项着力渲染。如何突出渲染长处也是有技巧的。如果教育背景不过关，就要拼命强调工作经验或与之相关的技能，尽量将自己的经验具体化、数字化。应届毕业生一般没有工作经验，这是个致命的弱点。这时，就要把和应聘职位相关的实习经验详细地罗列出来。如果掌握某种和工作直接有关的知识或技能，也要尽可能写得详细一些，并表明你将如何把这些知识技能运用于工作。这样可以表现出你很善于学习新知识，博得印象分。另外，对某些经常需要加班、出差的工作，即使你条件够不上，也可以直接写上"愿意在晚上和周末工作"、"能够适应经常出差"等。因为当别的应聘者都不愿意做出牺牲时，你就可以凭此获得机会。

11）尽力避开写简历的忌讳。

① 写简历忌讳写上那些易引起误导的工作头衔。这样的工作头衔会使你给人的印象像是个失败者。如有人这样写道："现任工作：部门经理。前任工作：总经理助理。"这样的写法，别人会很自然地以为你是因能力不足才被"降职"。事实上，同样的工作头衔在不同的公司代表不同的意义，如果你觉得以前的工作头衔可能给人错误的印象，不要犹豫，把它改换成别的名称，必要时，再在面试时解释这么做的理由。

② 写简历忌讳写上你目前的薪水。薪水问题一直是比较敏感的问题，应聘者千万不能随便告诉别人你的薪水是多少，尤其不宜写进简历里。因为这样将给你的应聘带来很多麻烦，让你失去很多本来可以抓住的机会。如果老板知道你目前的薪水比他们愿意付的高，他绝对不会聘用你，因为通常老板不愿聘用这种薪水愈赚愈少的人。如果老板知道你目前的薪水远比他们愿意付出的低，你可能有面试的机会，但如果你想讨价还价，他们会用你目前的薪水为起薪。反过来说，他们也可能根本不给你面试的机会，因为他们会觉得你太"微不足道"而无法胜任这项工作。此外，你把薪水写进简历还可能提供误导的信息。因为你目前的薪水并不能精确反映你的价值，你或许还有很多其他福利，这些福利都要加进你的"总报酬额"才对。

③ 写简历忌讳写上你离婚的经历。常常有这样的现象，求职者在简历上无心写上的一些不该写的字句，如"婚姻状况：离婚"等，导致得不到面试机会。原因是求职者在简历上为自己树立了失败的形象。虽说离婚不是丑事，你对离婚看得很开，但把它放进简历中，就无形给你贴上了失败者的标记。你结婚了，实说无妨；离婚了，最好说你"单身"，单身是

一个模糊的概念；你正分居，最好仍然说你"已婚"。假设老板聘任员工是为了达成某项结果，那么，在简历上标明你的失败，自然对你极为不利。虽然受挫的记录，几乎人人都有，失败并不足为奇，但简历不合适表达这些观点，要说面试时说或许更合适些。

个人简历示例如下：

个　人　简　历

姓名	××		性别	女
籍贯	江苏		民族	汉
出生年月	1992 年 3 月		政治面貌	团员
学历	大专		所学专业	旅游管理
联系方式	家庭住址	江苏省无锡市广石路×××号		
	固定电话	0510-××××××××		
教育经历	2006.9-2009.6	江苏省无锡市洛社中学		
	2009.9-2014.6	江苏省无锡市旅游商贸高等职业技术学校		
职业技能	1. 掌握国内及涉外旅游等相关知识 2. 能在文博单位、各旅游景点担任讲解员 3. 具有较强的英语应用能力 4. 能够熟练地使用办公自动化 5. 面向国际国内旅行社、旅游汽车公司，担任计调工作 6. 面向各航空公司，担任票务预定、出票等工作			
知识结构	主修：《商贸英语》、《涉外英语》、《导游基础》、《旅行社管理》、 　　　《导游业务》、《旅游地理》、《旅游市场营销学》、《计算机基础》等 选修：《基础日语》、《公民素质与礼仪规范》等			
奖惩情况	2011 年绿叶杯职业学校艺术节文艺会演舞蹈类第三名 2011 年学校田径运动会女子组 1500 米第 1 名 2012～2013 学年学校一等奖学金			
自我评价	积极上进，学习勤奋刻苦，成绩良好，能团结同学，尊敬师长，乐于助人，能吃苦耐劳，性格开朗善于与人沟通，工作上有较强的管理能力和动手能力，有较强的集体观念，具有团队合作精神、创新意识			

2. 自荐信（求职信）及其书写礼仪

自荐信，也称求职信，实际上就是自我介绍信，带有明显的自我推销色彩，其目的在于激发用人单位对你的兴趣，从而最终被录用。一般情况下，自荐信常常和简历一起送出。

（1）自荐信的内容

1）应聘原因。即求职目标——明确你所向往的职位。

2）求职者个人的简单材料，一般包括姓名、学历、年龄、专长、爱好等。应突出对应聘有利的条件，即个人特点的小结——吸引人来阅读你的简历。

3）求职的愿望和要求。即表决心——简单有力地显示信心。

（2）自荐信的写作结构

1）标题。在第一行正中写上"自荐信"或"求职信"等字样。

2）称谓。在标题下一行或标题下两行左起顶格的位置，写上收信方的称谓。如写给单位，要求写出用人单位的全称或规范的简称，不能任意简写；如写给单位领导，则要求在姓名之后写上职务，注意不要写错称呼。切不可用使人反感的"亲爱的"、"伯伯"等过于亲热之词。

3）正文。正文是自荐信（求职信）的主体部分。无论在何种情况下，都应在正文部分写清求职原因、学历等必要内容。对于职业学校的毕业生，还可以写上曾经参加过的社会实践及专业实习情况、实习单位的评语，以使用人单位可以从多方位了解你。在自荐信中，应该注意突出自身条件与招聘单位要求一致的地方。在介绍完自己的情况后，还要充分地表达你的求职热诚，要提出你对谋求该职位的愿望。

4）结束语。结束语主要体现两点：一是希望并请求招聘单位给以答复或面试机会，二是体现出必不可少的礼貌。

5）落款。落款包括签名和日期两个部分。在自荐信的最后一定要签上本人的姓名，打印稿的签名一定要手写，同时要写清时间。

（3）自荐信的写作要求

求职者求职时，不仅要注重简历，把简历写好，而且要关注简历的"秘书"——自荐信。对求职者来说，这是一封决定能否获得面试机会直至被录用的信件。那么，怎么写好自荐信呢？一般来说，写好自荐信应注意以下几个方面。

1）语气自然，句子简单明了。听上去不要像别人的话，特别不要用一些令人费解的词语和句子。写信就像说话一样，语气要正式但不能僵硬，语言要直截了当但不能词条化，句子要生动有力但不轻佻。

2）要通俗易懂，写作一定要考虑读者对象的知识背景。人事经理不是这个专业的行家，所以，你不能用太过专业的字眼。因为，一来会使人事经理对自己看不懂的东西失去兴趣；二来未免有卖弄之嫌。写自荐信时，千万不要使用生僻词语、专业术语。

3）要言简意赅，切忌面面俱到。公司招聘的人员多半工作量大，时间宝贵，不可能花太多的时间来看你冗长的内容，自荐信过长反而会增加招聘人员的反感。所以，自荐信应在重点突出、内容完整的前提下，尽可能简明扼要，不要陷入无关紧要的说明之中，要多用短句，每段只表达一个意思。

4）意向具体明确，针对性要强。如求职愿望、自身条件等，以给用人单位留下深刻的印象。不要使用模糊、笼统的字眼，多使用实例、数字等具体的说明。例如，"我设计的日程安排系统为公司创收超过100万美金"就比"我设计的日程安排系统为公司创收颇丰"有说服力。

自荐信（求职信）示例如下：

自荐信（求职信）

尊敬的公司领导：

　　您好！

　　我是无锡旅游商贸职业学校的一名高三学生，即将踏入社会的我对未来充满了期待，我相信"Well begun is half done"（好的开端是成功的一半）。在网上看到贵公司的招聘启事，获悉贵公司在招聘财会方面的人员，我希望贵公司能给我一次机会，如果能在贵公司工作，我将感到非常荣幸。

　　下面请允许我进行简单的自我介绍：

　　我从小性格外向，入学以来我一直担任班级的文艺委员，繁忙的工作、充实的生活，不仅培养和锻炼了我的工作能力，更锻炼了我解决问题的能力，使我在面临问题的时候能冷静分析，缜密思考，而这一切对我专业的选择都产生了深刻的影响。

　　我是财务类专业的学生，在计算机方面，我从基础知识入手，进一步掌握了 Office 的各项功能，同时还学习了 ATA 的基本知识，拥有中华人民共和国劳动和社会保障部门颁发的计算机操作员证书、计算机二级等证书；在英语方面，我通过了国家四级，考试成绩在全校名列前茅；在专业方面，我掌握了会计软件的基本应用，在财务管理、资本运营等方面都能运用到实习工作中。

　　我在做好本职工作的同时，还积极参加学校组织的各项活动，并鼓励同学参与，如学校组织的专业技能展示赛、文艺汇演、运动会等。在日常生活中，我能够紧密团结同学，我相信团结就是力量。只要大家齐心协力，一定能克服重重困难。老师们的认可、同学们的赞许使我以更加饱满的热情投入新的挑战之中，向着更高的目标冲击。

　　"海阔凭鱼跃，天高任鸟飞"，我希望贵公司能给我一个施展才华的机会，我一定会努力工作，勤奋学习专业知识，不负公司给我的厚望。

　　此致
敬礼

自荐人：王明
2014 年 6 月 28 日

3. 其他物质准备

　　除了个人简历、自荐信等必要的物质准备之外，参加面试之前还应准备身份证、户口簿、照片，以及学历和获奖证书或其复印件、招聘广告或有关该工作机会信息来源的材料等。如果去外企等涉外单位应聘，最好携带学校、导师或领导的推荐信。以上这些材料要少而精，按一定顺序整理好，以供应聘的不时之需。

　　一般可以将上述材料放在公文包或文件夹内，男士面试时携带公文包或文件夹，将有助于形成一个你所期望的职位化的、光鲜的外表形象。女士如果计划提一个公文包，那就要避免携带小钱包，它会有损你的职业形象。还有，共青团员别忘了戴上团徽。另外，还应带上笔记本和笔，便于面试时需要记录时用。

案例思考

　　林玲在单位到校招聘的前一天晚上，跟室友们熬夜对简历进行最后包装、确认和审定，并把奖状、证书贴上去，最后配上精美的封面装订，犹似一本个人专集。同时，她还充分发挥了自己的写作特长，非常认真地写了一封自荐信。这是一封前前后后准备了一个月，经过不断修改润色的自荐信，自认为把自己写作方面的才气都用了上去，可谓得意之作。因此，林玲投出这份简历时，对求职成功特别有信心。可失望的是，招聘的工作人员根本没耐心看这封自荐信和这本"个人专集"。后来，林玲悟出了一些道理，普通的国内公司要的就是自己的学历和实干能力的证明，而且越能一语中的越好。那些人事经理不会有耐心地去翻极厚的简历，因为他们的思维方式是很务实的，不可能喜欢拖泥带水、重点不明的自我介绍。为了适应"市场"，林玲只得给自己的简历"减肥"。到最后轻装上阵，林玲的简历只有个人资料和联系方法、教育背景和实践经历、自我评价和求职意向几个部分，两张 A4 纸——一页中文一页英文。以后的事实证明这样做是对的。她把两张 A4 纸组成的简历投出了 20 多份，得到了 15 个面试通知，最后取得了 7 个职位。

　　现在找工作还有点特殊，有很多公司发应聘表格，提出一些必须用英文回答的问题，还有很多公司要求在网上提交简历，这样，就没有花哨简历的用武之地。因为在简历上花那么多时间和金钱根本没有必要，而且把简历做得太花哨容易使人以为你没有真才实学才在简历的外表上下功夫。若参加人头济济的招聘会，简历更要简单。试想，在这种闹哄哄的环境中，招聘人员早已忙得头昏脑胀，他们只希望：送上来的简历简单一点，重点突出一点，页面、字体漂亮一点。如果条件符合，就会马上收下简历回公司再研究，谁还有心思看一些繁杂的东西呢。如果简历是以邮寄的方式寄出的，那就可以适当复杂一点，因为招聘人员可能会有时间细看你的简历。

　　结合社会现实，由此及彼，说说你从案例中还能感受到什么。

任务三　面 试 礼 仪

【任务目标】

认识: 1. 了解注重面试礼仪的重要性。

　　　 2. 掌握适时抵达、候试礼仪的具体要求。

　　　 3. 掌握轮及面试的相关礼仪要求。

　　　 4. 掌握面试进行中的相关礼仪要求。

　　　 5. 掌握面试结束后的相关礼仪要求。

训练：1. 注重平时使用礼貌用语的习惯养成。

2. 注重平时良好行为习惯的养成。

3. 注重平时正确使用身体语言表情达意。

4. 注重平时积累，学习他人面试成功的经验。

面试是求职过程中的"临门一脚"，面试的好坏最终决定应聘者是否会顺利获得自己心仪的工作。在应聘者与招聘人员面对面的交流中，应聘者要全面体现自己的个性、素质和能力。面试是一次巨大的挑战，同时也是应聘者杀出重围的机会。所以，应聘者一定要在面试之前培养自己标准的面试礼仪，从而为自己的成功增加砝码。

一、适时抵达面试地点，注意候试礼仪

参加面试一定要遵守规定或约定的时间，适时抵达。原则上应提前 10～30 分钟到达面试地点，千万不能迟到。面试迟到是不尊重主考官的表现，也是一种不礼貌的行为。如果你有客观原因需改期或不能如约按时到场，应事先打个电话给主考官，以免对方久等。万一已经迟到，不妨主动陈述原因，宜简洁表达，这是必备的礼仪。

抵达后，不一定马上轮到你面试，应按接待人员指点，在规定的休息室或候试室等候。

在等候面试期间，应端坐在工作人员指定的地方，不要来回走动、东张西望或表现出浮躁不安的神情，也不要与别的面试者聊天。越是坐等得久，越要注意，也许招聘者正在考察求职者有无耐心。必要时，可自带一些好的阅读资料，如果此时有该单位的介绍材料，应该仔细阅读了解情况，使自己在候试时有事可做并以此来放松自己的心情。

对面试工作相关的接待人员要以礼相待，注意细节，恰当地表达礼貌，不要忘记向工作人员多说几声"谢谢"、"请你"之类的客套话。但不要观看其他工作人员的工作，或对工作人员所讨论的事情或接听的电话发表意见或评论，以免给人肤浅、嘴快的印象。

总之，要注意候试礼仪。不要旁若无人，随心所欲，对接待员或其他工作人员熟视无睹，自己想干什么就干什么，给人留下不良的印象。要把接待员与其他工作人员当主人看待，也许接待员就是公司秘书、办公室主任或人事部门的主管。如果你目中无人，没有礼貌，在决定是否录用时，他们可能也有发言权。

二、轮及面试要注意相关礼仪

1. 进面试室务必敲门，经允许后才能进入

如被传召，在入面试室前应先敲门，即使面试房间的门是虚掩的，也应敲门，千万别冒冒失失推门进入，给人留下鲁莽无礼的印象。进入考场后，静静地把门关好，动作轻便，尽量不发出声音。

2. 面试时要放松心情，面带微笑

面带微笑，是一种常见的见面体态语。求职者在踏入面试室，与主考官四目相对时，便

应面露微笑，用和颜悦色来与对方见面。如果有多位考官，应环视一下并面带微笑，以眼神向所有的人致意。同时找出最主要的人物，随即把目光集中在他（她）身上。这个短暂的交流可以告诉对方彼此的精神状态。

3. 要主动向主考官问好，但不能贸然和对方握手

进入面试室，在微笑致意的同时，求职者应主动向主考官点头、打招呼，礼貌地问候"您好"或"大家好"。进入面试室行握手之礼，应是主考官先伸手，然后你单手相迎，右手热情相握。若你拒绝或忽视了主考官伸过来的手，则是你的失礼。若非主考官主动先伸手，你切勿贸然与对方相握，这是基本的礼仪。

4. 面试之前自觉关掉通信工具

进入面试室前，应自觉将手机关掉或设为静音。面试时，感觉手机震动有来电，也不能接听电话。即使先与主考官打招呼，再走向一边接听电话也是不可取的。因为此举说明你对面试不够重视。

5. 入座有讲究

进入面试室，首先关注一下有没有为面试者安排座位。若有座位，可有意识地走到座位前，但不能擅自就坐，要等主考官请你入座时才能就座。主考官叫你入座应表示谢意，并坐在主考官指定的位置上。坐下时，注意坐姿端正，应坐满椅子的 2/3。女士若穿裙装，应先用手在背后捋一捋裙子，以免裙子在坐下时开叉不雅观，然后将双手自然放在双腿上或椅子、沙发的扶手上，掌心向下。

6. 递物要大方得体

如果要递交主考官所需的资料物品，应双手送上，给人彬彬有礼、优雅自如的感觉。另外，随身携带的个人简历、证件、介绍信或推荐信等必要的求职资料，一定要保证需要时不用翻找就能迅速拿出。若当着主考官的面翻来找去，不仅失礼，还会给人留下做事没有条理的印象。

7. 用好其他身体语言

即使在你还没有和面试官开口交谈之前，你的身体语言也会起作用。任何一个招聘者都会不自觉地捕捉你细微的身体语言信号并对之有所反应。有研究表明，我们跟别人见面时，在 7 秒内就能对其做出评估。这种交流无须通过语言。在这最初的 7 秒内，每个人都会自觉或不自觉地用眼睛、面孔、身体和态度来表达自己的真正感觉。

良好的开端是成功的一半，一个极好的第一印象，会使你在剩下的面试时间里较为顺利地取得可喜的进展。

总之，面试时，求职者一定要自始至终保持微笑、自信、斯文有礼、不卑不亢，大方得体、生动活泼的言谈举止。这样，不仅可大大提升求职者的形象，而且往往使成功机会大增。

三、面试进行中的礼仪技巧

1. 自我介绍礼仪

自我介绍是求职面试中不可缺少的一个环节。其目的是考核求职者的语言表达能力、逻辑能力及诚信度。通过求职者的自我介绍，让主考官对自己有所了解并能接受自己，当然，最好能通过自我介绍让主考官对自己留下良好的较深的印象。

在自我介绍当中，必须留意自己在各方面的表现，表述方式尽量口语化，切忌以背诵朗读的口吻。注意内容简洁，切中要害，不谈无关、无用的内容，条理要清晰，层次要分明。最好事前找些朋友做练习对象，尽量令声音听起来流畅自然、充满自信。身体语言也是重要的一环，尤其是眼神接触。这不但会令听者专心倾听，也可表现自信。

自我介绍的时间不能超过 2 分钟，最好把握在 1 分钟左右。同时，应注意自我介绍的礼仪。

一般情况下，在做自我介绍时，要注意以下几个方面。

（1）充满自信

自我介绍时要充满自信，落落大方，态度诚恳。只有自信的人才能使他人另眼相看，才能有魅力并使人产生信赖的好感，如果流露出羞怯心理，则易削弱对方的信任感。

（2）适当地使用一些幽默语言

自我介绍时，适时融入幽默的语句，易于赢得欢笑和好感，诙谐的真心笑话比庄重严肃的表白更深入人心。

（3）表现切勿骄傲自大

神态得意洋洋，目光咄咄逼人，大有不可一世的气势，这种态度的自我介绍不过是孤芳自赏，只能给人留下骄傲自大的印象。正确的方法是在说"我"字时，语气平和、目光亲切、神态自然，从"我"字中让人感受到自信、自立、自尊而又自谦的美好形象。

（4）缺点要点到为止

求职者自我介绍主要是展示自身优势，从而赢得主考官的信任、好感与支持。如果缺点介绍得过多过细，则容易导致求职失败。

（5）举止庄重

举止要庄重，姿势要端正、大方。介绍时可将右手放在自己的左胸上，不要用手指着自己。表情应亲切、自然，眼睛应看着对方，不要显得不知所措、慌慌张张、面红耳赤，更不能表现出一副随随便便、满不在乎的样子。

（6）做好准备

求职前把自我介绍的讲稿写好，背得滚瓜烂熟，转化为自己的知识。可事先在镜子前做一下练习，或请同学、家人、朋友指正，通过彩排来提高自己的自我介绍技巧。

2. 应答礼仪

要想在众多应聘者中脱颖而出，还必须注意以下应答礼仪。

（1）听清题目及要求

求职者必须要让主考官先开口发问，认真地听清考官的题目及要求，然后再针对问题的核心做出最正确完善的回答，以便和考官取得共识，获得较高的评价。忌过分热情，不问青红皂白，口若悬河。因为这样的表现令主考官怀疑你能否聆听别人的意见，能否与别人融洽相处，能否适应本单位严谨的办事作风，让别人感觉过于急躁、过分热情，难以招架。

（2）冷静应变

在面试过程中，必要的应变能力常常是考察的主要内容之一。考官为了观察你的应变能力及把握自我的能力，常常采用比较特殊的方法。

（3）忌自我中心主义严重

许多人在面试应答时总是喋喋不休地大谈自己，这种应答方式容易引起对方的心理抵触。例如，主考官问："你为什么要来报考我公司啊？"一般人多半是从自己入题，要么诉说自己的愿望："我是学电子商务的，我到这里才是专业对口。"要么诉说自己的经历："我在原单位待不下去了，那里的领导压制人才。"要么诉说自己的困难："我原来上班的地方离家太远了。"这样的应答不容易获得主考官的认同，善于应答的求职者会说："我觉得贵公司力量雄厚，领导得力，上下一心，适于一切有才干的人发展。"这样从对方入题，引起对方的好感，使对方感到你能尊重、关心公司的需要，愿为公司尽绵薄之力。

（4）忌喧宾夺主、滔滔不绝

求职面试时，主要让主考官发问，让他了解你是否能胜任工作，切忌喧宾夺主，只顾自己滔滔不绝地发表演说。求职者适当的聆听，是必备的礼貌常识。

（5）不要贬低他人

如果你是离开原单位来应聘的，主考官可能会问："你为什么要从原单位离开？"对这个问题你应事先有所准备，应坦率承认欲跳槽的想法，但要用积极的观点和语气，不要过分批评原单位和原来领导。求职面试时，主考官急需了解的只是求职者的业务素质及对工作的态度和看法，而论人是非或自大自夸均是求职应聘时的大忌，易给主考官留下爱搬弄是非、不知天高地厚的感觉。

（6）要懂得自谦

有的人面试时态度嚣张、目中无人、自命不凡，在口沫横飞之际说些不自量力的话，如"我可以干任何工作"、"你看着安排好了"、"我能干出一番大事业"、"你有眼光的话一定会录取我"、"请你们三思"、"请你们认真考虑"等，这不是自信，而只会表现出求职者的无知与狂妄，令主考官反感。所以，要懂得自谦，给主考官留下彬彬有礼的印象。

（7）忌妄加评论

当你对情况并不十分了解时，不要评论公司的情况，不要评论公司的任何一位职员，因为你了解的情况毕竟有限，建立在这种了解基础上评论，在主考官看来肯定是肤浅的。所以，你的评论吃力而不讨好，反而会给主考官造成你太逞能的感觉，甚至误伤感情。如果真的要评论，你不妨评论一些具有普遍意义的社会问题，或者用评论的形式来正面表扬企业。

（8）忌出言不逊

所有的用人单位都希望自己的员工对单位怀有好感，尊重它、热爱它，珍视自己的岗位，竭诚为它的发展出力。作为求职者，既然决定到某个单位求职，切不可自视清高而出言不逊，因为自视清高无疑给自己堵路。一个连自己供职的单位都瞧不起的员工，是无论如何不能指望他尽心尽力做好工作的。

（9）不要打断别人的讲话

应该让主考官把话讲完，恭恭敬敬地听，即使不同意对方的意见，也不可立即打断话题，要耐心等他把话讲完再阐明自己的意见。随意插话是很不礼貌的行为。如果因未听明白或为了说明情况确需插话，应征得对方同意，如用"请等一等，我插句话好吗？"，"对不起，请允许我打断一下"，"请让我提一个问题，好吗？"等用语，可以避免使对方感到你轻视他或不耐烦之类的误解。

（10）学会认真聆听

求职面试时，求职者应全神贯注，认真聆听主考官讲话，并在聆听时适时做出反应，以表明你聆听的诚意。这样，能使对方感到你对他的谈话很感兴趣，因而有利于接下去的面试在和谐友好的气氛中展开。

（11）注意声调、语气和音量

面试中求职者回答问题时谈话的速度、音量、声调及语气等，对于面试的效果都有微妙的影响。因为谈话的声调、语气和音量的大小可以反映一个人的心态，可以反映你对该单位是否感兴趣，还可以反映你是冷静还是激动，是谦逊还是自负。因此，应答时不宜讲得太快或太慢，要根据主考官的反应不断地调整你的语调。回答内容也要随机应变，主考官感兴趣的地方详细一点，不感兴趣的地方简略一点。以此来体现你对应聘单位的兴趣，体现你的冷静、诚恳与谦逊。

（12）戒掉令人生厌的口头禅

必须戒掉"他妈的"、"扯蛋"、"放屁"、"胡说"、"笨蛋"等粗野鄙俗的口头禅，这些口头禅不仅使人大为反感，也显示了说话者的粗俗无礼、目中无人、自以为是、品格修养低下。口头禅大多在无意识中不自觉地形成，它反映了讲话者自身某些修养上的缺陷。所以，欲使面试应答顺利进行，为给主考官留下谦逊、干练、彬彬有礼的印象，必须戒掉口头禅。

（13）忌攀龙附凤

如果你的亲友之中有些是有权势的要人或名人，别自作聪明地把这些人都搬出来壮大声势。即使考官问及，也只可做轻描淡写的简短介绍。别以为用一些名人做招牌就可以增加自己的分量，有时还会适得其反，会使人认为此人没有什么真本事，像个纨绔子弟。

总之，在面试应答时，不管主考官问出什么样的问题，都无须面红耳赤，或躲躲闪闪，或撒谎敷衍，而应诚实作答、正面解释。你之所以去参加面试是因为面试主持人想录用人员，不是因为他或她要挑你的毛病或使你难堪。通过面试中的彼此互相交流，他会对你的资历、技能、智力素质进行评估，并找出你的优点和缺点。他很可能会深入地探索并测定你的态度、能力、稳定性、积极性和成熟性。所以，此时的你一定要从容不迫，充满自信。

四、面试结束时的提问要领及相关礼仪

通常在面试接近尾声的时候，面试官会问你："还有什么问题要问吗？"特别是固定模式面试中，这就可能成为你对该公司的了解、对该公司的兴趣、想为该公司工作的机会。然而，一般应聘者通常会错误地答复说："没有什么问题了，我想您已经什么都谈到了。"在现实生活中，我们还发现有些应聘者往往会在不该提问时提问，如面试中打断面试官的谈话而提问，也有些应聘者面试前对提问没有足够准备，轮到有提问机会时又不知说什么好。事实上，一个好的提问，胜过简历中的无数笔墨，会令面试官刮目相看。所以，应聘者在面试前应做好充分准备，把握让你提问的机会。同时，在向面试官提出问题时，要注意掌握以下要领。

1. 不要把这个机会变成质询

有些应聘者没能把握提问的机会，常常用质问的口气进行咨询，这无疑是在堵自己的路。

2. 不合适间的问题不要问

例如，有位应聘者在初次面试快结束时，被问到还有什么问题要问时，她马上问及了请病假、休年假及什么时候能开始休假等问题。面试官开始犹豫了："这就是她关心的所在吗？休假？一听起来，她就不像是一个能踏踏实实工作的人。"很明显，这位应聘者问了不合适的问题。

3. 什么时候问什么样的问题

在第一轮面试中，你不应该问的问题：工资、股份、休假、假期日程或补贴；在面试中已经回答过的问题；面试官的一些情况，尤其是涉及隐私的话题。在第一轮面试中，你应该问到的问题：工作职责是什么？为什么这个职位在招聘？关于这份工作你们希望应聘者具备什么样的条件？下一步该怎么办？你们什么时候做出选择？等等。

4. 要问一些你非常肯定面试官能回答的问题

有些应聘者在提问时因未多加思考，脱口而出的问题常常令面试官一时难以回答，有的甚至让面试官感到别扭或难堪，这无疑也是在为自己设置障碍，增加麻烦。

5. 直到确定你将获得一个职位时，再问及薪金、待遇、福利问题

特别提醒：在问及薪金时，一要分析市场行情。对于同一行业不同的职位，一般说来有一个大概的市场行情价格。应聘者仔细分析这些行情，对自身的定位大有好处。目前全国虽无一家权威机构发布这方面的信息，但我们可以通过亲朋好友或职业中介机构了解一个大概。应聘时，做到心中有数，力争为自己多争得一些利益。二要分析市场需求状况。对于自己所从事的职业，要了解目前就业市场中对该类人才是供不应求还是供大于求。薪资行情虽不同于股市，但可以根据市场情况判断。三要分析自身的经验和能力。个人的经验和能力将

是薪酬定位的决定性因素。四要分析用人单位的特点。一般说来，大的跨国企业由于其福利保障制度较为完善，薪酬控制较为严格，除个别职位薪酬外，其余职层的薪金不易随意改动，而中小企业为了吸引人才，薪酬伸缩的可能性较大。当然，最终企业还得根据不同情况区别对待。例如，该企业如果急需某方面人才，而你又是难得的候选人，则高薪也易被接受。

6. 适时退出面试室

面试结束时，主考官认为求职者是理想的人选，可能会即时聘用。如果求职者对一切都满意，便可以接受，然后彼此再商定上班日期。一般情况下，是不会当场决定是否录用的，特别是后面还有许多应聘者在等着面试时。这时，应聘者应适时离场。一般来说，在高潮话题结束之后或者在主考官暗示之后就应该主动告辞。主考官认为应该结束面试时，往往会说一些暗示的话语，如"我很感激你对我们公司这项工作的关注"，"谢谢你对我们招聘工作的关心，我们一做出决定就会立即通知你"，"你的情况我们已经了解了"。应试者听了诸如此类的暗示语之后，应该主动站起身来，微笑着对主考官表示感谢或和主考官握手告辞，然后有礼貌地退出面试室。在走出面试室时先打开门，然后转过身来向主考官鞠一躬并再次表示感谢，最后轻轻将门合上。走出时，要向秘书或接待人员一并致谢告辞。

五、做好面试结束后的工作

许多求职者只留意应聘面试时的礼仪，而忽略了应聘后的善后工作。其实，面试结束并不意味着求职过程就完了，也不意味着求职者就可以袖手以待聘用通知的到来。面试过后，应聘者要先分析面试中的得与失，同时，还可做以下几件事来加深你给主考官的印象。

1. 打个电话或写封感谢信

面试后表示感谢是十分重要的，因为这不仅是礼貌之举，也会使主考官在做出决定之前对你有印象。面试后两天内，你最好给招聘人员打个电话或写封信表示谢意。电话要简短，不要超过5分钟。感谢信要简短而热情。面试主考官的记忆是短暂的，这是你最后的机会，它能使你显得与其他想得到这份工作的人不一样。在招聘单位难以取舍之际，你的一个电话或一封信就有可能会产生决定性作用。

感谢信要写得简练（不要超过一页纸），并以个人名义写。在你的信中必须涉及以下几点：

1）表达你对有机会参加面试的感激之情。
2）表达你对这个职位和公司的热情不减。
3）有重点地叙述你的长处，注意把它们与这份工作和公司的要求联系在一起。
4）表达希望再次见面的愿望。

可以这么说，感谢信不一定有助于你获得成功，但一封信也不写，却可能使你错失良机。下面附一封面试后的感谢信供参考。

感 谢 信

尊敬的史密斯先生：

感谢您昨天为我面试花费的时间和精力。和您谈话觉得很愉快，并且了解到许多关于贵公司的情况，包括公司的历史、管理形式及公司宗旨。

正像我已经谈到过的，我的专业知识、经验和成绩对贵公司是很有用的，尤其是吃苦钻研能力。我还在公司、您本人和我三者之间发现了思想方法和管理方法上的许多共同点。我对贵公司的前途十分有信心，希望有机会和你们共同工作，为公司的发展共同努力。

再一次感谢您。希望有机会与您再谈。

此致

敬礼

赵明敬上
2012 年 6 月 20 日

一般寄出感谢信，如果两星期之内没有接到任何回音，你可以给主考官打个电话。这个电话可以表示出你的兴趣和热情。你还可以了解是否已经做出决定或从主考官的口气中听出你是否有希望。倘若你仍未得到明确答复，只好到此结束，再加询问只会引起对方反感。

2. 学会正确对待拒绝

有时，面试看起来很成功，但结果你还是落选了。对此，你不要大惊小怪。大多数的主考官在面试时都尽量隐藏自己的真正意图，不会轻易地让你看出来。万一有人通知你落选了，你也应该虚心请教你有哪些欠缺，以便今后改进。一般来说，能够得到这样的反馈并不容易。

如果你在打电话时觉察出自己有希望，但尚未做出最后的决定，那你就在一两个星期后再打一次电话进行询问。

被人拒绝是不可避免的，其会发生在其他人身上，也可能会发生在你身上。关键是做好心理准备，不要为此不高兴。

特别提醒两点：第一，不能要求雇主告诉你为何他们不聘用你，这样做，会让雇主处于尴尬的境地；第二，要记住，如果你和雇主联系仅仅是为了获取公正的反馈信息，是没有人愿意跟你谈的。

另外，注意要用一种乐观的语气。尽管你可能很失望，但不能令雇主回避你、拒绝你，不能暗示你不尊重他的决定。最重要的就是，不能放弃。保持乐观自信和高度积极性，并从中学习、吸取教训。成功就在不远处向你招手。

 案例思考

某女大学生到某公司应聘，由于社会阅历、人生经验不够丰富，她总是显得放不开，有

些像在课堂上回答不出教师提问的小女孩。她坐下后，手足无措，一双手不知道放在台上还是台下，只好时不时折一下自带的个人资料，搓一搓衣角。这位女大学生在回答问题时，思路、才华都不错，但主考官的眉头却始终舒展不开，到最后，女孩回答完问题后竟用手捂住了嘴，一副不谙世事的忸怩样，令人觉得特别不雅观、不自然。最后她被礼貌地打发走了。主考官说："其实她的素质还是不错的，学的专业又对口，文凭也可以，唯一美中不足的是不够大方，举止不得体，那些小动作影响个人气质进而影响公司整体形象。试想如果录用了她，在和客户洽谈时，她这样的举止，还不把公司的招牌给砸了。"

举止大方是指举手投足自然、优雅，不拘束，从容不迫，显示出良好的风度。联系所学知识，想一想上述案例给你带来了哪些启示。

 实训练习

实训 1

[实训名称] 撰写简历。

[实训目的] 以电子稿的形式完成至少一种简历的制作。

[实训内容] 在网上找到适合自己的简历形式的模板，然后根据自己的实际情况制作一份自己的简历。

[实训准备] 学习掌握简历的撰写与制作方法。

实训 2

[实训名称] 撰写自荐信。

[实训目的] 掌握自荐信的撰写。

[实训内容] 在计算机上完成一封自荐信的撰写。

[实训准备] 预先掌握自荐信的内容与格式。

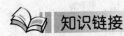 **知识链接**

16 种交友名词

一面之交——仅仅相识，不甚了解。

世交——也称世谊、世好，泛指两家世代交情。

故交——也称故旧、旧交、故人，泛指旧有的交情。

市道交——古时以做买卖的手段结交的朋友，因其重利忘义而称小人之交。

布衣交——彼此没有做官而结交的朋友。

贫贱交——穷困潦倒时结交的朋友。

莫逆交——彼此心意相通、无所违逆的朋友。

刎颈交——友谊深挚，可共生死、共患难的朋友。

君子交——道义上相互支持的朋友。

忘形交——不拘形象的缺欠而结成不分你我的朋友。

忘年交——不分年龄辈分的差异而结成的好朋友。

患难之交——同经磨难而结交的朋友。

至交——友谊最深的朋友。

诤友——在朋友之间敢于直陈人过、直言规劝的人。

挚友——感情真挚、以情谊为重的朋友。

密友——亲密无间、感情极好的朋友。

 综合练习

一、名词解释

1. 面试

2. TPO 原则

3. 简历

4. 视频简历

二、填空题

1. 面试的主要内容一般包括考生（应聘者）的_____、专业知识、工作经验和能力、口头表达能力、_____、反映能力和应变能力、_____、自我控制能力和情绪稳定性、工作态度、上进心、_____、业余兴趣和爱好等。

2. 成功的形象设计应在仪容仪表、衣着服饰的选择与搭配上注意_____，做到大方、整洁、自然、_____、_____，既体现_____，又符合_____。

3. 进入面试室务必敲门，经_____后才能进入。面试时要放松心情，面带_____。

4. 在问及薪金时，一要分析_____；二要分析_____；三要分析_____；四要分析_____。

三、单项选择题

1. （　　）的测试对于国家公务员及许多企业的管理人员显得尤为重要。

　　A. 自我控制能力与情绪稳定性

　　B. 反映能力和应变能力

　　C. 工作经验和能力

2. （　　）说："推销自己是一种才华，是一种艺术。有了这种才能，你就能安身立命，使自己处于不败之地。"

　　A. 彼得·韦鲁基　　　B. 戴尔·卡耐基　　　C. 凯瑟琳·辛德尔

四、判断改错题

1. 面试的最终结果，不是把观点正确与否作为第一位的指标，而是看考生的整体素质。 （ ）

改正：

2. 化妆可以起到强化优点、掩饰缺点、显现个性的作用，参加面试进行适当的化妆是必要的，目的是使自己看上去时髦、窈窕、有个性。能做到"妆而不露、似有若无"为最佳。切记不可浓妆艳抹，那会适得其反。 （ ）

改正：

3. 进入面试室应主动与主考官握手，这是最基本的礼仪。 （ ）

改正：

4. 在面试结束前，你必须赶快询问与自己密切相关的薪金、待遇、福利问题。 （ ）

改正：

五、简答题

1. 参加面试前为什么要熟悉面试地点？
2. 面试前应做好哪些心理准备？
3. 视频简历有哪些优点与弱点？
4. 在撰写简历时必须注意哪几个方面的问题？
5. 在等候面试期间，要注意哪些候试礼仪？
6. 一般情况下，在做自我介绍时要注意哪几个方面？
7. 要想在众多应聘者中脱颖而出，必须注意哪些应答礼仪？

六、思考题

想一想：下面的这则案例能给你带来哪些启示？

有位先生登报要招聘一名办公室勤杂工，有 50 多人前来应聘。虽说是打扫卫生的，但待遇不菲，所以要求也不低。

这位先生最后挑选了一位叫刘丹的青年小伙子。事后，刘丹问这位先生："我既没有一封介绍信，也没有任何人推荐，为何在众多的应聘者中，偏偏留下了我？""错了"，这位先生说："你带来了许多介绍信。你在门口蹭掉了鞋底上的土，进门后随手关上了门，说明你做事小心仔细。当你看到那位残疾老人时，就立即起身让座，表明你关心别人、心地善良。进了办公室，你脱去帽子，回答我问题时干脆利落，证明了你既懂礼貌又有教养。还有一条，其他所有的人都从我放在地板上的好几本书上迈过去，而你却俯身捡起它们，并把它们放好。另外重要的是，你衣着整洁，头发梳得整整齐齐，指甲修得干干净净。难道你不认为这些都是最好的介绍信吗？"

自 学 篇

项目六 职业学校学生校园礼仪规范

任务一 校园课堂礼仪

课堂是教师传授知识、学生接受知识的地方，课堂纪律的好坏会直接影响教学效果。当一位教师在上课时，如果学生课堂纪律很好，这会使教师感到自己的劳动得到了应有的尊重，于是内心会产生欣慰和亲切之感，思路会越讲越顺，教学水平会发挥到最佳状态。反之，当一位教师在上课时课堂纪律不好，会使他感到自己的辛勤劳动没有得到尊重，于是内心会有一种沮丧、失落之感，思路会被打乱，教学效果就会受到很大影响。

所以，一堂课下来，每位教师的脸上有着各种不同的表情，有的情绪很好，余兴犹酣；有的情绪很差，余怒未息。这种种的表情与课堂纪律的好坏有着直接的关系。

韩愈说过："人非生而知之者，孰能无惑？惑而不从师，其为惑也，终不解矣！"

这里提醒我们，学生到课堂上的主要目的，就是为了从师而解惑。一个学生不遵守课堂纪律，也就是对教师的不尊重，其为惑也，怎能解呢？同时，这又是对其他同学的不尊重，会影响别人的解惑。正因为课堂是学生从师解惑的主要场所，所以每个学生都应遵守课堂纪律，这既是对教师辛勤劳动的尊重，也是一种基本的礼貌。

一、校园礼仪

1. 学生仪容仪表礼仪

学生的仪容应以端庄、自然、质朴为好，仪表应以朴素大方、活泼整洁为原则。

（1）仪容礼仪

1）发式。女同学的发式：梳辫子、理短发为宜。这样可给人一种清晰、活泼、纯真和稚气之感。不要烫发、染发，烫发显得老气和成人化。男同学：最好理学生头。这样显得整洁、干净、富有朝气，给人阳刚之美。

2）面容。女同学不要涂口红、胭脂、指甲油，画眉毛，而应该突出自然美，不用化妆。男同学应剃须，不要在身上抹香粉、洒香水。

3）校徽的佩戴。上学应每天佩戴校徽或胸卡，根据学校要求佩戴在左胸上方或挂在脖子上，使其正面显示在外，不要在胸卡上粘贴各种明星照，在校园内应虚心诚恳地接受门卫和值勤同学的监督检查。

4）个人卫生。卫生是文明礼貌的标志，良好的卫生习惯应做到"六勤"：勤洗澡、勤换衣裤、勤修面、勤理发、勤洗手、勤剪指甲。在公共场所，应避免当着他人的面擤鼻涕、掏鼻孔、揩眼屎、打哈欠、修指甲、剔牙齿、挖耳朵、搔痒；还要做到不随地吐痰，不乱抛纸屑、废物；防止在大庭广众中发出体内各种不同的声响。

（2）服饰礼仪

学生的服饰应以色彩鲜明、线条流畅、明快简洁为好，这样可充分显示出朝气蓬勃的精神面貌。不要穿奇装异服，同时也不要戴金银首饰、戒指等。夏天，女同学的裙子或裤子不能过短，以过膝盖为宜，上衣要有袖子，不宜穿吊带衫。

在校内，学生不宜穿高跟皮鞋，而应穿运动鞋或平底鞋，这样既便于运动，又能显示出青少年健美的身姿。

不要穿背心打赤膊、不能赤脚穿拖鞋、不穿短裤、不要歪戴帽子、不袒胸露背在校内外走动，否则会给人轻浮、流里流气之感。

（3）穿统一的校服

穿着统一校服的作用如下：

1）可以培养学生的集体观念和遵守纪律的精神。

2）可使学校显示出和谐的校风、校貌，使学生焕发出勃勃生气，显示良好的精神状态。

3）中专、技校和高职院校的学生穿上与本专业有关的校服，会使自己产生一种自豪感和光荣感。

2. 学生进出教师办公室礼仪

学生进出教师办公室应做到：

（1）学生进入办公室应先征得教师同意

进入教师办公室或居室喊"报告"或敲门，声音以室内人听见为适度，征得教师同意后方可进入，并向教师道谢，进门后记得把门关上，未经允许不得擅自入内。如发现教师办公室或居室无人，学生也不得入内；如与异性教师单独相处，则应将门打开。

（2）学生不能乱翻教师的东西

在教师的办公室，学生不能随意乱翻教师办公桌上的东西，未经教师同意，更加不能乱翻教师的抽屉。

（3）学生不宜在办公室逗留过久

若找教师有事，先立正，以诚恳的态度、简明扼要地向教师说明来意；不宜在办公室逗留过久，以免影响教师工作。

（4）学生离开办公室时应向教师道谢并告别

离开办公室时先起立把凳子放回原处，再向教师微微鞠躬和道声"再见"，然后离去。走出办公室时，记得帮教师把门关上。

3. 校园内公共场所礼仪

应该自觉保持校园整洁，不在教室、楼道、操场乱扔纸屑、果皮，不随地吐痰、不乱倒垃圾。不在黑板、墙壁和课桌椅上乱涂、乱画、乱抹、乱刻，爱护学校公共财物、花草树木，节约用水用电。自觉将自行车、电动车存放在指定的地点，不乱停乱放，不骑车带人。

二、课堂礼仪

1. 衣着礼仪

在课堂上学生要衣着整洁，姿势端正。夏天听讲时不能扇扇子；冬天课堂上不应戴帽子、手套、口罩，围围巾。

2. 上课不迟到

预备铃响后，每一个学生都应做到：

1）迅速、安静地进入教室。

2）准备好与本节课有关的书本、文具。

3）端坐恭候。若是两分钟预备铃已响，学生还在跑进跑出，教室喧杂不宁，这会使教师在讲台上情绪不安，甚至可能会使师生关系对立，从而影响教学的效果。

另外，对学生本身来说，两分钟准备是从上一堂课转向下一堂课、从室外活动转入室内活动的一种过渡，它能帮助学生使自己的思想尽快地集中起来。每位同学做好上课准备，既是尊重别人，也是尊重整个集体的表现。

学生如果遇到特殊情况，上课后才进入教室的，应该特别注意举止的文明和礼仪的周到。

轻声走到教室门口后停下脚步，首先喊"报告"，如果教室门关着，应先轻轻敲门，得到教师允许后方可进入。

在走向自己座位时，速度要快，脚步要轻，动作幅度要小，然后迅速入座。在拿书本时，尽量不要发出太大的响声，更不能有任何滑稽可笑的举止。

总之，迟到的学生要把由于自己迟到而对课堂秩序造成的影响，减小到最低程度。

3. 上课认真听讲

认真听讲无疑是尊重教师的一种表现，同时也是学生获得知识的必要途径之一。认真听讲，包括精力要集中，不要做小动作，不要随便和周围的同学讲话，不能随便下位子走动，也不能吃东西、喝水、嚼口香糖、听音乐、玩手机。

整堂课要跟着教师的思路走，俗话说："好记性不如烂笔头。"我们应该承认一个人的记忆力是有限的，所以遇到重要的内容要做好笔记，有不明白的地方，可以先在本子上记下来，等到下课的时候请教老师，也可以请教同学。

4. 回答问题的礼仪

课堂上教师的提问，是教师检验自己教学效果的最迅捷和最直接的方法。教师通过提问，一方面可以了解学生对自己执教的内容是否理解和接受；同时，又可以启发学生积极思考，使学生的注意力集中。而学生的答话，反过来又能启发教师的思维活动，达到教学相长的目的。因此，教师提问是一种正当和必要的教学手段。正因为如此，每个学生都应懂得教师提问的积极意义，并要正确、礼貌地对待教师的提问。

学生在回答教师的提问时应注意：

1）学生准备回答教师的提问时，应先举手示意教师，教师点到自己的名字时，方可站起来回答问题。切不可坐在座位上，就七嘴八舌地发言。

2）在起立回答问题时，表情、站姿要大方，不要搔首弄姿或故意做出滑稽的举止哗众取宠。答题时要使用普通话，吐字清晰、声音响亮。

3）如果对教师的提问答不出来，也应该站起来，以抱歉的语调向教师实事求是地表明这个问题自己答不出来。

4）在别人回答问题时，不要随便插话。如别人一时答不上来或答错了，切不可在旁边讥笑或嘲笑，而应该静静地坐着。等到教师示意让其他同学回答时，自己可以再举手，得到教师的允许后再站起来回答问题。

5. 讨论问题的礼仪

课堂讨论是教师用来启发学生思维的一种非常好的教学手段，而学生在讨论问题的时候，既要做到尊重同学、老师，也要把问题弄清楚。但是，我们在讨论问题的时候，一定要保持规范的礼仪，不能因为彼此意见的分歧，导致同学关系、师生关系的紧张。彼此在争论的时候，应该互相尊重，不能互相进行人身攻击。规范的课堂礼仪要求我们做到有理、有利、有节地讨论。

6. 课堂上要尊重教师

有时候，教师在上课时讲错了话、写错了字，学生发现后可以指出来，但绝不可以坐在位子上大喊大叫"老师，你讲错了！"，"老师，你写错了！"。这样会弄得教师很尴尬，扰乱教室秩序而无法上课。古人云："人非圣贤，孰能无过。"教师出现错误是难免的，你可以举手，得到允许后站起来说"老师，你刚才说的……我认为不大正确，是不是口误呢？"，"老师，你在黑板上写的……字，是不是笔误呢？"。这样做可以给教师留出思考的余地，当然，也可以课后向教师提出，让教师自己予以修正，这才符合礼貌。

7. 按时下课礼仪

作为一名学生，应该遵守规范的课堂礼仪。下课时，应该听从教师的指令，而不是下课铃声。切记，不能在铃声响起之时就自行收拾书包或离开教室，因为下课的铃声只是起到提醒教师的作用，只有当教师宣布下课以后，学生才能开始收拾自己的书包，并请教师先行离开教室，然后自己才能离开。

三、待师礼仪

1. 尊敬师长

毛泽东是中国人民的伟大领袖，却始终尊敬自己的老师。1959 年，毛泽东回到了阔别

32 年的故乡——韶山，请韶山的老人们吃饭。毛泽东亲自把老师让在首席，向他敬酒，表达自己对老师的敬意。

毛泽东青年时代听过徐特立先生的课。当徐特立 60 寿辰时，他特意写信向徐老祝贺。信中说："您是我 20 年前的先生，您现在仍然是我的先生，将来必定还是我的先生。"

教育事业是神圣的事业，教师理应受到全社会的尊重。那么，尊敬教师应该采取哪些礼仪形式呢？

（1）尊重教师的人格

尊重教师的首要方面就是尊重教师的人格。学生对教师应有一种较为客观的认识，教师也是人，是人必食人间烟火，必有七情六欲，自然也就有缺点和不足。学生在心中设计理想教师的形象并无不对，但不能以之作为评判教师现实形象的唯一尺度，更不能简单化地进行情感上的褒贬。自然，校园中也确实存在部分教学能力低、师德水准不尽如人意的教师，但绝大部分教师在专业上都比学生懂得多、钻得深，都有可学习的地方。因此，一旦发现教师的不足，并不需要大惊小怪，也不用失望埋怨，更不应随便给其取个不雅的绰号，而应以谅解的态度与人为善。千万不要在课堂内外，以不恭的言行损害教师的人格。当然，在机会、场合适当的情况下，可以向教师委婉指出。但尊重每位教师应是不变的前提，否则，易于造成对教师人格的伤害。

（2）协助教师的工作

教师的工作是教育学生。学生在汲取知识、提高能力、锻炼身体、培养良好思想品德中发挥主动精神就是对教师工作最有力的支持。学习方面的主动精神表现在积极钻研、提出问题、广泛涉猎上。发挥创造性也是对教师工作的协助。所有的教师都希望学生掌握效果最好的学习方法，而最适合学生的学习方法往往在学生自己的实践中产生。

此外，反映情况、提出意见也是关心教师、协助教师工作的一个重要方面。有的同学不愿意提意见，觉得不同意见会使教师不高兴，也有的同学不善于提意见，原本是好心，但态度和用语不恰当，令人很难接受。其实，同学不满意的所在，往往正是教师工作的难点。只要注意方法，不同意见也会受到教师的欢迎。

（3）关心教师的健康

在学校里，除了同学以外，师生关系可以说是最密切了。对于师生关系有两个误区不要进入。一是把教和被教、管理和被管理的关系看成对立的关系，对教师有戒意，和教师保持距离；二是只看到教师关心学生的一方面，而忽视教师也需要关心。其实教师也是需要关心的，特别在教师的健康方面，更需要多加关心。有些学校的老教师多、女教师多，他们体质较弱，而为了做好教学，他们往往没有更多的精力注意自己，这就需要学生的细心关照。有些细心的同学在秋冬开窗流通空气时，注意提前把讲台一侧的窗户先关上，免得冷风使教师着凉，有的教师病刚好便来上课，同学们就特别为他准备椅子并且倒上一杯开水……这些看起来是小事，但带来的热情却能使教师感到温暖。

2. 与教师谈话的礼仪

1）选择有利于双方交换意见的地点和场合。

2）和教师说话时，学生应主动请教师先坐。只有等教师坐下，学生才可以坐下和教师说话。

3）姿态端正，认真倾听。不可东张西望，不可抓耳挠腮，不可抖腿搁脚。

4）不理解教师说的话，或无法接受，并有不同看法，可不必隐瞒，应谦虚而诚恳地向教师请教，直到弄明白为止。

5）愉快、谦虚地接受教师的规劝和正确的批评。即使教师态度比较生硬、急躁，也不应计较，更不能嫌烦抵触，而要想到这是教师在关心、帮助自己。与教师发生矛盾，学生不要顶撞他们，更不要在课后发泄对教师的不满情绪。

3. 与教师打招呼的礼仪

进校见到老师，不管是否给自己任课，均应主动向他们行礼并问好。平日在校园内与老师、家长、来宾相遇，也应主动打招呼问好，如环境狭窄（楼道、走廊）应向旁边跨开一步，给老师让道，一般称"老师"或姓加上"老师"。

4. 教师家访和拜访教师的礼仪

教师进行家访时，学生应很礼貌地将其请进家里，将家长介绍给教师，热情地请教师坐下，沏茶倒水。教师和家长交谈时，学生可根据情况，决定是陪坐还是回避。教师告别时，要将其送出门，向教师致谢，与教师道别，目送其远去。

节假日到教师家去拜访，要掌握好时间，既要慰问教师，又不要过分打扰教师的工作和休息。遇到教师生病或家中有事，前去看望的人不宜过多，应选派代表去看望，并酌情帮助教师做些力所能及的事情。

四、友爱同学

如何在学生时代妥善处理同学之间的关系，为日后的人生酿造一杯回味无穷的甘醇美酒呢？其中，最为关键的一点是，要时时处处事事以礼相待。具体地说，要注意以下良好习惯的养成。

1. 在校园内的礼仪

每天早晨同学相见时，应互相致意，问早问好。同学间可彼此直呼其名，但不能用"喂"、"嗨"等不礼貌用语称呼同学。在有求于同学时，须用"请"、"谢谢"、"麻烦你"等礼貌用语。借用学习和生活用品时，应先征得同意后再拿，用后及时归还，并要致谢。

对于同学遭遇的不幸、偶尔的失败、学习上暂时的落后等，不应嘲笑、冷落、歧视，而应热情帮助。既可帮助对方分析原因、总结经验教训，也可用安慰、同情、鼓励的话语去抚平对方的心灵，有时，即使是一句话不说，陪对方散步、打球也不失为友爱的方式。

对同学的相貌、体态、衣着不能评头论足，也不能给同学起带侮辱性的绰号，绝对不能嘲笑同学的生理缺陷。在这些事关自尊的问题上一定要细心加尊重，同学忌讳的话题不要去谈，同学讨厌的事不要去做。

2. 在学习、生活中的礼仪

在学习上，同学之间要互相帮助。学习好的同学在保持谦虚、戒骄戒躁的同时要主动真诚地帮助学习差的同学；学习较差的同学应虚心求教，独立思考，不能抄作业或偷看答案。

在日常生活中，同学之间天天相处，难免会有一些磕磕撞撞的事或意见上的分歧。这时，要克制自己、尊重别人，要破除身上的"骄"、"娇"二气，心平气和地讲道理，不能使气任性，也不能用不文明的语言辱骂同学，更不能粗暴地动手打架。对同学如果有意见要提，应以委婉口气为宜，不要随便在大庭广众之下议论同学的不是。

男女同学在校园内共同学习、朝夕相见，为了大家相处得更好，双方也都应该注意以下基本礼仪。

1）异性同学之间，应特别以礼相待，要相互平等、相互尊重、相互帮助。

2）男同学应彬彬有礼，女同学应文雅大方。异性同学之间的接触，事前应得到女同学的许可，接触的地点要公开，举止、言谈要大方、要高雅、要有礼貌，谈话的时间要短，相互不要靠得太近。在校外偶尔相遇或久别重逢，在一般情况下，男生不宜先伸手要求握手。

3）异性同学之间，不能互起绰号，不能讲粗话、脏话和庸俗的传闻，不能久久凝视对方，不能打打闹闹。

4）在体力劳动等方面，男同学应该主动关心、帮助和照顾女同学。

5）在学校里拒绝异性同学的追求，所采取的措施要文明、要有分寸，不可讥笑对方，不可公开异性的求爱信函，更不可伤害对方。

6）到异性同学的住宿处串门，一定要注意时间。不可选择在多数同学要处理生活问题的时候，更不可选择在夜间已经熄灯之后。

任务二　校园其他礼仪

校园礼仪，除了我们在任务一中阐述的学生仪容仪表礼仪、学生进出教师办公室的礼仪及校园内公共场所礼仪之外，本任务主要从校园活动礼仪、用餐礼仪、宿舍礼仪及阅览礼仪等方面详细介绍在校学生应遵守的礼仪规范。在校生应严格遵守学生不同场合的礼仪要求，做一个文明的学生。

一、校园活动礼仪

校园活动礼仪是校园礼仪的一个重要组成部分，它主要包括以下几个方面。

1. 升、降国旗礼仪

校园里的升国旗仪式在每周一早晨举行（假期或天气不好除外），重大节日也应举行。举行仪式时，在校师生都要参加。学生一般以班级为单位，统一着装，列队集合在操场，面向国旗，肃立致敬。具体应做到以下几点。

1）要肃立端庄。当主持人宣布"升国旗，奏国歌"时，要立正，脱帽，行注目礼，直至升旗完毕。如果学生路过其他单位，恰逢升旗和奏国歌时，也应立即停止走路，并立正，要等升旗完毕方可继续行走。

2）神态要庄严。当五星红旗徐徐升起时，象征着我们祖国蒸蒸日上、欣欣向荣，所以，在场的人应该仰视，并产生一种以天下为己任的使命感。

3）要保持安静。在升降国旗时，所有人都要保持安静，切忌自由走动、嬉皮笑脸和东张西望。

降旗一般在傍晚放学前进行，不再举行仪式，由旗手和护旗手直接将旗降下来。降旗时态度要认真恭敬，将旗仔细卷好，交给负责保管的教师。不可将国旗弄脏弄破或随手乱扔。

2. 开学、毕业或校庆典礼礼仪

举行开学、毕业或一些校庆典礼时，全体与会人员准时入场，在规定的地方就座，遵守会场秩序，不得讲话和随便走动，不做与大会无关的事情。坐姿要端正，必要时统一着装。

上台发言、领奖、表演时，走路要稳重，从规定的台口上台。站在台上要双手自然下垂，站姿端正。接受奖品、奖状时要用双手去接，行鞠躬礼，然后转过身来，面向台下，将奖状高举过头向大家展示后，双手拿好贴放胸前。下台时也要脚步稳重，从指定台口退下。

台下同学要遵守会场秩序，注意听讲，适时报以掌声，不要交头接耳、随意谈笑，更不要起哄、喊叫。

二、用餐礼仪

食堂是校园里的一道独特的风景线，每天这里人来人往，饭香四溢。一个学生的文明程度，用不着笔试或口试，只需让他到学生食堂去买饭，便一目了然。

很多学校，由于学生多，就餐拥挤，虽然校方采取了种种行之有效的方法，扩大食堂、延长开饭时间、分两批吃饭，甚至在一些学校的食堂里，为制止学生插队，派学生、教师轮流戴红袖标值勤，让"一小撮"去监管"一大群"，从而构成校园中的一大风景，但效果并不理想。因此，校园食堂中少不了必要的礼仪来规范大家的就餐行为，确保有序的食堂秩序。具体应注意以下几个方面。

1. 自觉排队买饭

自觉排队买饭，这应该成为学生在食堂就餐时必须遵守的头一条纪律，相信每个人都有一种急切的心情，但是这种急切的心情并不能成为自己插队的理由，如果谁见到熟人便要插队先买，就势必破坏了规矩，引起秩序混乱，就不能确保大家就餐氛围的舒适。牺牲别人的利益，自己获取的只是暂时的私利，失去的却是长远的集体利益。

2. 不要大声喧哗，举止要得当

1）用餐时，不要在食堂内大声喧哗。几个同学一起吃饭，说话声音不要过大。餐厅在就餐时间里人山人海，如果每一个人都大声讲话，那么食堂就会显得十分喧闹，显然不适合进餐。

2）有些同学喜欢在排队的时候敲击碗筷，甚至唱歌助兴，这种行为实在算不上雅致，从规范的就餐礼仪来看，是一种失礼的行为。

3）在餐厅，同学之间不要互相打闹，食堂的地面也许湿滑，打闹不慎会摔倒、跌伤，而且食堂中人来人往，也容易将饭菜弄洒、衣服弄脏。

4）学生食堂因为人多，故端碗行走时要小心，不要将菜汤洒在别人身上。万一不小心弄脏了别人的衣服，要礼貌地道歉。别人无意弄脏了自己的衣服，应该多给予谅解。

3. 找位子要谦虚礼让

在就餐高峰时，食堂往往人多，去得稍微晚一些，要找到空位子的确很难。而在找空位子的过程中，我们应该遵循谦虚礼让的原则。

如果餐桌上已经有了就餐的同学，还有一个空位的时候，我们应该礼貌地先问："同学，请问这里可以坐吗？"在得到肯定的回答后方可入座。入座的时候，动作要轻，不要影响正在就餐的同学，还要注意在自己的座位和邻桌的座位之间留出空道。

如果就餐人多座少，我们随身携带的书包就不要放到空位上，这样可以让更多的人找到位子。如果两个人同时找到同一个位子，那么彼此就应该表现出谦谦君子之风。

4. 勤俭就餐

要爱惜工人师傅的劳动成果。"锄禾日当午，汗滴禾下土。谁知盘中餐，粒粒皆辛苦。"这首耳熟能详的诗，从小就教育我们要勤俭节约，但是每天浪费的现象仍在发生。所以，同学们在点菜时，千万不要"眼大口小"，要按自己的饭量买饭点菜，点饭、菜要适量。尤其是点菜的时候，不能有攀比之风，不能为了所谓的"面子"来点菜。丰俭由人，吃饱、吃好才是我们就餐的最终目的。而一旦饭菜吃不完，不能把它倒在洗碗池中，而应该倒在指定的桶或缸内。

5. 就餐时要注意自己的举止

学生时代正是培养自己良好的行为举止的时期，在吃饭时，每个同学都应该培养自己端庄的礼仪。

1）吃饭时，要细嚼慢咽，狼吞虎咽不雅观。

2）在咀嚼的时候，嘴里不要发出声音，一次不要放太多的食物进口，以免食相不雅，更不要往地下吐东西。

3）口含食物时，最好不要与别人交谈，如遇到旁人向你提问，要咽下口中食物后再回答。

4）进食期间开玩笑要有节制，以免发笑把食物喷到别人碗中，引人不快。

5）如果牙齿里塞有东西，可以到洗漱间漱口，不能当着别人的面剔牙，如果非剔不可，要用一只手挡嘴，另一只手剔牙。

6）用餐时要吐痰、抹鼻涕须离开餐桌进行，遇上打饱嗝、打喷嚏、咳嗽，最好用手帕捂住嘴并赶紧把头转向后方。

7）如果有人想和自己同桌用餐，应该表示欢迎，同时不妨酌情移动一下座位，让就餐者宽敞入座。

6. 自觉维护食堂的清洁卫生

每个人都希望食堂的就餐环境清洁、卫生，保持食堂的清洁不仅是食堂工作人员的工作，广大的同学也应该自觉地维护就餐环境。

维护食堂的卫生状况主要应该注意两点：其一，在吃饭的过程中，不要把饭菜洒到桌面上，如果有鱼刺、鸡骨之类的东西，要暂时把它们放到一边，不要放到别人的眼前而影响别人就餐；其二，在就餐结束的时候，将自己桌面上的垃圾收拾干净，可以暂且放到自己的碗碟中，然后将盛有垃圾的碗碟送到工作人员那里。

7. 不可拿走餐厅的公用餐具

有些同学在食堂就餐后，喜欢从食堂里拿走一些就餐用具，如筷子、勺子、碗碟之类的。也许我们以为既然这些物品在食堂中是公用的，也就可以为自己所用。其实，这种想法是错误的。如果仔细追究起来，这种行为算得上是一种违纪行为。所以，希望同学们提高自己的认识和自觉意识，严于律己，不能在原则问题上犯错误。

三、宿舍礼仪

宿舍是在校生在学校学习期间临时的家，大家生活在一个大家庭里，学习、生活及其他活动都是集体进行的。因而，为了保证在校学生有一个整洁、宁静、心情舒畅的学习与生活的环境，要求学生除了自觉遵守学校规定的住校守则以外，还应特别注意以下一些礼仪。

1. 严格遵守作息时间

起床、入寝、自修、用膳、熄灯等，都应严格按照学校规定的作息时间进行。夜间就寝后上下床动作要轻；听音乐时尽量使用耳机，或尽量把音量调小，以免影响别人休息。

2. 尊重集体生活秩序

1）贵重物品不能乱丢乱放，要安全可靠地放在自己带锁的书桌内或壁橱里，如遗失物品，不要胡乱猜疑别人。

2）不随便使用、翻弄或移动别人的东西。

3）平时在宿舍里不高声谈笑，并尽可能使用微型手电照明，以免影响别人。

4）借用他人的东西，虽是同室，也必须得到物主的同意，用后要及时归还。东西若有损坏，应照价赔偿。

5）在寝室内，应与在别的地方一样，不可乱叫别的同学的绰号，不可讲粗话和下流的话。

3. 重视公共安全

寝室里的串门，应在有同学相邀的情况下进行，一般不随便去其他宿舍串门，更加不可有事没事到处乱窜。进他人寝室后，应主动向其他同学打招呼，并只能坐在邀请你的同学的铺位上，不能随处乱坐。若邀请你的同学睡的是上铺，一定要在得到下铺同学的许可后，方可坐其铺位。未经同意，不能动用别人的茶具、毛巾等物。谈话声音要轻，谈话时间要短，不能坐得太久，以免影响其他同学处理生活上的事；若是去异性同学的寝室串门，要注意在室内其他同学方便的情况下才能进入，尤其是夏天穿着单薄。在异性寝室，谈吐要文雅，逗留时间要短暂。

也不要随便把外人带进学校，要随时注意用电、用火的安全，这样的教训比比皆是。

4. 亲友来访，勿碍他人

在寝室接待亲友或外人来访，入寝室之前，自己应先向在寝室里的同学说明情况，在他们有所准备后，方可让来访者进入。进入寝室后，自己应主动为同学介绍来访者。和来访者谈话声音要轻，时间不能过久，以免影响其他同学的学习和休息。如果涉及的事情比较多，则应与来访者一道离开寝室，另找地方交谈。

5. 厉行节约，爱惜公物

在宿舍，要随手关灯，节约用水，不浪费粮食，不损坏集体宿舍的各种设备。如无意中损坏了公物，要主动承认并自觉赔偿。

6. 公共卫生

对住校的学生来说，正因为寝室是他们的主要生活环境之一。寝室的面貌，在一定程度上也能体现和反映学生的文化修养和思想修养。所以，在寝室里要注意以下礼仪。

1）要保持寝室整洁，定期擦洗地板、桌子、橱柜和门窗，定期打扫寝室。

2）床上的被褥要折叠得整齐美观，衣服、鞋帽、毛巾、脸盆和其他洗漱用具等个人物品要按照学校的规定摆放在指定的地点。

3）换下的脏衣服、脏鞋袜要及时清洗和晾干，未洗之前不可乱丢，要放置在隐蔽的地方。

4）毛巾、脚布要挂整齐，并且不与别人的靠叠在一起，以避免互相感染。脸盆等其他洗漱用具应有规律地安放在一定的地方。

5）点心、食品和碗筷等，不仅要安放整齐，还要注意密封、遮蔽和加罩，以确保卫生。

对已变质的食物，要及时处理掉。

6）寝室内畚箕、扫帚等公用物品，用后要及时放回原处，不随便乱放。开门、关窗要轻，并注意随手关灯。若寝室内有花，要注意爱护。

总之，大家生活在同一宿舍，应该始终保持一种友好团结的气氛，这样有利于大家心情愉快，休息充分。当然，有时免不了发生一些摩擦，但也要抱着互谅互让的原则，通过诚恳地交换意见加以解决，互相辱骂或拳脚相加，既失礼貌、伤和气，又于事无补。

四、阅览礼仪

图书馆是人类知识的宝库，是知识的海洋，是人类的良师益友，是人们终身学习的场所。图书馆和阅览室都是学校公共的学习场所，需要靠全校同学的共同努力才能创造一个良好的学习环境。这就要求每个阅览者遵守公德，讲究文明礼貌。

1. 要注意整洁，遵守秩序

去图书馆或阅览室要衣着整洁，不能穿着背心和拖鞋入内。进入图书馆或阅览室时，要按先后次序排队，依次进入，不可争先恐后，后来居上。就座时，最好不要为自己的朋友预占位置，也不要去抢占暂时离开的读者的座位。

2. 要保持环境的安静

到图书馆或阅览室看书时，特别要注意保持室内的安静和整洁。走动时脚步要轻，不要高声谈话，不要吸烟或吃带有果壳的食物，也不要利用室内的座位休息和睡觉，这都是有悖于文明礼貌的行为。

如果在图书馆中遇到问题，可以轻声请教图书管理员；如果想和同学分享你阅读的快乐，不用说话，一个眼神、一张纸条完全可以达到同样的目的，如果你想说话，可以和同学一起走出图书馆，到外边的走廊中交谈，这都是符合礼仪规范的行为。

当我们进入图书馆的时候，一定要将自己的手机等通信工具关闭，或调到震动模式。在图书馆中大声接听手机的行为是非常不文明的，而且会影响他人看书，破坏图书馆的氛围。但是，这种现象在图书馆中越来越多，问题越来越突出，所以同学们一定要提高自己的素养和意识水平，严格要求自己，遵守校园礼仪。

3. 要爱护图书

图书是公共财产，不能为了个人或小集体的需要而损坏属于大众的图书。此外，图书也是我们的良师益友，从书中我们学习知识、积累经验，让我们认识了大千世界、芸芸众生。所以，我们要像爱护自己的眼睛一样爱护图书。

在看书的过程中，不要折页。折页对图书的损害特别大。其实，一个书签、一片枯叶甚至一张白纸都会达到目的。

4. 要文明看书

在图书馆查阅目录卡片时，也不可把卡片翻乱或撕坏，或用笔在卡片上涂抹画线；对于开架的书刊，应一本本地取下来看，不要同时占用几份书刊。书刊阅读完后，应该立即放回原处，以免影响他人阅读；对图书馆和阅览室内的桌椅板凳也应注意爱护，在桌子上不要随意刻字画画，坐着时不要摇摆凳椅，等等。

5. 要及时归还图书

"图书的价值在流动之中。"每一个求知者都应自觉地使它发挥最大的效益。所以，我们应该在规定的时间期限内归还从图书馆借的图书；如需要续借，则应该在网络上或亲自到图书馆进行续借手续的办理。虽然各个图书馆都有相应的处罚措施，以防备各种延期的情况发生，但是我们认为按时还书是一种礼仪，这样会加快图书流动的速度，让更多读者省去苦等的麻烦，提高图书的使用效率。

当自己借到一本急需的书时，应抓紧时间看完。特别对一些"热门书"，更应该速看速还，以免影响他人借阅。借到好书就想占为己有，迟迟不还，这是缺乏社会公德的表现。

6. 借书要遵循适量原则

每个人的阅读速度、阅读时间、阅读效率、阅读目的决定了他在一定时间内阅读的数量。对自己在一段时间内的阅读数量应该有一个估计，这种估计决定了我们大体上应该从图书馆借取多少图书。如果图书借多了，无法在有限的时间内看完所借的图书，那么图书实际上是"沉睡"在自己的书橱里，无人问津。所以，一次性借大量的图书，以至于无法完成阅读，并没有充分利用图书馆的资源，而是对资源的浪费。

掌握适量的借书原则是一个过程，每个人读书的速度、效率、时间都是变化的，所以对自己阅读能力的掌握需要时间的积累。这并不是一个硬性的标准，适量的原则更大程度上是一种自律、一种自己把握的节奏。

7. 电子阅览室规则

在电子阅览室中，学生应该严格遵守国家的有关规定。现在，学校图书馆已经发生了翻天覆地的变化，电子图书馆和电子阅览室就是其中最为显著的变化之一。《中华人民共和国计算机信息网络国际互联网管理暂行规定》中明确要求：不看和输入有损于国家尊严、有悖于四项基本原则、黄色淫秽的网页。同时，我们也不能任意删改和安装计算机系统配置和任何文件、软件，以此来确保图书馆的计算机正常运行。在电子阅览室中，为了确保计算机网络的畅通，防止病毒的入侵，禁用个人光盘和软盘。如果确实需要录用有用的信息，可以向工作人员申请，得到允许后方可使用。

📖 **知识链接**

文化差异与言语交际

在开放的现代社会，跨文化的言语交际显得愈发重要，已经成为现代交际中引人注目的一个特点。交际中的文化差异随处可见，言语环境中的文化因素受到普遍重视。下面是英汉文化中十大常见差异。

（1）回答提问

中国人对别人的问话，总是以肯定或否定对方的话来确定用"对"或者"不对"。如："我想你不到 20 岁，对吗？""是的，我不到 20 岁。"（"不，我已经 30 岁了。"）

英语中，对别人的问话，总是依据事实结果的肯定或否定用"Yes"或者"No"。如："You're not a student，are you？""Yes，I am."（"No，I am not."）

（2）亲属称谓

英语的亲属以家庭为中心，一代人为一个称谓板块，只区别男性、女性，却忽视配偶双方因性别不同而出现的称谓差异，显得男女平等。如：英文"grandparents，grandfather，grandmother"，而中文称"祖辈、爷爷（外公）、奶奶（外婆)"。

再如，父母同辈中的称谓：英文"uncle"和"aunt"，而中文称"伯伯、叔叔、舅舅和姑妈、姨妈等"。

还有，英文中表示下辈的"nephew"和"niece"是不分侄甥的，表示同辈的"cousin"不分堂表、性别。

（3）考虑问题的主体

中国人喜欢以对方为中心，考虑对方的情感。如：你想买什么？您想借什么书？而英语中，往往从自身的角度出发。如：Can I help you？What can I do for you？

（4）问候用语

中国人打招呼，一般都以对方处境或动向为思维出发点。如：您去哪里？您是上班还是下班？而西方人往往认为这些纯属个人私事，不能随便问。所以他们见面打招呼总是说："Hi/Hello！""Good morning/afternoon/evening/night！""How are you？""It's a lovely day，isn't it？"

（5）面对恭维

中国人的传统美德是谦虚谨慎，对别人的恭维和夸奖应是推辞。如："您的英语讲得真好。"，"哪里，哪里，一点也不行。"，"菜做得很好吃。"，"过奖，过奖，做得不好，请原谅。"。西方人从来不过分谦虚，对恭维一般表示谢意，表现出一种自强自信的信念。如："You can speak very good French.""Thank you.""It's a wonderful dish！""I am glad you like it."

所以，学生要注意当说英语的人称赞你时，千万不要回答："No，I don't think so."这种回答在西方人看来是不礼貌的，甚至是虚伪的。

（6）电话用语

中国人打电话时的用语与平时讲话用语没有多少差异。如："喂，您好。麻烦您叫一声王伟接电话。""我是张英，请问您是谁？"英语中打电话与平时用语差别很大。如："Hello, this is John speaking.""Could I speak to Tom please？""Is that Mary speaking？"西方人一接到电话一般都先报自己的号码或者工作单位的名称。如："Hello, 52164768, this is Jim."中国学生刚开始学英语会犯这样的错误："Hello, who are you please？"

（7）接受礼物

中国人收到礼物时，一般放在一旁，确信客人走后再迫不及待地拆开。受礼时连声说："哎呀，还送礼物干什么？""真是不好意思啦。""下不为例。""让您破费了。"西方人收到礼物时，一般当着客人的面马上打开，并连声称好："Very beautiful! Wow！""What a wonderful gift it is！""Thank you for your present."

（8）称呼用语

中国人见面时喜欢问对方的年龄、收入、家庭等，而西方人很反感别人问及这些私事。西方人之间，如没有血缘关系，对男子统称"Mr."，对未婚女士统称"Miss"，对已婚女士统称"Mrs."。

中国人重视家庭、亲情，认为血浓于水。为了表示礼貌，对陌生人也要以亲属关系称呼，如"大娘、大叔、大婶、大哥、大姐"等。

（9）体贴他人

在西方，向别人提供帮助、关心、同情等的方式和程度是根据接受方愿意接受的程度来定的；而中国人帮起忙来一般是热情洋溢，无微不至。例如，一位中国留学生在美国看到一位老教授蹒跚过车水马龙的马路，出于同情心，他飞步上前挽住老人，要送他过去，但是他得到的却是怒目而视。请看下面的对话：

Chinese student: Mr. White，you are so pale，are you sick?

English teacher: Well…yes. I have got a bad cold for several days.

Chinese student: Well，you should go to a clinic and see the doctor as soon as possible.

English teacher: Er…what do you mean?

中国人建议患感冒的人马上去看医生，表示真诚的关心。而美国人对此不理解，会认为难道他的病有如此严重吗？因此，只要回答"I'm sorry to hear that"就够了。

（10）请客吃饭

中国人招待客人时，一般都会准备满桌美味佳肴，不断地劝客人享用，自己还谦虚："没什么菜，吃顿便饭。薄酒一杯，不成敬意。"行动上多以主人为客人夹菜为礼。西方人会对此大惑不解：明明这么多菜，却说没什么菜，这不是实事求是的行为。而他们请客吃饭，菜肴特别简单，经常以数量不多的蔬菜为可口的上等菜，席间劝客仅仅说："Help yourself to some vegetables，please."吃喝由客人自便自定。

可见在交流的过程中，不可忽视语言交际中的文化倾向，要适时导入相关的文化背景知识，以充实学习者的知识结构，提高认知能力。

参 考 文 献

陈刚平. 2006. 旅游社交礼仪. 北京：旅游教育出版社.

陈静河. 2005. 礼仪与服务艺术. 厦门：厦门大学出版社.

韩英. 2005. 现代社交礼仪. 青岛：青岛出版社.

黄曼青. 2004. 社交礼仪教程. 广州：广东高等教育出版社.

盛霞. 2007. 旅游商贸实用礼仪. 北京：科学出版社.